Robert Detobel
Wie aus William Shaxsper William Shakespeare wurde

D1672479

Marcus Gheeraedts
Edward de Vere, the Seventeenth Earl of Oxford
Reproduced by kind permission of Ruth Loyd Miller

NEUES SHAKE-SPEARE JOURNAL BAND 10

Robert Detobel

Wie aus William Shaxsper William Shakespeare wurde

Verlag Uwe Laugwitz

2005

Ruth Loyd Miller
und
Minos D. Miller jr.
gewidmet

© Verlag Uwe Laugwitz,
D-21244 Buchholz in der Nordheide 2005

Alle Rechte vorbehalten

ISBN 3-933077-18-4

Einleitung

Der Titel dieses Buches, *Wie aus Shaxsper Shakespeare wurde*, erinnert unvermeidlich an die Shakespeare-Biographie Stephen Greenblatts, in der nachzuzeichnen versucht wird, wie sich aus einem einfachen Jungen aus der Provinz das Genie William Shakespeare entwickelte. Indes stand er seit langem als Titel des geplanten Buches fest, das die bescheidenere und völlig entgegengesetzte Frage untersucht, wie aus dem einfachen Jungen aus der Provinz **nicht** der geniale Schriftsteller wurde, sondern aus dem Stratforder Händler und Schauspieler William Shaxsper ein William Shakespeare, wobei dieser orthographische Wechsel zwar dazu führte, daß ihm die Werke Shakespeares zugeschrieben wurden, was ihn selbst jedoch nicht dazu bewog, diese zu schreiben, ja nicht einmal dazu bewegen konnte, seinen Namen auf Urkunden oder freiwillig unter sein Testament zu setzen. Wer sich nun aber vornimmt, einen anderen Verfasser ins Spiel zu bringen, kommt nicht daran vorbei, eine plausible Hypothese zu erarbeiten, wie denn der Stratforder Händler ins Spiel gekommen sein könnte.

Der Name des als Autor von Shakespeares Werken geltenden Stratforder Händlers schrieb sich eben so: Shaxsper. Und ebenso schrieb er sich auch anders: Shakespere, Shacksper, Shakspeare... und weitere Varianten. Eine verbindliche Rechtschreibung gab es zu Shakespeares Zeiten in England ebensowenig wie in Frankreich oder Deutschland. Ich hätte also auch jede andere Variante wählen können, einschließlich „Shakespeare". Allein scheint mir die Variante mit dem „x" thematisch angemessener als alle anderen, denn es gibt im Leben William Shaxspers aus Stratford soviele Unbekannte, soviel „X-liches", daß die Autoren bisher daran gescheitert sind, Leben und Werk einander anzunähern, geschweige ineinander zu spiegeln.

Shakespeare-Biographien erscheinen durchschnittlich im Halbjahrestakt. Dieser Takt ist für das nächste Jahr jetzt schon gesichert. Mindestens zwei weitere sind im Werden. Wieviele es inzwischen insgesamt sind, läßt sich als exponentielle Funktion angeben: $p^x + 1$. Dieses „$+ 1$" steht für eine Biographie, die mit Sicherheit nie mitgezählt wird, für

Samuel Becketts Bühnenstück *Warten auf Godot*. Wir warten alle immer noch auf Shakespeare, so wie in Becketts Stück Wladimir und Estragon auf Godot warten. Godot ist ein Pseudonym, mit bürgerlichem Namen heißt er Gott. Und Shakespeare? Wenn nicht ein Pseudonym, so ist er doch ebenfalls ein Gott. Auf jeden Fall wird über ihn so oft geredet wie über Godot. Als Pozzo die beiden Wartenden dringend bittet, ihm zu sagen, wer Godot ist, geben sie eine Antwort, die ohne die geringste Korrektur auf Shakespeare übertragen werden kann:

WLADIMIR: Na ja, das ist ein... das ist ein Bekannter.
ESTRAGON: Ach was, ich bitte dich, wir kennen ihn kaum.
WLADIMIR: Gewiß... wir kennen ihn nicht sehr gut... aber immerhin.

Shakespeare, das kann man so mancher Biographie entnehmen, ist der Schriftsteller, der uns vor allem deshalb so gut bekannt ist, weil er so berühmt ist. Gewiß, heißt es dann weiter, wir kennen ihn nicht sehr gut, aber immerhin... immerhin wissen wir mehr über ihn als über die meisten anderen zeitgenössischen Schriftsteller, wenn auch nicht sehr viel über sein Leben... als Schriftsteller. Wir wissen aber einiges von seinen Grundstückskäufen, Steuerhinterziehungen, seiner Vermittlerrolle bei der Bestimmung der Höhe eines Brautschatzes, über den Stammbaum seiner Mutter... In der folgenden Stelle aus Becketts Stück bräuchte man diesmal nur den Namen Pozzo durch Shakespeare zu ersetzen:

ESTRAGON: Ah! Shakespeare... ja... ja... Shakesbeer.
WLADIMIR: Ich habe eine Familie Shakespeare gekannt. Die Mutter
  arbeitete am Stickrahmen.

Auch methodologisch besteht eine gewisse Ähnlichkeit zwischen der Gottessuche unserer beiden Helden und dem Unterfangen der Shakespeare-Biographen. Am Ende fassen Wladimir und Estragon den Entschluß, nicht länger bloß zu warten, sondern Godot aufzusuchen. Sie rühren sich jedoch nicht vom Fleck und tun weiter das, was sie immer schon tun: sie reden über ihn, reden und reden und reden ihn ... herbei. Wie Godot bildet auch Shakespeare ein Gesprächskontinuum. Man hört nicht auf, von ihm zu reden. War er drogensüchtig? Hatte er eine

Geliebte? Ist vielleicht auch dieses Gedicht oder dieses Reim-Einerlei von ihm? Ist dies sein Porträt? Das Ergebnis ist stets: Viel Lärm um Nichts. Doch was sich im Hintergrund des Nichts erhebt, sind nicht Zweifel, ob er das ist, was an ihm allerwichtigst ist, nämlich der Verfasser. Im Gegenteil, aus all diesen periodischen Wirbelstürmen geht Shakespeare jedesmal über jeden Zweifel erhabener hervor. Über den Gelehrtenkonferenzen prunkt seine riesengroße Statue wie über Rio de Janeiro, unvergleichlich für ihren Karneval, die Christusstatue.

Wenn die Suche nach Godot, alias Gott, alias Shakespeare kaum noch Fortschritte verheißt, warum es nicht mit dem Großen Widersacher versuchen, dem Teufel? Auch der agiert bevorzugt im Verborgenen, aber in seinem Fall wissen wir wenigstens aus zuverlässiger Informationsquelle, dem Volksmund, wo er sich oft gerne versteckt: im Detail. Wir besitzen eine nicht so geringe Anzahl von Dokumenten und Zeugnissen zu Shakespeare. Wir könnten aufhören, sie mehr oder weniger als Reliquien zu empfinden, und anfangen, auf Teufel komm heraus die Details zu untersuchen. Vielleicht kommt der Teufel wirklich heraus und mit ihm die eine oder andere Einsicht in das Verhältnis zwischen Leben und Werk Shakespeares.

Darüber etwas zu erfahren, in welcher Stimmung oder welchem Seelenzustand Shakespeare war, wenn er dieses oder jenes Gedicht oder Bühnenstück schrieb, eignen sich die verfügbaren Materialien kaum. Wir besitzen keinen einzigen Brief von ihm, etwa dieser Art:

Mein teuerster Richard,
Leider werde ich Dich nächste Woche nicht in Westminster treffen können, um Dir die erwünschte Summe auszuhändigen. Ich schreibe zur Zeit fieberhaft an Hamlets Monolog. Es ist eine Frage von Sein oder Nichtsein. Mich treibt es hin und her zwischen den Höllenqualen meines Geschöpfes und den himmlischen Freuden meiner Schöpfung. Bald fühle ich mich wie Eurydike in die Dunkelheiten der Unterwelt entführt, bald wie Orpheus, der sie, mein anderes Ich, mit seinem Gesang in hellere und heilere Welten zurückführt. Und wie Orpheus muß ich mich beim Schreiben blind stellen für die Außenwelt, damit das wahre Sehen der Cassandra und des Teiresias

mir erhalten bleibe und der Monolog rein der Innenwelt entsteige.

Dein wohl-wollender Will.

Was für eine Sensation wäre ein solcher Brief! Oh, ein Wunder wie im „Wintermärchen", als Hermiones Statue sich zu bewegen, zu atmen, zu sprechen beginnt. Und was für eine neue breite Schneise zum Paradies der Deutungen wäre geschlagen! Ein Selbstzeugnis, eingerahmt zwischen zwei Beispielen wahrhaft Shakespearescher ironischer Doppeldeutigkeit. Sein Freund Richard bittet ihn um einen Kredit, Shakespeare redet in als „teuerster Freund" an, ein Freund, der ihm gleichermaßen nah am Herzen wie an der Brieftasche liegt (eine nicht völlig unwichtige Nebenerkenntnis ist, daß er die Brieftasche immer in der linken Rocktasche trug). Man hat hier den ganzen Shakespeare vor sich, die beiden Seelen, die des kalt rechnenden Geschäftsmannes und des sensiblen Dichters. Der Brief wurde Ende Oktober 1598 *nicht* geschrieben. An dieser Ablehnung der Bitte eines Freundes hat Shakespeare aber offensichtlich schwerer zu tragen gehabt, als der ungebremste Stilfluß des Briefes vortäuschen könnte. Zehn Jahre später wird er sich genötigt fühlen, in „Timon von Athen" (III.2) eine Rechtfertigung für seine Ablehnung nachzuliefern:

ERSTER FREMDER: Dies ist
    Der Geist der Welt, und grad aus solchem Tuch
    Ist jedes Schmeichlers Witz. Ist der noch Freund,
    Der mit uns in dieselbe Schüssel taucht?
    Timon, ich weiß, war dieses Mannes Vater,
    Es rettete sein Beutel ihn vom Fall,
    Hielt sein Vermögen, ja, mit Timons Geld
    Bezahlt er seiner Diener Lohn; nie trinkt er,
    Daß Timons Silber nicht die Lipp ihm rührt;
    Und doch (o, ach!, wie scheußlich ist der Mensch,
    Wenn er des Undanks Bildung an sich trägt!)

Mit einem einzigen Bindestrich setzt er den ironischen Kontrapunkt: „wohl-wollender Will". Er begegnet seinem Freund Richard mit Wohlwollen, solange er ihm nicht konkret begegnen muß, um das Geld zu übergeben, er wollte ja im Prinzip wohl, konnte aber nicht.

Es ließen sich noch mehr Parallelen zwischen diesem völlig aus der Luft gegriffenen Brief und Stellen in Shakespeares Werk finden. Doch die Luft, aus der orthodoxe Shakespeare-Biographien versuchen müssen, eine Verbindung zwischen Leben und Werk zu greifen, ist kaum dicker. Das Fehlen des obigen Briefes weckt ein wenig Nostalgie nach dem Mittelalter. Damals hätten sich bestimmt Mönche gefunden, einer solchen Fälschung ein Kleidchen der Echtheit zu weben. Und man ist geneigt, mit verhaltenem Zorn in sich hinein zu murmeln: das hat man nun von der ganzen humanistischen und empirischen Kleinkariertheit! Wir besitzen keinen solchen Brief, nicht mal einen Brief der Art, wie ihn Richard an Shakespeare schrieb:

Lieber Landsmann,
... Du würdest mir einen großen Gefallen tun, wenn Du alle Schulden, die ich in London gemacht habe, bezahlen würdest... wenn wir weiter zusammen Geschäfte machen, wirst Du Dein eigener Zahlmeister sein dürfen...

Richards Brief, der Brief des Richard Quiney an seinen Geschäftspartner Shakespeare, existiert wirklich. Er wurde am 25. Oktober 1598 geschrieben. Es ist, schreibt Stephen Greenblatt, „einer der seltenen noch erhaltenen Briefe an den Dramatiker".[1] Von allen seltenen erhaltenen Briefen an ihn ist dieser mit Abstand der „unseltenste", da alle andere erhaltenen Briefe den nicht erhaltenen an Seltenheit kaum nachstehen. Üblicherweise drückt man den Sachverhalt so aus: der Brief Richard Quineys ist der einzige erhaltene Brief an Shakespeare.

O Fluch und Graus, o Schmach und Gram, daß er ihn nicht zu lesen bekam. Der Brief wurde Ende des 18. Jahrhunderts entdeckt... in der Korrespondenz des Absenders, genauer Richard Quineys, denn abgesandt wurde der Brief nie. Es ist auch keine Anschrift vermerkt. Die Anschrift fehlt, weil Quiney den Brief selbst an Shakespeares Wohn- oder Aufenthaltsort hinterlegen wollte. Er enthält eine Bitte, diesen Brief Shakespeare zu übergeben. Aus einem anderen Brief, den Quiney noch am gleichen Tag einem anderen Geschäftspartner in Stratford schrieb, geht hervor, daß Shakespeare bereit sei, das Geld zu leihen. Quiney muß folglich Shakespeare angetroffen und Shakespeare mündlich gebeten haben, das Geld zu leihen. Daß Shakespeare den einzigen erhaltenen Brief an ihn nicht gelesen hat, ist zwar nicht weiter von Bedeutung, verstärkt aber doch das bittere Gefühl, daß die Göttin Documenta uns im Falle des größten Schriftstellers aller Zeiten eine mehr als normal beleidigend lange Nase zu machen scheint, so daß man es dem Biographen nachsehen kann, wenn er ihr seinerseits ein rhetorisches Schnippchen schlägt.

Wenn hier vom Verhältnis Shakespeares zu seinem Werk die Rede ist, kann also nur das Außenverhältnis gemeint sein: es muß nicht nur geschrieben, sondern auch niedergeschrieben werden, was ein Pleonasmus zu sein scheint, es aber vielleicht doch nicht ganz ist. Es muß weiter zu einem Verleger gelangen, um gedruckt zu werden. Alles banale Feststellungen... wenn die Details nicht wären. Über diese Vorgänge können wir mehr herausfinden als das, was uns bisher als Forschungsergebnis offeriert worden ist.

Ein Manuskript in Shakespeares Handschrift besitzen wir nicht. Wie bitte? Selbstverständlich, sagt die reine Lehre, besitzen wir ein solches, das Fragment aus dem Bühnenstück *Sir Thomas More*. Es wird darauf im **Kapitel I** eingegangen, am Ende des Kapitels, denn die Identifizierung von Shakespeares Handschrift in diesem Fragment wurde anhand der sechs von ihm erhaltenen Unterschriften vorgenommen – die einzigen Schriftproben, die wir von ihm besitzen. Da sind einige Details, unschwer zu erkennen, ohne Lupe, durchschnittlich aufmerksames Hinschauen genügt. Die Shakespeareforschung hat bisher nur weggeschaut, wahrscheinlich nicht aus Unkenntnis, eher aus der Erkenntnis heraus... der Teufel. Eine etwas genauere Betrachtung wird uns eine erste wichtige, vielleicht grundlegende Erkenntnis über Shakespeares Verhältnis zu seinen Werken gestatten: der Verfasserschaft William Shakespeares aus Stratford könnten erhebliche technische Probleme im Wege gestanden haben.

Ein anderer war's also? Zumindest wird es nach dem ersten Kapitel geboten erscheinen, einen anderen, einstweilen namenlosen Verfasser als Möglichkeit in der Hinterhand zu haben. In der ersten Gesamtausgabe der Bühnenstücke im Jahr 1623 wird über den Autor einiges mitgeteilt. Gemeint ist nicht das Werk selbst, gemeint sind nicht die begleitenden Lobverse, sondern die beiden kurzen Vorworte, die Widmung an die Grafen von Pembroke und Montgomery, die Herbert-Brüder William und Philip, sowie der Brief an die Leser. Diese Vorworte sagen etwas aus über den sozialen Status des Verfassers und sein daraus folgendes Verhältnis zu der Herausgabe seiner Werke, etwas verklausuliert zwar, aber erkennbar, wenn man die Herrschaftsideologie der Zeit vor Augen hat. Der Versuch, sie vor Augen zu führen, wird im **zweiten Kapitel** unternommen. Es wird ein etwas längerer historischer Anlauf zu einer knappen Erklärung.

Am Ende des Kapitels II werden wir um die wichtige Information reicher sein, daß Shakespeare ein Hofmann gewesen sein muß. Auf nach London, zum ersten ernsteren Shakespeare-Biographen, von dort geht's nach Stationers' Hall, dem Sitz der Londoner Drucker- und Buchhändlerzunft, der Stationers' Company, eine gute Adresse, eine Erste Adresse, ob auch eine feine Adresse soll uns nicht kümmern. Bei dieser Gilde wurden die Bücher zum Druck angemeldet, oder sollten eigentlich; es geschah nicht immer, doch meist. Viele Werke Shakespeares sind dort verzeichnet, in den Registern, handgeschrieben sind sie. Im letzten Viertel des 19. Jahrhunderts hat Edward Arber sie transkribiert und drucken lassen. Ein heiliger Tempel der Information: fünf Bände voller Protokolle, Eintragungen, Dokumente. Dazu weitere zwei Bände, „Court Books", in denen die Entscheidungen des obersten Führungsgremiums der Gilde, des „Court of Assistants", verzeichnet sind. Hier liegt der Schlüssel zur Verfasserschaft, nicht in Form einer zu dekodierenden Geheimschrift, sondern als einfacher Vermerk zum Zweck der satzungsgerechten Abwicklung der Geschäfte der Gilde. Am Ende dieses **Kapitels III** werden wir dadurch wissen, wer der Verfasser der Shakespeareschen Werke ist. Oder fast: es werden nur noch zwei Kandidaten übrig bleiben.

Im **Kapitel IV** wird Francis Meres uns dann sagen, wer übrig bleibt. Meres ist ein Kronzeuge der Shakespeareforschung. 1598 gibt er unter dem Titel „Palladis Tamia" eine Zitatsammlung heraus, die auch einen „Vergleichenden Diskurs" zwischen einerseits griechischen, römischen

11

und modernen ausländischen und andererseits englischen Autoren enthält. Eigentlich handelt es sich mehr um eine monotone Aufzählung denn um einen „Diskurs". Einer der beiden verbliebenen Kandidaten wird von Meres gar nicht erwähnt. Er könnte Shakespeare sein. Man könnte ja annehmen, daß sich gerade der nicht genannte Kandidat hinter dem von Meres überschwenglich gelobten Shakespeare verbirgt. Dem ist nicht so. Die nachhaltigste Bestätigung ist dort versteckt, wo man sie gar nicht erwarten würde. Und auch nicht entdecken würde, solange man sich nicht die Mühe macht, Meres' monotone Liste bis ins Detail zu prüfen. Der Kandidat, der übrig bleibt, ist Edward de Vere, 17. Graf von Oxford.

Und dann? Es wird so anmuten, als wären wir in diesen ersten vier Kapiteln in der U-Bahn über nur vier Stationen: einige Urkunden, zwei knappe Vorworte, einen Registereintrag und vier Aufzählungsreihen jenseits von Thule angekommen, im ungelobten Land von Eis und Nebel, das, so sagt man, uns niemals seine Geheimnisse preisgeben werde oder so unfruchtbar sei, daß es sich nicht lohne, dorthin zu reisen. Es ist wahr, ein Autor war schon immer da. Nur daß wir wenig über ihn wußten und außer seinem Namen nichts, was ihn mit dem Werk verbindet. Was ist damit gewonnen, wenn wir nun formell einen anderen Autor aufgespürt haben, über den wir ungleich mehr wissen? Doch was wissen wir über diesen... als Autor?

Die Londoner Welt der Literatur war in den letzten drei Dezennien des 16. Jahrhunderts keine Winterlandschaft. Es wurde engagiert darüber gestritten, wie englische Sprache und Literatur zu formen sei, damit sie mit den antiken und italienischen Vorbildern wetteifern könne. Übrigens scheint niemand auf den Gedanken gekommen zu sein, dabei die Forderung nach einer einheitlichen Rechtschreibung zu erheben. Sehr viel wichtiger dünkten den Zeitgenossen andere Fragen. War der Reim nicht ein „barbarisches" oder „gothisches" Merkmal, dessen sich englische Dichtung tunlichst entledigen sollte? War der klassische Hexameter für das eher einsilbige Englisch ein geeignetes Maß? In den 1580er Jahren standen sich zwei Strömungen gegenüber; einerseits die Euphuisten, in dessen Mittelpunkt Edward de Vere, 17. Graf von Oxford und sein Sekretär John Lyly, der Verfasser zweier

Euphues-Romane, standen; andererseits eine lose Gruppe unter Führung Sir Philip Sidneys, die man mangels eines eigenen Gattungsnamens in Anlehnung an eine Anspielung des pedantischen Humanisten Gabriel Harvey die „Areopagier" nennen könnte. In seiner um 1583 verfaßten Schrift *An Apology for Poetry* bezeichnete Sidney die Euphuisten als „Botaniker", die ihre Tier-, Pflanzen- und Steingleichnisse, „similes", straußweise aus der *Naturgeschichte* Plinius des Älteren auflasen.[2] In den 1590er Jahren lieferten sich der Klassizist Gabriel Harvey und der Satiriker Thomas Nashe eine Wortschlacht über das *Was und Wie?* der Literatur, ein Streit, der in die Nebenhandlung von Shakespeares *Liebes Leid und Lust* einfließt. An anderer Stelle[3] habe ich darauf hingewiesen, daß der Name Shakespeare in diesem von 1592 bis 1596 tobenden Literatenstreit kein einziges Mal vorkommt, aber Edward de Vere, 17. Graf von Oxford, im Zentrum steht. Das bleibt hier ausgespart. Statt dessen wird eine Schrift aus dem Jahre 1603 untersucht, in der Shakespeare zwar nicht namentlich genannt, auf ihn jedoch unverkennbar als Melicertus angespielt ist. Der Name Melicertus fällt nun in der gleichen Schrift ein zweites Mal. Der damit Gemeinte kann unmöglich Shakespeare gewesen sein, wenn er der Mann aus Stratford sein sollte. Er kommt viel zu früh und ist zudem sehr wahrscheinlich ein Aristokrat. Zugleich gilt er offensichtlich als bedeutendster Dichter der 1580er Jahre. Könnte er doch Shakespeare gewesen sein? (**Kapitel V**).

Von Edward de Vere sind nur wenige Gedichte, oft Liedertexte, unter seinem Namen erhalten. Und doch ist davon einiges in Shakespeares Werk widergespiegelt, und zwar in zwei Figuren, Heinrich VI. und Richard II., deren Meditationen über den Sinn der Macht sie in die Nähe von Hamlet rücken. *Hamlet* wird von nicht wenigen als Shakespeares Stück mit dem erkennbarsten autobiographischen Bezug betrachtet. Hamlet empfindet den Hof als einen Kerker. Untersucht wird diese ablehnende Haltung im Vergleich mit den beiden angepaßten, die höfische Gesellschaftsordnung vorbehaltlos bejahenden Höflingen Rosencrantz und Guildenstern. (**Kapitel VI**)

In Hamlets Dialogen mit Rosencrantz und Guildenstern vermittelt uns Shakespeare ein Stück realer Sozial- und Kulturgeschichte. Während Hamlet das ästhetisch definierte Ideal des Hofmannes verkörpert, wie es

Graf Baldesar Castiglione in seinem *Buch vom Hofmann* ausmalt, stellen Rosencrantz und Guildenstern den realen Hofmann dar, der sich untertänigst und opportunistisch in den Dienst des Fürsten stellt. Über einen solchen Hofmann berichtet ein zeitgenössischer Dichter. Das eine Mal wird er nicht namentlich genannt, das andere Mal wird er als „Mr. Will. Shake-speare, our English Terence" angesprochen. **(Kapitel VII)**.

Es bleibt dann noch eine äußerst wichtige Frage zu beantworten: Welche Rolle spielte William Shaxsper, dem als William Shakespeare die Werke zugeschrieben worden sind? Wann kommt er nach London, wann kommt er ins Spiel? Die orthodoxe Theorie wähnt sich hier auf sicherem Boden: irgendwann vor September 1592, als er von seinem Schriftstellerkollegen Robert Greene als „Krähe" beschimpft wird, der sich einbilde, er könne genauso gut Stücke schreiben wie drei andere Schriftsteller. Nach der gleichen orthodoxen Theorie ist einer dieser drei anderen Schriftsteller Shakespeare selbst. Weitere logisch fragwürdige Prämissen dieser Theorie werden zu ihrer Verwerfung führen. **(Kapitel VIII)**

An die Ereignisse um Robert Greenes Brief läßt sich eine Betrachtung über Verschwörungstheorien und Anonymität anknüpfen. Wie ist es möglich, daß Zeitgenossen den gescholtenen Schauspieler und die drei Schriftsteller erkannten, spätere Generationen jedoch nur auf Indizien zurückgreifen konnten, da keiner der Beteiligten in einem schriftlichen Zeugnis namentlich genannt worden ist? **(Kapitel IX)**

1593 erscheint der Name Shakespeare zum erstenmal auf der Titelseite eines Werkes, der Verserzählung „Venus und Adonis". In der Widmung bezeichnet der Verfasser es als „the first heir of my invention", „den „ersten Sprößling meiner Eingebung." Die Formulierung ist nicht so eindeutig, wie es die Verteidiger der Orthodoxie gerne möchten. Für sie ist Shakespeare kein anderer als der Stratforder Bürger und „Venus und Adonis" sein Erstling. Doch heißt es in derselben Theorie, daß er bereits 1592 als Stückeschreiber einen Ruf erlangt habe, der ihm den Neid seines Schriftstellerkollegen Robert Greene eingebracht. Gedruckt habe er diese Stücke noch nicht. Auch nach dieser Theorie kann der „erste Sprößling meiner Eingebung" nur bedeuten; das erste Werk Shakespeares, das in Druck erscheint. Es kann also auch das erste Werk des Anderen sein, das unter dem Namen Shakespeare in Druck erscheint. Warum sollte es dem Verfasser der Werke nicht genügt haben, sich hinter dem bloßen Pseudonym William Shakespeare zu verbergen? Warum hinter einem Strohmann William Shakespeare? Die Veröffentlichung von *Venus und Adonis* (1593) oder *Lucrezias Schändung* (1594) bieten keine befriedigende Erklärung. So viele literarische Werke, darunter vorzügliche, erschienen anonym oder unter Pseudonym. Auch die ersten Stücke Shakespeares erschienen zuerst anonym, dann unter dem Namen „William Shake-speare", eine Schreibweise, die auf ein Pseudonym hindeutet. Warum wird zum erstenmal 1598, in Francis Meres' *Palladis Tamia*, der Name William Shakespeare, ohne Bindestrich, mit dem Bühnenwerk verbunden? Es muß ein anderer Grund für die Präsenz, die leibliche Präsenz eines Strohmannes dieses Namens bestanden haben. (**Kapitel X**)

Und, gesetzt den Fall, ein solcher Grund kann angegeben werden, warum würde ausgerechnet der zu William Shakespeare gewordene William Shaxsper aus Stratford auserlesen, er, der, wie bereits angedeutet, selbst als Schein-Schriftsteller kein überzeugendes Bild abgibt? Was ist in einem Namen? Hierzu wird Molière ins Leben zurückgeholt und interviewt. Wir werden ihn fragen, wie aus Jean-Baptiste Poquelin Molière wurde und wie seiner Meinung nach aus William Shaxsper William Shakespeare. (**Kapitel XI**)

Am Ende wird zum Anfang zurückgekehrt, zum Testament. Denn am Testament wäre die ganze Zuweisung fast gescheitert, trotz Monument, da sich Shaxper ursprünglich nicht als William Shakespeare ausgewiesen hatte, nämlich als jemand, der Anteilseigner in einem Theaterensemble war und Stücke schrieb. Es gilt dann, den Demiurgen zu identifizieren, ohne den es der Nachwelt noch viel schwerer gefallen wäre, an seine Verfasserschaft zu glauben.

I. „My hand and seal" – handschriftliche Quellen

1. Das große Versehen – wie aus Vermerken Unterschriften wurden

Wir wissen nicht viel über das Leben William Shakespeares, aber wieviel wollen wir wissen? Wir wissen mit Sicherheit, daß er die Werke schrieb, die unter seinem Namen veröffentlicht wurden. Die Werke sind sein schriftliches Vermächtnis. Der Umfang seines handschriftlichen Vermächtnisses ist wesentlich geringer, genau sechs Unterschriften, zwei davon unter Urkunden, drei unter seinem Testament und eine unter einer Zeugenaussage vor Gericht. In diesem Abschnitt werden wir drei dieser Unterschriften etwas näher betrachten und sie verwerfen, nicht als Fälschungen, sondern als das Ergebnis eines Versehens, durch das sich all jene Shakespeare-Experten, die seit über zwei Jahrhunderten diese Namenszüge als Shakespeares Unterschriften akzeptieren – oder sollte man sagen: kanonisieren? – einen Anspruch auf Eintragung in das goldene Buch der Stadt Schilda erworben haben.

Was wäre denn damit verloren oder gewonnen, wenn wir nun statt sechs nur vier oder drei Unterschriften Shakespeares hätten? Wir wissen sehr wenig über Shakespeare und wüßten jetzt noch ein wenig weniger. Gleichzeitig wüßten wir auch mehr. Wir wüßten, daß Shakespeare, der „Kaiser der Weltliteratur", ebensowenig in der Lage war, seine Unterschrift zu leisten als gut ein halbes Jahrtausend vor ihm Konrad II., Kaiser des Heiligen Römischen Reiches deutscher Nation. Das zweite Teilkapitel wird dann nur noch die Bestätigung dafür liefern. Und wir werden dann wissen, daß Shakespeare zwar Shakespeares Werke geschaffen, aber nicht geschrieben, zumindest nicht niedergeschrieben hat.

Was kann uns die Geschichte der vermeintlichen Unterschriften Shakespeares noch lehren? Nichts Neues, nur eine weitere Probe aufs Exempel, wie Reliquien nicht nur durch Mirakel geheiligt werden können, sondern durch die Weihe einer vorsichtgesalbten, nüchternen wissenschaftlichen Sprache. Das wissen wir spätestens seit Thomas Kuhns Buch über die Struktur wissenschaftlicher Revolutionen, daß Wissenschaft oft ebensowenig nach dem Popperschen Reinheitsgebot funktioniert wie das Brauen von Starkbier und anderen Bieren nach dem deutschen Reinheitsgebot.

Die etablierte Wissenschaft, schreibt Imre Lakatos, pflegt auf bedrohliche Probleme mit einer Strategie der „degenerativen Problemverschiebung"[4] zu reagieren. Im Falle der Unterschriften besteht diese darin, anstatt die Authentizität der anerkannten Unterschriften zu prüfen und der Frage nach der Verfasserschaft ins Auge zu sehen, Diskurse über die Authentizität einiger anderer, bisher als unecht verworfener Unterschriften anzuwerfen. Die Problemverschiebung ist derart degenerativ, daß man sich scheut, diesen bei allen negativen Konnotationen doch illustren Begriff zu verwenden. Es wäre wahrscheinlich angemessener, als Allegorie Edgar Allan Poes Erzählung „Die Fakten im Falle des Herrn Waldemar" zu wählen. Herr Waldemar ist so gut wie gestorben, wird aber durch Hypnose am Leben erhalten. Als die Hypnose eingestellt wird, setzt in Sekundenschnelle der aufgehaltene Verwesungsprozeß ein und vor der ganzen wissenschaftlichen Gesellschaft liegt nur noch ein übel riechendes Häuflein Eiter.

Eine weitere Strategie besteht darin, das Problem zu einer reinen Gesinnungsfrage zu erklären. Leute, die etwa Lord Verulam, besser bekannt als Francis Bacon, oder Edward de Vere, 17. Earl of Oxford, als Verfasser der Shakespeareschen Werke propagieren, werden samt und sonders als Snobs verschrieen, Leutchen mit einem aristokratischen Spleen, Nostalgiker des Ancien Régime, die sich nicht vorstellen können, ein einfacher Händler aus dem Volk hätte diese erhabenen Werke geschaffen. „Es muß unbedingt ein Aristokrat gewesen sein." Der Vorwurf ist nicht immer unberechtigt. Nicht unberechtigt ist auch der Gegenvorwurf des kleinbürgerliche Snobismus: „Es muß unbedingt ein Mann geringeren Standes sein." Wie alle Extreme berühren sich diese beiden extremen Standpunkte auch hier: nicht nur im Snobismus, auch in der Ignoranz. Denn noch im 15. Jahrhundert und teilweise bis in die erste Hälfte des nächsten hinein, war ein Großteil der Aristokratie ungebildet und betrachtete oft genug Bildung als etwas Verweichlichendes und mit dem Waffenhandwerk nicht zu Vereinbarendes. Da hätte es nicht unbedingt ein Aristokrat sein müssen, auch nicht im 16. Jahrhundert, doch da wäre es schon eher möglich gewesen. Denn wer sicherte dem Sonett Heimatrecht in der englischen Literatur? Nicht Sidney, nicht Shakespeare, sondern Henry Howard, Earl of Surrey, und Sir Thomas Wyatt, ein anderer Hofmann.

Sich mit Shakespeares Unterschriften zu befassen, ist eine trockene und langweilige Angelegenheit. Lustgewinn ist nicht viel zu holen, außer der Schadenfreude über des Kaisers Nacktheit und den Eifer, mit dem sich sein Kronrat bemüht, ihm goldene Knöpfe auf die Haut zu nähen.

Die ersten beiden „Unterschriften" stehen unter zwei Urkunden. Die eine vom 10. März 1613 ist eine Übereignungsurkunde, die andere vom 11. März 1613 ist eine dazugehörige Hypothekurkunde. Shakespeare kauft ein Haus im Dominikanerviertel, dem „Blackfriars"-Viertel. Als seine Treuhänder treten auf: ein William Johnson und ein John Jackson. Es sind, wie Leslie Hotson herausgefunden hat, Bekannte von John Hemmings, Shakespeares Schauspielerkollegen, der als dritter Treuhänder fungiert, bei der Unterzeichnung jedoch nicht anwesend ist.[5] William Johnson ist der Wirt der Literatentaverne „The Mermaid". Das Haus hat mit dem Blackfriars-Theater, in dem Shakespeares Stücke seit 1608 aufgeführt wurden, nur das Viertel gemein, sonst nichts. Eine Hypothek hatte damals ebenfalls die Form einer Übereignungsurkunde; wurde der ganze Kaufpreis nicht zu einem bestimmten Termin gezahlt, ging das ganze Eigentum an den Verkäufer zurück.

Man lasse nun den Blick eine Weile auf den beiden „Unterschriften" ruhen. Sie stehen innerhalb eines Vierecks, an dem ein Siegel hängt. Das Siegel dient hier nicht der Sicherung des Schriftstückes, sondern der Beglaubigung, nicht der *Ver*siegelung, sondern der *Unter*siegelung. Zur Gültigkeit einer Urkunde waren erforderlich: die Anbringung eines Siegels und ein formaler Akt der Übergabe („delivery") an die Parteien. Diese Übergabe wurde auf der Rückseite verzeichnet. Die Unterschrift war keine notwendige Bedingung zur Gültigkeit der Urkunde, wurde allerdings ab dem 15. Jahrhundert immer häufiger ebenfalls geleistet. Das Viereck befindet sich direkt über dem angehängten Siegel. Zwangsläufig, denn es ist der Pergamentstreifen, an dem das Siegel befestigt ist. Um das Siegel anzuhängen, wurde aus dem untersten Teil der Urkunde ein Loch ausgeschnitten, durch dieses Loch wurde der Pergamentstrei-

Ewald, Tafel 9

fen geführt und anschließend mit Wachs, Schellack oder Siegellack mit der Urkunde verklebt (s. Abb. links). Es gab noch eine andere Methode, das Siegel anzuhängen. Der untere Rand der Urkunde wurde umgebogen. Der Fachausdruck für diesen gefalteten unteren Teil der Urkunde lautet „Plica" oder „Umbug". In die Plica wurden einige kleine Löcher gestochen und durch diese wurden die dünnen Lederriemen oder Bindfäden gezogen, an denen das Siegel hing. Diese Riemen oder Fäden wurden dann verknotet. Und das Siegel hing an der Urkunde. Nichts Besonderes also, die Anhängung des Siegels war nicht schwieriger als die Eintütung eines Buches, im ersteren Fall wurde das ganze sozusagen mit dem damaligen Gegenstück zum heutigen Tesafilm, im letzteren Fall mit dem damaligen Pendant der heutigen Briefklammer besorgt. Könnte es sein, daß spätere Generationen, etwa um das Jahr 2150, nicht mehr verstehen würden, wie das Verpacken eines Buchs in unserer Zeit funktioniert? Auf jeden Fall scheint der erste große Shakespeareforscher, Edmund Malone, ein Anwalt, 1796 nicht mehr verstanden zu haben, was dieses Viereck bedeutete. Überwältigt und geblendet von der himmlischen Freude, zwei Unterschriften Shakespeares vor sich zu haben? Man wird es nicht mehr wissen können. Des Versehens Edmund Malones eingedenk sei daher vorsichtshalber noch einmal wiederholt: der Pergamentstreifen des Siegels wurde durch ein Loch in der Urkunde geführt und mit dieser verklebt, denn so wurden die Siegel mit den Blackfriars-Urkunden verbunden. Auf dem Foto erscheint dieser Pergamentstreifen als Viereck innerhalb der Urkunden-

Blackfriars-Siegel I
(Hypothekenurkunde)

20

Blackfriars-Siegel II (Übereignungsurkunde)

fläche. Niemand, der sich etwas eingehender mit alten Urkunden beschäftigt hat, käme auf den Gedanken, die Namen innerhalb dieses Vierecks als Unterschriften zu betrachten. Unterschriften wurden unmittelbar unter dem Text **auf** der Urkunde selbst geleistet, nicht auf dem zum Siegel gehörenden Pergamentstreifen.

Wenn die Namen keine Unterschriften sind, was bedeuten sie dann? Es war für den Schreiber der Urkunde aus mehreren Gründen nützlich zu wissen, zu wem welches Siegel gehörte. Der Name war keineswegs immer aus dem Siegel zu erkennen. Die beglaubigenden Parteien benutzten nicht immer ihr eigenes Siegel, entweder weil sie keines besaßen oder weil ihr Siegel vor Ort nicht ausreichend bekannt war. William Shakespeare etwa benutzte nicht sein eigenes Siegel, sondern ein Siegel mit den Initialen H.L. Dem Übergabeprotokoll auf der Rückseite der Urkunde kann man entnehmen, wer dieser H.L. war: Henry Lawrence, ein Assistent des Schreibers Robert Andrewes (die Namen werden hier deshalb erwähnt, weil, will man der Logik einiger orthodoxer Experten folgen, einer von beiden der Verfasser des Fragments aus dem Bühnenstück „Sir Thomas More" sein müßte, das Shakespeare zugeschrieben worden ist). War ein Siegel, zum Beispiel eines bekannten Adelshauses oder Londoner Stadtrats, ausreichend bekannt, stellte sich das Problem der Identifizierung nicht. Noch weniger, wenn die Parteien nicht nur untersiegelten, d.h. durch

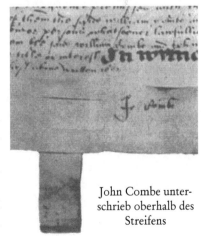

John Combe unterschrieb oberhalb des Streifens

Anhängung des Siegels beglaubigten, sondern auch durch Unterzeichnung. Jeder unterschrieb dann direkt oberhalb des Pergamentstreifens seines eigenen Siegels, gelegentlich auch neben diesem Streifen, aber immer auf der Urkunde selbst (wie z.B. John Combe, s.o. S.22). Wurde auch die Unterschrift geleistet, wußte man, wem das Siegel gehörte. Wurde sie nicht geleistet, steht der Name auf dem Pergamentstreifen. „Mitunter sind von den Schreibern der Urkunde auf der Plica oder auf dem Pergamentstreifen der Siegel die Namen der Siegelführer verzeichnet."[6] Anders ausgedrückt: auf einem Teil des Siegels selbst. Es dürfte wohl keine Urkunde existieren, die sowohl untersiegelt als unterzeichnet ist, wo folglich die Unterschrift oberhalb des Pergamentstreifens geleistet worden ist und auf diesem Pergamentstreifen gleichzeitig der Name steht: weil der Vermerk des Namens auf dem Pergamentstreifen überflüssig gewesen wäre. Wenn jedoch nicht auch eine Unterschrift geleistet wurde, war es sinnvoll, den Namen des Untersieglers zu vermerken.

Zwei weitere Fakten unterstreichen aufs nachdrücklichste, daß keine Unterschrift geleistet wurde. Eine Übereignungsurkunde wurde nach einem streng formalen Muster erstellt. Erst kamen Datum und Parteien, dann der Gegenstand der Transaktion und weitere Punkte, die hier nicht alle aufgezählt werden müssen. Zum Schluß kam die Beglaubigungs- oder Korroborationsklausel, die besagte, wie beglaubigt worden war. Hatten die Parteien sowohl unterschrieben als untersiegelt, lautete sie in englischen Urkunden: „In witness whereof the said parties have set their <u>hands</u> and <u>seals</u>." War nur untersiegelt worden lautete sie: „In witness whereof the said parties have set their <u>seals</u>." Letztere ist diejenige der beiden Blackfriars-Urkunden. Der Schreiber bestätigt am Ende der Urkunde ausdrücklich, daß nicht durch Unterschrift beglaubigt wurde. Die Verneinung ist nur wenig oberhalb der Namen zu lesen. Trotzdem...

Und obwohl ein dritter Aspekt an sich schon ausreichte, erhebliche Zweifel zu wecken. Wir müssen uns jetzt notgedrungen kurz mit der grillenhaften Abkürzungstechnik mittelalterlicher und frühneuzeitlicher Urkundenschreiber beschäftigen. Es sei diesen Schreibern verziehen, lebten sie doch in einer Ständegesellschaft, wo nicht nur die einzelnen gesellschaftlichen Stände im Äußeren sich voneinander zu unterscheiden suchten, sondern auch einzelne Berufsstände. Weißbrotbäcker und Braunbrotbäcker hatten lange Zeit eigene Gilden und entsprechend eigene Trachten. Das eigene Fachwissen wurde argwöhnisch ge-

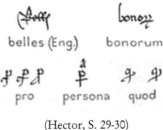

belles (Eng.)   bonorum

pro   persona   quod

(Hector, S. 29-30)

hütet. Einer der gebräuchlichen Ausdrücke für „Handwerk" war „mystery" und wenn dieses Wort auch nicht von „Mysterium" abgeleitet war, so wird mit dieser Bedeutung des Wortes doch ein gutes Stück gesellschaftliche Realität eingefangen. Es nimmt deshalb nicht wunder, daß die Abkürzungstechnik dieser Schreiber wie eine kleine Geheimwissenschaft anmutet.

Der Vorname „William" wurde mit einem Strich oben durch das doppelte „l" und unter Auslassung der Buchstaben „ia" geschrieben: Willm. Es war nicht die einzige Weise, in der dieser Name abgekürzt wurde, es finden sich auch: W^m und Willm [Tilde über „m"]. Ein und derselbe Schreiber kürzte das Wort auf verschiedene Weisen ab. Auch zeigte ein durchgestrichenes „l" keineswegs immer die Auslassung der gleichen Buchstaben an. Das Wort „lris" steht für das lateinische Wort „litteris", „Brief"; hier sind die Buchstaben „itte" ausgelassen. Das englische Wort „letter" wird häufig zu „ler" abgekürzt, die Abkürzung angezeigt durch eine Tilde über dem „e". Sehr häufig sind auch die aus lateinischen in englische Urkunden übernommenen Abkürzungen für „per" und „pro". „Pro" wird als „p" mit Schleife geschrieben, aber diese Schleife kann wiederum verschiedene Formen annehmen. Recht konstant ist die Abkürzung für „per": ein nach unten verlängertes „p" mit horizontalem Querstrich. Auch die Buchstaben „a" und „i" werden als Abkürzungszeichen verwendet. Diese Buchstaben werden dann oberhalb des Wortes geschrieben, als Superskript. In den meisten Fällen deuten sie auf die Auslassung eines „r" hin. Aber: „Es muß darauf hingewiesen werden, daß bei den meisten Schreibern diesem Superskript ‚a' eine besondere Form gegeben wird, die es meist eher wie ein ‚u' aussehen läßt denn als irgendein ‚a' innerhalb der Schreiblinie."[7] Schließlich ist noch zu bemerken, daß jeder Schreiber eigene Abkürzungsge-wohnheiten entwickelte, so daß oft mehrere Möglichkeiten in Erwä-gung zu ziehen sind. Mehr brauchen wir nicht zu wissen, um die Schreibweisen von „Shakespeare" zu bestimmen. Der Name auf der ersten Urkunde ist geschrieben als „William Shakspe" [Tilde über „e"]. Die Tilde zeigt den Wegfall von einem oder mehreren Buchstaben an. Wieviel? Welche? Meine Vermutung ist, daß eine im Englischen häufige Buchstabenfolge weggelassen worden ist, nämlich „are", und dem Schreiber der Name vor Augen stand, wie er ja auch im Text der Urkunde geschrieben ist: „Shakespeare". Die Schreibweise des Namens auf dem Streifen der zweiten Urkunde ist etwas problematischer. E. K. Chambers gibt ihn wieder als „Wm Shakspe" [Tilde über „e"].[8] Das „p" scheint jedoch den horizontalen Strich aufzuweisen, in welchem Fall dies für „per" stünde, während das, was Chambers als Tilde betrachtet eher dem famosen als Abkürzungszeichen verwendeten „a" ähnelt, das wie ein „u" aussieht. In diesem Fall hat der Schreiber wahrscheinlich wirklich ein echtes „a" und kein Abkürzungszeichen gemeint und das in „per" fehlende „a" als Superskript hinzugefügt, also wiederum „Shakespeare" wie im Urkundentext. Aber alle Diskussionen anhand dieser abgekürzten Schreibweisen darüber, wie Shakespeare seinen Na-men selbst schrieb, sind ohnehin sinnlos, denn er schrieb ihn ja nicht, abgesehen davon, daß es einfach keine festen Rechtschreiberegeln gab. Elisabethaner schrieben phonetisch. Phonetisch sind „Shaksper", „Shakesper", „Shakespeare", usw. gleichwertig. Und auch die vieldisku-tierte Frage, wieso er innerhalb von 24 Stunden seinen Namen auf so verschiedene Weise schrieb, macht keinen Sinn. Es war der Schreiber, der die Namen vermerkte, und zwar mit den typischen Abkürzungen Wahrscheinlich war es in beiden Fällen der gleiche Schreiber. Aber schrieb ein Berufsschreiber denn so schlecht und von einem Tag auf den anderen so unterschiedlich? Die Frage braucht uns nicht sonderlich zu beunruhigen. Die Schreibfläche des Pergamentstreifens war nicht leicht zu beschriften. Man muß davon ausgehen, daß der Schreiber den Namen unter der zweiten Urkunde erst eine gewisse Zeit nach Anbrin-gung des Siegels vermerkte, als Wachs oder Schellack bereits zu trock-nen begonnen hatten [vgl. Abb. S. 21 oben]. Dies läßt sich noch auf den

Fotos erkennen. Die Buchstaben dort stehen unverbunden und wirken wie eingekerbt.

Wie haben nun „Experten" diese „Unterschriften" bewertet? Samuel Schoenbaum bedauert die geringe Anzahl Schriftproben und deren schlechte Qualität, die er damit entschuldigt, daß Shakespeare die Unterschrift in den engen Raum des Pergamentstreifens habe quetschen müssen.[9] Von „müssen" kann nicht die Rede sein; er mußte, sollte, tat es nicht. Schoenbaum übernimmt mehr oder wenig die Erklärung von Sir Edward Maunde Thompson, einem Paläographen, der noch eine weitere Erklärung parat hat. Thompson bemerkt, daß Shakespeare noch genügend Platz gehabt hätte, wenn er die Unterschrift mehr nach links angefangen hätte, woraus er schließt, Shakespeare müsse eine abergläubische Abneigung gegen „links" gehabt haben.[10] Samuel A. Tannenbaum hält es für möglich, daß der Schreiber ein Stück des Pergamentstreifens weggeschnitten habe.[11] Soweit der Abriß dessen, was bisher als die Fachliteratur über Shakespeares „Unterschriften" unter den beiden Urkunden gelten dürfte. Eric Sams schließt aus den „Unterschriften", daß Shakespeare als Schreiber in einer Gerichtskanzlei gearbeitet haben müsse.[12] Das mag sich beim ersten Lesen sogar alles sehr fachmännisch anhören, beim näheren Zusehen ähnelt es immer mehr der Echolalie einer verzückten Pfingstgemeinde.

Aber auch die dritte „Unterschrift" trägt die typischen Züge der Schrift eines Schreibers. Sie steht unter Shakespeares Zeugenaussage in einem Prozeß, zu dem er im Mai 1612 vor einem Londoner Gericht geladen wurde. Hier liest man: Willm Shaksp. Und obwohl in den Protokollen der Name „William Shakespeare" angegeben ist, müßte man diesen Namenszug wohl als „William Shaksper" lesen. Nochmals: angesichts der teilweise erratischen Schreibweisen der Elisabethaner ist es müßig, darüber zu streiten. Und auch hier kann von einer „Fälschung" nicht die Rede sein. Das hieße den damaligen Stellenwert der Unterschrift als Beglaubigung überbewerten. Es war sehr wohl möglich, daß ein Zeuge sein mündliches Einverständnis zu seiner protokollierten Erklärung gab und der Schreiber dann seinen Namen unter die Erklärung schrieb. Es versteht sich aber von selbst, daß jemand, der eigenhändig unterschreiben konnte, auch Wert darauf gelegt hätte, dies zu tun. Und dann eine personalisierte Unterschrift leisten würde, nicht einen nach Art der Urkundenschreiber abgekürzten Namen. Eine solche Unterschrift des Zeugen Daniell Nicholas im gleichen Prozeß besitzen wir.

Zurück zu den Urkunden, zu den Namen der beiden Treuhänder William Johnson und John Jackson. Wir sehen zwei elegant geschriebene Namen auf dem Pergamentstreifen, zwei Namen, die aussehen, als hätten die beiden ihre Unterschrift auf den Pergamentstreifen gesetzt. Also doch Unterschriften? Auf keinen Fall, denn das wäre dann unweigerlich in der Beglaubigungsklausel der Urkunde festgehalten worden. Was dann? Doch Unterschriften, aber faktisch, nicht im juristischen Sinne. Als Unterschriften wären sie nur dann anerkannt worden, wenn sie auf der Urkunde geschrieben worden wären. Es hat auch den Anschein, als hätten die beiden ihren Namen geschrieben, bevor der Pergamentstreifen mit Wachs überzogen wurde. Warum in der Form

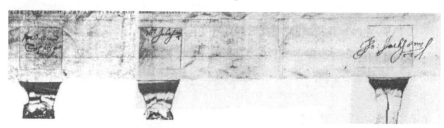

Blackfriars-Urkunde (1613), Vendor's deed

Blackfriars-Urkunde (1613), Mortgabe deed

einer Unterschrift und nicht einfach als Vermerk? Wenn sie doch unterschreiben wollten, warum um Himmels willen leisteten sie ihre Unterschrift nicht auf der Urkunde selbst? Waren sie so dumm? Warum denn nicht gleich die Unterschrift auf der Urkunde, statt dort, wo sie als Beglaubigung wertlos war? Jackson und Johnson waren nicht so dumm. Erklärung für die unsinnige Stelle, an der sie unterzeichneten, erhalten wir, wenn wir zum Vergleich eine Urkunde vom 10. Februar 1618 heranziehen. Am 10. Februar 1618 wird die Treuhand für das nämliche

Blackfriars-Urkunde 1618

Haus im Blackfriars-Viertel, das Shakespeare 1616 seiner Tochter Susanna Hall vererbt hatte, von John Hemmings, William Johnson und John Jackson auf John Greene und Matthew Morris übertragen. Wir sehen nebst dem Namen John Hemmings die Namen William Johnson und John Jackson. Sie sind ganz ähnlich geschrieben wie bei den Blackfriars-Urkunden, sind also Unterschriften, diesmal auch im juristischen Sinn. Denn sie stehen AUF der Urkunde, oberhalb des Pergamentstreifens. Und die Beglaubigungsklausel lautet diesmal: „In witness whereof the said parties... have set their hands and seals." Selbstverständlich steht auch die Unterschrift des John Hemmings auf der Urkunde, oberhalb des Pergamentstreifens. 1618 konnten William Johnson und John Jackson auf der Urkunde unterschreiben, weil John Hemmings konnte. 1613 hätten sie gern, konnten aber nicht, weil die Hauptpartei, der Käufer, nicht konnte. Dieser Käufer hieß William Shakespeare und kam aus Stratford.

2. Shakespeare macht ein Vierdritteltestament

Shakespeare machte zwei Testamente, ein erstes im Januar 1616, ein zweites und endgültiges am 25. März 1616, beide zusammen ergeben gewissermaßen ein und ein Drittel Testament. Am 25. März 1616 wird die erste Seite des ersten Testaments neu geschrieben und nur diese Seite. Für die zwei anderen Seiten des Testaments werden am 25. März die Seiten 2 und 3 des Testaments vom Januar genommen. Was bereits auf der neu geschriebenen Seite erwähnt ist, wird auf den 2 alt-neuen Seiten durchgestrichen. Weitere Streichungen folgen, Änderungen werden zwischen den Zeilen geschrieben. Ein nicht ganz gewohnter Anblick, aber doch keine einzigartige Ausnahme, ohne Bedeutung letztlich. Wir müssen mit E.K. Chambers annehmen, daß Eile geboten war, weil Shakespeare auf einmal schwer erkrankte, obwohl er dann noch fast einen Monat lang lebte.[13] Ein anderer Zeuge, der es nur vom Hörensagen wissen kann, bestätigt dies. Wir werden erst gegen Ende des Buches hören, was er zu sagen hat. Der Mann hieß John Ward und war Vikar in Stratford.

Wahrscheinlich hatte der Schreiber zuerst angenommen, daß es nur unwesentliche Änderungen geben und das Testament weitestgehend mit dem Testament vom Januar übereinstimmen würde. Er schrieb auf der neuen Seite erst als Monat den Januar, strich es durch und ersetzte es durch März. Wohl deshalb blieb trotz schwerer Erkrankung der Satz aus dem ersten Testament stehen, daß Shakespeares Gesundheit und Gedächtnis bestens seien („in perfect health & memory"). Im Januar 1616 muß es noch recht gut um Shakespeares Gesundheit gestanden haben.

Fragen wir hypothetisch, was geschehen wäre, wenn Shakespeare kurz nach der ersten Abfassung im Januar äußerst schwer erkrankt und wenige Tage danach gestorben wäre. Wir können schwerlich davon ausgehen, daß er sieben Änderungen an einer Fassung vornehmen würde, die er wenige Tage vorher noch diktiert hatte. Nun, das Testament vom Januar 1616 enthielt keine einzige Stelle, die auf Shakespeare als einen Schauspieler und einen der wichtigsten Anteilseigner in einem Schauspielerensemble schließen ließe. Und es enthielt eine Stelle, die regelrecht verneinte, daß er der Schriftsteller Shakespeare war. Beides wurde im Testament vom 25. März 1616 korrigiert. Es ist wichtig, sich vor Augen zu halten, daß die Seiten 2 und 3 des neuen die Seiten 2 und 3 des früheren Testaments sind, auf denen Streichungen vorgenommen und zwischen den Zeilen Ergänzungen eingefügt worden sind.

Zwischen den Zeilen auf Seite 2 ist der Satz eingefügt: „Item I gyve & bequeath... to my ffellowes John Hemynge Richard Burbage & Henry Condell xxxvj^s viii^d A peece to buy them Ringes." „Weiter gebe und vermache ich meinen „fellows" John Hemmings, Richard Burbage und Henry Condell je 36 Shilling und 8 Pence, um sich einen Ring zu kaufen." Die wichtigen Worte sind „fellows" und „Ring".

Bevor wir uns den Änderungen der zweiten Fassung zuwenden und Shakespeares Testament zu einem anomalen Schauspielertestament erklären, werden einige andere Schauspielertestamente[14] auf folgende Punkte hin untersucht:

1. Wann wurde das Testament erstellt und wie lautet die Aussage über die körperliche Verfassung? Die Frage nach der geistigen Verfassung braucht nicht untersucht zu werden, denn sie wird selbstverständlich immer positiv ausfallen, da sonst das Testament ungültig würde.
2. Was wird über die Anteile am Ensemble erwähnt? Es gab zwei verschiedene Anteilsarten. Am einfachsten wird die Darstellung, wenn wir die erste Art als „Immobilienanteile" bezeichnen. Es handelt sich in diesem Fall um eine Teilhabeschaft an Theatergebäuden und Grundstücken, die Einnahmen aus Vermietung einbrachten. Shakespeare, Burbage, Hemmings und Condell waren solche Anteilseigner. Sie waren auch Anteilseigner der zweiten Art, die wir „Vorratsanteile" nennen. Hier handelt es sich um eine Teilhaberschaft an diversen Theaterrequisiten: Manuskripte, Kostüme, Musikinstrumente. Diese Art von Anteilen berechtigten zur Beteiligung an den Einnahmen aus den Theatervorstellungen.
3. Wie werden die Mit-Teilhaber bedacht?
4. Wie lautet die Beglaubigungsklausel? Theoretisch stehen drei Möglichkeiten zur Auswahl: Unterzeichnung und Untersiegelung („set my hand and seal"), nur Unterzeichnung („set my hand") und nur Untersiegelung („set my seal").

Thomas Pope macht sein Testament im Juli 1603. Zu dem Zeitpunkt ist er „bei guter Gesundheit". Seine Immobilienanteile am Globe- und am Curtain-Theater vererbt er einer Mary Clarke und Thomas Bromley. „Vorratsanteile" werden nicht erwähnt. Es ist deshalb zu vermuten, daß Pope keine solchen mehr besaß. Das Wort „fellows" kommt nicht vor, und es ist auch nicht von einer Schenkung an Schauspieler für den Kauf eines Gedenkringes die Rede. Die Beglaubigungsformel lautet: „I have set my hand and seal."

Augustine Phillips macht sein Testament im Mai 1605. Er bezeichnet sich als krank und körperlich schwach. Von Anteilen ist nicht die Rede und brauchte auch nicht die Rede zu sein, da er seine Frau, seine Erbin, gleichzeitig zu seiner Testamentvollstreckerin ernennt. Nur wenn er diese Anteile nicht seiner Frau vermacht hätte, wäre eine Bestimmung in seinem Testament notwendig gewesen. Aus einem späteren Prozeß wissen wir, daß seine Frau tatsächlich die Anteile besaß. Er vermacht einigen „fellows", darunter Shakespeare und anderen Personen, die alle als Anteilseigner gelten, eine Summe von 30 oder 20 Shilling. Beglaubigungsformel: „I... put my hand and seal."

Nicholas Tooley macht sein Testament im Juni 1623. Er bezeichnet sich als krank. Von Anteilen ist nicht die Rede. Von „fellows" folglich auch nicht. Er vermacht dem Schauspielerkollegen Henry Condell 5 Pfund und bezeichnet ihn als „friend". Einigen anderen Kollegen erläßt er die Schulden. Beglaubigungsklausel: „sett my hand and seale".

John Underwood macht sein Testament am 4. Oktober 1624. Er bezeichnet sich als körperlich sehr schwach und krank. Die Immobilienaktien vermacht er seinen fünf Kindern und verfügt, daß seine Testamentsvollstrecker die Vorratsanteile am Globe-, am Blackfriars- und am Curtain-Theater nicht veräußern dürfen, sondern treuhänderisch für seine Kinder verwalten sollen. Wir erhalten einen ersten Hinweis, daß sich das Wort „fellow" nur auf Besitzer von Vorratsanteilen, nicht jedoch auf Besitzer von Immobilienanteilen bezog. Einer dieser Vollstrecker ist der Schauspieler Henry Condell, den Underwood nicht als „fellow", sondern als „friend" bezeichnet. Wir werden jedoch sehen, daß Henry Condell zu diesem Zeitpunkt seine Vorratsanteile veräußert haben muß. Die als Aufseher ernannten John Hemmings und John

Lowin hielten noch solche Anteile und diese nennt er zwar auch „friends", fügt aber an „my fellows overseers". Den Vollstreckern und Aufsehern vermacht er 11 Shilling, damit sie einen Ring als Andenken an ihn kaufen. Der Ring, der auch in der zweiten Fassung von Shakespeares Testament erwähnt wird, ist ein Gedenkring. Beglaubigungsformel: „I have set ... my hand and seal." Am 24. Oktober folgt ein Nachtrag zum Testament, der nicht mehr unterschrieben wird. Underwood war zwanzig Tage später offensichtlich bereits zu schwach, um noch zu unterschreiben. Es wird jedoch erwähnt, daß man ihm den Nachtrag vorgelesen hat und er vor einer ausreichenden Anzahl glaubwürdiger Zeugen sein Einverständnis zu erkennen gegeben hat.

Henry Condell macht sein Testament im Dezember 1627. Er ist krank. Es ist zwar die Rede von Haus- und Grundbesitz im Blackfriars-Viertel und der Bankside (nahe dem Globe), nicht jedoch von Vorratsanteilen. Seine ehemaligen Mitanteilseigner John Hemmings und Cuthbert Burbage ernennt er zu Aufsehern, nennt sie jedoch nicht „fellows", sondern „liebe Freunde". Er untersiegelt und unterschreibt, wenn auch die Beglaubigungsklausel etwas abweichend formuliert ist: er hat jede der neun Seiten unterschrieben und das Testament untersiegelt.

John Hemmings macht sein Testament im Oktober 1630. Er erwähnt nichts über seinen körperlichen Zustand. Er verfügt, daß sein Testamentvollstrecker die Anteile beider Art zunächst zur Tilgung seiner Schulden verwenden soll. Was übrig bleibt, geht an den Vollstrecker, seinen Sohn William (der sie später an John Shank verkaufen wird). Jedem seiner „fellows and sharers" schenkt er 10 Shilling, um einen Ring „for remembrances of me" zu kaufen. Beglaubigungsformel: „I have... put my hand and seal."

Als letztes Beispiel: John Shank macht sein Testament im Dezember 1635. Er sei schwach und krank. Wie im vorigen Absatz erwähnt, hat er die Anteile von John Hemmings gekauft. Es ist darüber zum Streit mit anderen Anteilseignern gekommen. Begreiflicherweise denkt er nicht daran, seinen „fellows" eine Summe Geld zu vermachen, damit sie einen Ring als Andenken an ihn kaufen können. Im Gegenteil, er warnt sie und liefert uns gleichzeitig eine eindeutige Definition der Vorratsanteile: „And I doe desire my fellowes his Maiesties servantes the players that they doe not abridge my said wife and Executrix in what is due unto me... for my share in the stocke bookes apparell and other thinges according to the old Custome, and agreament betwenn us." ("und ich verlange, daß meine ‚fellows‘, die Diener Seiner Majestät, die Schauspieler, meine Frau und Vollstreckerin, nicht um einen Teil dessen prellen, was mir zusteht... aufgrund meines Anteils an den Repertoireskripten, Kleidung und sonstigen Gegenständen, gemäß dem alten Brauch und der Vereinbarung zwischen uns." Es waren die Schauspieler, die nicht an den Immobilien, sondern nur an den Einnahmen aus den Vorstellungen beteiligt waren, die eigentlichen „fellows", die sich beschwert hatten, John Shank halte einen zu großen Anteil.

„Fellow" wird in den Testamenten immer klar unterschieden von „friend". Der Anteile gibt es zweierlei: Beteiligung an Grundstücken und Gebäuden sowie Beteiligungen sozusagen am Umlaufvermögen: Vorräten wie Kostümen, Skripten, usw. Nur die Inhaber der letzteren sind „fellows". Condell, der zum Zeitpunkt seines Testaments, nur noch an den Liegenschaften und nicht mehr an den Einnahmen aus den Vorstellungen beteiligt ist, nennt seine früheren Mitanteilseigner nicht „fellow", sondern „friend". Nur für Besitz von Anteilen, die zur Beteiligung an den Einnahmen berechtigen, wird das Wort „fellow" verwendet.

Shakespeares Testament bildet eine einzigartige Ausnahme. Dort wird das Wort „fellow" verwendet, ohne daß Anteile vererbt werden. Von Beteiligung an den Theaterliegenschaften ist ebenfalls nicht die Rede.

Noch bestaunenswürdiger ist der Gebrauch des Siegels zur Beglaubigung der ersten Fassung des Testaments und seine Ersetzung durch die Unterschrift in der zweiten. Wir haben gesehen, daß alle Schauspieler ihr Testament sowohl unterschrieben als untersiegelten. Auch alle Schriftstellerkollegen Shakespeares unterschrieben und untersiegelten. Überhaupt jeder, der schreiben konnte und ein Siegel besaß, unterschrieb und untersiegelte. Strikt genommen war zur Gültigkeit des Testaments keines der beiden erforderlich. Notwendige Voraussetzung für die Gültigkeit war immer das Vorhandensein einer ausreichenden Anzahl glaubwürdiger Zeugen, wie oben für den Nachtrag zu Underwoods Testament. Aber der Brauch, sowohl das Siegel anzubringen als zu unterschreiben, war im 16. und 17. Jahrhundert bereits so allgemein, daß Sozialhistoriker in Studien über den Analphabetismus aus der alleinigen Untersiegelung zuversichtlich schließen, der Testator habe nicht schreiben könenn, sofern nicht dem Testament zu entnehmen ist, er sei derart geschwächt, daß er diese Unterschrift nicht mehr leisten konnte. Im Falle des John Underwood haben wir gesehen, daß er am 4. Oktober 1624 sehr krank war, gleichwohl noch unterschrieb, den Nachtrag am 24. Oktober jedoch nicht mehr eigenhändig unterschreiben konnte. Aber William Shakespeare war im Januar 1616 gesund und wollte nur mit Siegel beglaubigen! Im März 1616 war er vermutlich todkrank und unterschrieb!

Nochmals: wir müssen uns darüber im klaren sein, daß die hauptsächliche Funktion des Siegels nicht das Verschließen, sondern die **Beglaubigung** des Dokuments war. In angelsächsischer Zeit unterzeichnete der Analphabet mit einer „Marke". Die Normannen ersetzten die Marke durch das Siegel. Auch das Siegel war ursprünglich die Ersatzunterschrift eines Analphabeten, mit dem Unterschied, daß in diesem Fall der Analphabet nicht der „einfache Mann" war, sondern ein König, Graf oder Ritter. Später verbreitete sich die Verwendung eines Siegels über die höheren Schichten hinaus, zunächst als aufgedrücktes Siegel, als das es mit einem Stempel verglichen werden kann, später als angehängtes Siegel. Als immer mehr Menschen schreibkundig wurden, war das Siegel im Prinzip nicht mehr notwendig. Dennoch wurde es zur Beglaubigung weiterhin verwendet. Bei weitem die meisten Testamente wurden, wie gesehen, unterschrieben und untersiegelt, so daß jemand, der sein Testament nur untersiegelte, als schreibunkundig galt. Nicht in jedem Fall auch als leseunkundig. Der Fall, daß jemand im England des 16. und 17. Jahrhunderts lesen, aber nicht schreiben konnte, dürfte nicht so selten gewesen sein. In der Schule wurde erst das Lesen beigebracht. Erst wenn die Schüler lesen konnten, wurde damit begonnen, ihnen das Schreiben beizubringen. Verließ ein Schüler die Schule vor diesem Zeitpunkt, so konnte er unter Umständen lesen, aber nicht schreiben. Würde man in Shakespeares Testament den Namen Shakespeare ändern und es zur Begutachtung einem Spezialisten vorlegen, er würde aus der Anfangsformel „bei guter Gesundheit" und der Schlußformel „Zur Beglaubigung dessen ich mein Siegel hierunter gesetzt habe" mit ziemlicher Sicherheit folgern, daß dieser Testator schreibunkundig, halb-analphabetisch gewesen sein muß.

Es ist schwer zu sehen, mit welcher Hypothese man dieses Faktum wegerklären könnte. Im Laufe der Zeit habe ich diesen Sachverhalt E-Mail-Korrespondenten vorgetragen, Oxfordianern wie Skeptikern und Stratfordianern. Oxfordianer reagieren oft mit Enttäuschung, weil sie sich auf die schlechte Qualität der Unterschriften eingeschossen haben. Daher müssen die Unterschriften Unterschriften bleiben. Skeptiker haben eigene und auf den ersten Blick gute Gründe, Shakespeares Schreibunkundigkeit zu bezweifeln. Sie führen an, daß ein Strohmann für einen Schriftsteller, noch dazu einen solchen Ranges, höchst unglaubwürdig gewesen wäre. Auf diesen für das 16. und 17. Jahrhundert nicht so durchschlagenden Einwand wird später eingegangen werden.

Eine erste Möglichkeit, auf die Stratfordianer hinweisen, ist, daß Shakespeare bei der Unterzeichnung der Blackfriars-Urkunden nicht anwesend war. Diese Möglichkeit wird jedoch durch das Übergabeprotokoll eindeutig widerlegt. Die auf der Rückseite der Urkunde festgehaltene Übergabe („delivery") war eine unverzichtbare Bedingung für die Gültigkeit der Urkunde.[15] Und dort wird eindeutig erklärt, daß Shakespeare und seine beiden Partner die Urkunde übergeben haben (an den Verkäufer): „Sealed and delivered by the said William Shakespeare." In diesem Zusammenhang ist eine andere Übereignungsurkunde aus dem Jahre 1602 in verschiedener Hinsicht höchst interessant.[16] Shakespeare war Partei als Käufer, aber bei der Unterzeichnung nicht anwesend. Die Übergabe erfolgte an seinen Bruder Gilbert und das Übergabeprotokoll vermerkt: „Sealed and delivered to Gilbert Shakespere, to the use of the within named William Shakespere." Es ist die einzige Urkunde mit Shakespeare als Partei, die sowohl unterschrieben als untersiegelt wurde. Zum einen wird Shakespeare darin, 1602, genauso wie 1613 als „William Shakespere of Stretford uppon Avon" ausgewiesen. Zum andern wurde diese Urkunde von den beiden Verkäufern William und John Combe unterschrieben, und zwar auf der Urkunde, neben dem Pergamentstreifen. Auch das Gegenstück für die Verkäufer existiert noch: Es wurde von Shakespeare nie unterschrieben!

Eine andere vorgeschlagene Lösung ist kaum der Rede wert. Demnach könnte der Anwalt Shakespeare erst auf dem Totenbett aufgefordert haben, seine Unterschrift zu setzen. Der Grund, weshalb der Anwalt Shakespeare dazu aufgefordert haben sollte, ist nicht ersichtlich. Zur Gültigkeit des Testaments bedurfte es der Unterschrift nicht. Und im Januar 1616 hatte derselbe Anwalt oder sein Schreiber selbst als Beglaubigung nur die Untersiegelung vermerkt.

Oder hatte der Schreiber im Januar 1616 vielleicht vergessen „hand and seal" einzutragen und nur „seal" geschrieben? Dann ist allerdings kaum verständlich, wieso nicht, wie so viele andere Ergänzungen, „hand and" zwischen den Zeilen hinzugefügt wurde. In diesem Fall würde Shakespeares Testament sowohl unterschrieben als untersiegelt worden sein und so ausgesehen haben wie alle Testamente seiner Schauspieler- und Schriftstellerkollegen: „set my hand and seal".

Die plausibelste Annahme ist: nicht der Anwalt, nicht Shakespeare selbst, sondern ein Dritter hat darauf gedrängt, daß die ursprüngliche Beglaubigungsklausel, durch die sich Shakespeare, der als Verfasser der Shakespeareschen Werke zu gelten hatte, auf immer der Nachwelt als schreibunkundig ausgewiesen hätte, ersetzt wurde. Nennen wir diesen Dritten vorläufig Mister X. Mister X. war natürlich ein Eingeweihter. Er wußte, daß Burbage, Hemmings und Condell als Herausgeber des gesamten Bühnenwerks nach Shakespeares Tod firmieren würden. In der ersten Fassung des Testaments waren sie nicht erwähnt, Shakespeare hatte nicht, wie es frommer Brauch war, seinen „fellows" einen Betrag vermacht, damit sie einen Ring zu seinem Andenken kaufen. Mister X. war vermutlich noch mehr entsetzt darüber, daß er, Shakespeare aus Stratford, dem die Werke zum Schein zugeschrieben werden sollten, durch die „analphabetische" Beglaubigungsklausel selbst den Schein aufs

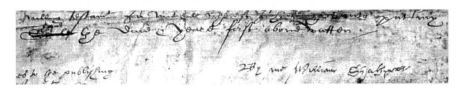

Shakespeares Testament: „...I have thereunto put my Seale hand..."

gründlichste zerstören würde. Mister X. hat vielleicht sogar die Nerven verloren und die verheerende Formel im Gegenzug exstirpieren wollen und das Wort „seal" durchgestrichen. Es wäre nicht nötig gewesen. Das Wort hätte stehen bleiben können. Man hätte „hand and" einschieben können. Die Beglaubigungsklausel in Shakespeares Testament hätte dann so ausgesehen wie in allen anderen Testamenten, denen seiner „fellows", denen seiner künftigen Schriftstellerkollegen, denen aller schreibkundigen Testamentmacher.

Mister X., der Shakespeare drängte, zu unterschreiben, war selbst Schriftsteller. Von ihm wird noch öfter zu reden sein. Am Ende werden wir sehen, wer dieser Mister X. gewesen sein muß.

Aber raffte William Shakespeare erst auf dem Totenbett sich dazu auf, eigenhändig etwas zu schreiben? Nicht einmal das ist sicher. Es könnte auch der Schreiber die Unterschriften hingekleckert haben. Testamente, bei denen der Schreiber die Unterschriften der Zeugen fingierte, gibt es. Man muß immer wieder betonen, daß nicht die Unterschrift für die Gültigkeit ausschlaggebend war, sondern die Bestätigung der Zeugen, daß der Testator und sie selbst die Absicht bestätigten. Nur ein Beispiel. Richard Burbage, einer der drei in Shakespeares Testament erwähnten „fellows", machte sein Testament am 12. März 1619, kein schriftliches, ein mündliches nur, ein „nuncupative". Solche mündlichen Testamentserklärungen erfolgten meist dann, wenn der Betreffende keine Zeit mehr für ein schriftliches Testament zu haben glaubte. Richard Burbage wurde am 16. März 1619, vier Tage später, beerdigt. Zumindest einige der Zeugenunterschriften verraten die Hand des Schreibers.[17] Und oft waren Schreiber auch bestrebt, den von ihnen geleisteten Unterschriften einen individuellen Aspekt zu geben, sie zu variieren.

Vielleicht hat es der Schreiber von Shakespeares Testament ähnlich gehalten und sich in die Hand eines todkranken Mannes eingefühlt. Es ist nicht sicher, jedoch möglich, unmöglich nur dem, der jene Zeit aus der Perspektive der heutigen Zeit verstehen zu können glaubt.

Jane Cox, eine bewährte Spezialistin für die Analyse von Dokumenten aus dem Public Records Office, hält alle 6 Shakespeare-Unterschriften für „faked". „Fingiert", nicht „gefälscht".[18] Freilich übersieht auch sie die fundamentale Tatsache, daß die angeblichen Unterschriften unter den Blackfriars-Urkunden auf dem Pergamentstreifen stehen, folglich nicht als Unterschriften gelten können, und daß sie, wie der Namenszug unter der Aussage im Jahre 1612, die typischen Schreiberabkürzungen aufweisen.

3. Das Fragment des Stückes *Sir Thomas More*

„Shakespeares Hand und Handschrift sind außerdem mit der allergrößten Wahrscheinlichkeit auf drei Seiten in dem zufällig erhaltenen Manuskript der nie veröffentlichten und wahrscheinlich nie gespielten dramatischen Gemeinschaftsproduktion Sir Thomas More aus dem letzten Jahrfünft des 16. Jahrhunderts nachzuweisen." [Shakespeare-Handbuch, S.202]

Man beachte: Shakespeares Handschrift ist nicht „mit der allergrößten Wahrscheinlichkeit nachgewiesen", sie ist „mit der allergrößten Wahrscheinlichkeit nachzuweisen". Der Nachweis kann also, muß vielleicht, geführt werden, mit der allergrößten Wahrscheinlichkeit kann er. Sollte dies gemeint sein, ist der Satz eine Untertreibung. Der Nachweis *ist* geführt worden. Oder ist gemeint, daß dieser Nachweis zwar geführt worden ist, trotzdem immer noch zu führen wäre? Woraus zu folgern wäre, daß der bereits geführte Nachweis wertlos ist? Zur Einstimmung auf diesen bereits geführten Nachweis, dieser Treppenwitz:

Die Rekruten werden vom Feldwebel gemustert und nach Alter, Wohnort und Beruf befragt. Auf die Frage nach dem Beruf antwortet einer der Rekruten: „Blubler".
FELDWEBEL: Was ist das, ein Blubler?
REKRUT (erstaunt): Aber, Herr Feldwebel, wissen Sie nicht, was ein Blubler ist?
FELDWEBEL: Blubler. Ach ja. Natürlich.
Der Feldwebel notiert „Blubler" und gibt seine Liste dem Leutnant.
LEUTNANT: Was ist ein „Blubler"? Soll das vielleicht ein Witz sein?
FELDWEBEL (leicht empört): Aber, nein, Herr Leutnant, Blubler, das sind

sehr gefragte Fachkräfte.

LEUTNANT: Das weiß ich auch. Nur ich dachte, das wäre eine Vulgärbezeichnung, nicht die amtlich anerkannte, ist ja auch ega-a-l.

Der Leutnant bringt die Liste zum Oberst.

OBERST: Blubler? Noch nie gehört!

LEUTNANT: Verständlich, Herr Oberst. Das ist ein seltener Beruf, mit dem man als Soldat fast nie in Berührung kommt, aber Blubler sind gerade wegen ihrer Seltenheit hochbezahlte Fachkräfte.

OBERST: Jetzt erinnere ich mich wieder. Vage. Aber bringen Sie diesen Mann mal zu mir. Ich möchte gern Genaueres wissen.

Der Rekrut kommt zum Oberst.

OBERST: Sage mir mal, was machst du denn so als Blubler? Ich weiß zwar ungefähr, was das ist, aber hinsichtlich der ganzen Breite deines Faches ist meine Vorstellung unvollkommen.

REKRUT: Herr Oberst, ich bin ein Handwerker. Mit Worten beschreiben fällt mir schwer. Das ist so in diesem Beruf. Man verliert nicht viel Worte, sondern macht es.

OBERST: Gut, dann zeige mir irgendwann was du machst.

REKRUT: Ich habe leider mein Lager geleert, bevor ich eingezogen wurde. Ich müßte sowas neu bauen. Und das könnte bis zu vierzehn Tagen dauern.

OBERST: Du kriegst vierzehn Tage frei. Und wenn du fertig bist, rufst du mich an.

Nach 14 Tagen ruft der Rekrut an.

REKRUT: Herr Oberst, ich bin leider noch nicht ganz fertig geworden. In einer Woche...

OBERST: Rufe mich dann in einer Woche an.

Nach einer Woche ruft der Rekrut an:

REKRUT: Herr Oberst, ich bin fertig.

OBERST: Bring es mir rüber.

REKRUT: Herr Oberst, es ist ziemlich groß und der Transport...

OBERST: Gut, wir kommen zu dir.

Oberst, Leutnant und Feldwebel besuchen den Rekruten. Der steht vor einem sorgfältig eingewickelten Gegenstand.

OBERST: So, was ist das?

REKRUT: Herr Oberst, wirksam zeigen kann ich das eigentlich nur im Wasser. Doch nicht weit von hier ist ein großer See. Oberst, Leutnant, Feldwebel und Rekrut schleppen das Ding zum See und mieten ein Boot. Dort wird der Gegenstand ausgepackt. Es ist ein großer durchlöcherter Blechkasten, den der Rekrut ins Wasser läßt und der macht: „Blubb, blubb...".

Ist der Treppenwitz oben angekommen? Nein, er versichert sich seiner selbst, indem er die Treppe wieder hinuntergeht – majestätisch. Stellen wir uns nun vor, der Verein zum Schutz des Bayerischen Sees e.V. veranstaltet einen Vortragsabend, bei dem zwei Fachleute debattieren über das Thema: „Das physikalische Lautverhalten des Lochblechkastens in subturbiden Gewässern", in Gewässern also, die noch nicht so verschmutzt und getrübt sind, daß man in der dicken Suppe überhaupt nichts mehr sehen oder hören kann. Der eine Wissenschaftler ist ein Anhänger der Theorie der morphologischen Präponderanz, wonach das Blubbern wesentlich davon abhängt, ob die Löcher kreisförmig, quadratisch, rechteckig oder rautenförmig sind. Der andere Wissenschaftler verneint dies entschieden. Er ist ein Anhänger der Theorie der substantiellen Präponderanz, deren Anhänger indes sich selbst Reaktanztheoretiker nennen, um auf gar keinen Fall mit den anderen Präponderanztheoretikern verwechselt zu werden. Für sie ist das Lautverhalten wesentlich materialfunktional, weil es darauf ankomme, welchen Widerstand dem Wasser entgegenstehe. Das Blubberverhalten hängt letzten Endes davon ab, ob der Stoff Eisen, Stahl, Kupfer, usw. ist. Beide geben die Bedingungen ihrer Untersuchung genauestens an: Ort, Datum und Uhrzeit, benutzte Meßinstrumente, usw. Beide bemühen sich auch selbstkritisch, den Gültigkeitsbereich ihrer Ergebnisse so eng wie möglich zu umreissen, und flechten Sätze ein wie „Es ist nun gewiß eine plausible Annahme, daß..." oder „In diesem Punkt bestehen noch einige Zweifel, die jedoch den Gültigkeitsumfang der Aussage nur unwesentlich einengen". Und beide ereifern sich bis hart an die Grenze der persönlichen Beleidigung in einem stets durchaus freundlichen Ton. Die Debatte ginge wohl unentschieden aus, aber der Abend wäre dennoch sehr lehrreich, da nicht nur die Bedeutung des Lochblechkastens, sondern damit auch die

Existenz des Blublerberufes erwiesen wäre, und zwar „mit der allergrößten Wahrscheinlichkeit".

Ähnlich ist der Nachweis erbracht worden, die drei Seiten aus dem Stück *Sir Thomas More* seien in Shakespeares Handschrift. Erbracht worden ist er vom Paläographen Sir Edward Maunde Thompson im Jahr 1916.[20]

Wunder, stellt Thompson einleitend sinngemäß fest, könne die Graphologie nicht verrichten. Eine nahezu selbstentwertende Bescheidenheit, denn er wird eines verrichten! Wir besäßen von Shakespeare nur sechs Unterschriften. Unterschriften könne man schlecht mit der Schrift eines durchgehenden Textes vergleichen. Wahres Heldentum, denn er wird die „mission impossible" eines Vergleichs erfüllen! Ohnehin sei die Probe viel zu klein, um zuverlässige Aussagen zu erlauben. Was man aber angefangen hat, das will auch vollbracht sein und er wird Aussagen wagen, wenn nicht zuverlässig, so doch mit lässiger Zuversicht! Und weiter – Unmöglichkeit dritten Grades – sei der Wert der beiden Unterschriften unter den Urkunden aus dem Jahre 1613 nur eingeschränkt verwertbar: es handele sich um abgekürzte Formen von Unterschriften, weil der Platz auf dem Pergamentstreifen Shakespeare offenbar nicht ausgereicht habe. Dreifache Unmöglichkeit, nein vierfache! Die zweite Unterschrift (jener vom Schreiber auf dem durch das Wachs schwer beschreibbar gewordenen Pergamentstreifen zur Hypothekurkunde eingekerbte Namensvermerk) sei von geringem Nutzen, da Shakespeare am nächsten Tag offensichtlich ernsthaft behindert gewesen sei. Behindert durch was? Nicht durch Wachs, sondern: durch einen Schreibkrampf oder ein anderes schweres Leiden. Und auch die drei Unterschriften unter dem Testament seien von eingeschränktem Wert, da sie die schwache Verfassung eines im Sterben liegenden Menschen verrieten. Bliebe eine einzige wirklich gültige Unterschrift, eine auf ein Sechstel reduzierte ohnehin schon viel zu kleine und dazu nicht artgerechte, somit zum Vergleich gänzlich untaugliche Probe. Auch die einzig gültige „Unterschrift" ist nach Schreiberart abgekürzt. Was irgendwie in Vergessenheit geraten sein muß oder notgedrungen zu geraten hatte. Man könnte nun meinen, Sir Thompson hätte hier doch wohl die Untersuchung aufgegeben. Keineswegs. Er findet in der einen

„Unterschrift" ein „a", das er einige Male ähnlich auf den drei Seiten des Fragments aus *Sir Thomas More* ausmacht. Samuel A. Tannenbaum entgegnet: ein solches „a" komme in den Unterschriften nur einmal vor, in dem Fragment ebenfalls nur einmal, und ist keine solche idiosynkratische Schreibweise, denn sie findet sich in mehreren anderen Dokumenten. Thompson ist froh, auch beim Schreiber des Fragments einmal ein „p" nachweisen zu könnenent, wie es in dem Namenszug unter der Hypothekurkunde vorkommt: Ja doch, genau jene Unterschrift, die ihn hat vermuten lassen, Shakespeare habe an Schreibkrampf gelitten. Er findet im Fragment auch viermal ein „k", das ebenso in den Unterschriften erscheint. Tannenbaum kann kein einziges solches „k" im Fragment erkennen. Ein italienisches langes „s" bildet den unwürdigen Abschluß. Viermal kommt es in Shakespeares Namenszügen vor, zweimal entdeckt Thompson es in dem Fragment. Einmal erwidert Tannenbaum, ist es ein ganz normales englisches „s", das zweite Mal ist es wirklich ein langes italienisches „s", steht aber in einer Randkorrektur und die Handschrift der Randkorrekturen ist eindeutig als eine ganz andere als die des Schreibers des Fragments identifiziert worden. Tannenbaum verwirft denn auch die Hypothese, Shakespeare hätte das Fragment geschrieben. Aber auch er geht davon aus, daß der Name auf dem Pergamentstreifen eine „Unterschrift" sei. Daß dort nicht unterschrieben wurde, weiß Thompson zwar, erklärt jedoch diesen Irrtum durch Shakespeares Aberglauben. Ja, Shakespeare sei dem irrigen Aberglauben erlegen, er dürfe nicht auf der Urkunde unterschreiben! William Johnson und John Jackson müssten demnach dem gleichen Aberglauben erlegen sein: 1613; 1618, als sie nicht mehr gemeinsam mit Shakespeare beglaubigen mußten, befreiten sie sich von dem „Aberglauben". Und waren denn keine Schreiber dabei, die Shakespeare auf seinen Irrtum hingewiesen hätten? Man muß annehmen, daß weder Thompson noch Tannenbaum die Beglaubigungsformel am Ende der Urkunde wahrgenommen haben.

Triumphierend ruft A.W. Pollard 1920 in seiner Einleitung zum wiederabgedruckten Aufsatz Thompsons aus: „... denn falls Shakespeare diese drei Seiten geschrieben hat, zerschellen die voneinander abweichenden Theorien am Boden, die darin übereinstimmen, der ‚Mann aus

Stratford' sei eine bloße Maske für die Aktivitäten irgendeines adligen Lords (ein 17. Earl of Oxford, ein 6. Graf von Derby oder ein Viscount St Albans [Francis Bacon]).«[21] Wie die „allergrößte Wahrscheinlichkeit" des Verfassers des Beitrags zum *Shakespeare-Handbuch* verrät der Triumph Pollards etwas von seinen Ängsten, die zu Vorgaben für Thompsons Aufsatz geworden sein dürften. Shakespeares Verfasserschaft war massiv bezweifelt worden. Hauptzielscheibe, vor allem der Baconianer, waren die vermeintlichen sechs Unterschriften, nicht etwa weil sie als Unterschriften angezweifelt worden wären, sondern wegen ihrem krakeligen Aussehen.

Das heißt: Thompsons Vorgabe war es, die reale Existenz des Blublers nachzuweisen. Dies hat er überzeugend nicht zuletzt durch die eigene Demonstration demonstriert. Kommt Shakespeare ins Spiel, wächst die Akzeptanz für Firlefanz ins Grenzenlose.

II. Die Vorworte zur ersten Folioausgabe

Die beiden kurzen Vorworte zur ersten Folioausgabe von Shakespeares Gesamtbühnenwerk im Jahr 1623 gehören zu den seltenen etwas detaillierteren Zeugnissen, die wir über das Verhältnis Shakespeares zu seinem Werk besitzen. Viele Informationen enthalten sie zwar nicht, aber immerhin erfahren wir, daß er sehr flüssig schrieb, so daß in seinen Papieren selten Streichungen vorkamen („that wee have scarce received from him a blot in his papers"). Allein fragt es sich, wie denn die beiden Herausgeber, die Schauspielerkollegen John Hemmings und Henry Condell, so sie wirklich die Herausgeber und Verfasser der beiden Vorworte sind, in denen nicht wenige Shakespeare-Forscher die Hand Ben Jonsons vermuten, die Texte haben „wiederherstellen" müssen. Handelt es sich etwa um ein Klischee? Die These, die hier vertreten wird, ist, daß es sich in der Tat um ein Klischee handelt, allerdings eines, das uns ziemlich genau über den sozialen Status des Verfassers informiert. Weiter wird uns auch mitgeteilt, daß Shakespeare nicht das Glück vorbehalten war, seine Werke selbst herauszugeben. Die Auskunft erscheint auf den ersten Blick gänzlich überflüssig, da ja das Gesamtbühnenwerk 1623 postum herausgegeben wurde. Aber woran lag es, daß Shakespeare seine Werke nicht selbst publizieren konnte? Weil er starb? Sollte sein Tod die Ursache gewesen sein, so haben sich die beiden Herausgeber oder, was wahrscheinlicher ist, hat sich Ben Jonson sehr ungenau ausgedrückt. Unsere These wird jedoch sein, daß er sich sehr genau ausgedrückt hat.

Merkwürdigerweise sind diese beiden Texte, eine Widmung an die Grafen von Pembroke und Montgomery sowie ein Brief an die Leser, insgesamt weniger als zwei Seiten lang, nie analysiert worden. Das wäre selbstverständlich, wenn sie entweder eine so klare Sprache sprächen, daß sich eine Deutung erübrigte, oder eine so dunkle, daß jede Erhellung von vornherein als aussichtslos erschiene. Letzteres scheint eher der Fall zu sein. Einige Aussagen lassen sich schwerlich mit dem vereinbaren, was aus anderen Quellen über Shakespeare zu erfahren ist. So war Shakespeare 1598 in der Zitatesammlung *Palladis Tamia* des Francis

Meres für seine Komödien mit dem großen Plautus und für seine Tragödien mit dem großen Seneca gleichgestellt und damit schon zu Lebzeiten zum Klassiker erhoben worden. In einem der beiden Vorworte werden nun diese Komödien und Tragödien als „trifles", als „Belanglosigkeiten" bezeichnet – es wäre nicht einmal ganz falsch, „trifles" mit „Trivialitäten" zu übersetzen. Das ist erstaunlich, zumal vor dem Hintergrund der Klappentexte unserer eigenen Zeit. In dem Vorwort zu Shakespeares Folioausgabe werden dagegen Meisterwerke, für viele *die* Meisterwerke der Weltliteratur, als Belanglosigkeiten bezeichnet. Wozu diese unehrenhafte Herabsetzung, denn man wird wohl keinem modernen Menschen mit gesundem Verstand einreden wollen, daran wäre etwas Ehrenvolles? Allerdings sieht der moderne „gesunde Menschenverstand" in alten Zeiten häufig etwas gebrechlich aus. Meine These wird sein, daß gerade der Ausdruck „Belanglosigkeiten" oder „Trivialitäten" Shakespeares Ehrenhaftigkeit bezeugt. Wie vieles, was Shakespeare betrifft, klingt auch dies wahrscheinlich rätselhaft. Am Ende dieses Abschnittes wird es hoffentlich sehr viel weniger rätselhaft anmuten. Vorausgesetzt, wir befolgen den Rat des französischen Historikers Fustel de Coulanges und vergessen erst mal alles, was der gesunde Menschenverstand unserer eigenen Zeit „über den gesunden Menschenverstand" einer vergangenen Epoche als richtig zu empfinden und befinden vorgibt.

1. Zwei Freizeitdichter: Hartmann von Aue und William Shakespeare

Wie Hartmann von Aue war Shakespeare ein Dichter, der in seiner Freizeit dichtete. In diesem Fall können wir uns sogar auf das einzige Selbstzeugnis Shakespeares berufen: die Widmung von *Venus und Adonis* an den jungen Grafen Southampton im Jahr 1593. Warum behauptete Shakespeare das? Auch Hartmann von Aue behauptete von sich selbst, ein Freizeitdichter zu sein. Über das Warum hat Hartmann uns etwas mehr mitgeteilt als Shakespeare.

Hartmanns Wirken wird im letzten Viertel des 12. Jahrhunderts angesetzt. In seinem Ritterroman *Der arme Heinrich* stellt er sich vor:

44

Ein Ritter so gelehrt war,
daß er aus den Büchern las,
was er darin geschrieben fand,
der ward Hartmann genannt,
Dienstmann zu Aue.

Hartmann hielt sich offenbar etwas darauf zugute, nicht bloß ein Ritter
zu sein, sondern einer, der obendrein noch lesen konnte. In einer Zeit,
in der es Könige und Herzöge gab, die nicht schreiben und lesen
konnten, kann das nicht sehr verwundern. Lesen und Schreiben gehörten ja nicht zu den vorrangigen Aufgaben eines Ritters. Dafür waren die
Kleriker und die Mönche da. Ihre Freizeit haben die meisten Ritter
vermutlich mit Saufgelagen verbracht. Hartmann nutzte sie auch zum
Lesen. Und zum Dichten, wie er uns in einem anderen Ritterroman,
Iwein, mitteilt:

Ein Ritter, der gelehrt war
und aus den Büchern las,
wenn er seine Stunden
nicht besser nutzen konnte,
pflegte auch zu dichten.

Vierhundert Jahre später. Georges de Scudéry, Aristokrat, Hofmann,
Schriftsteller, Bruder der bekannteren Madeleine de Scudéry, läßt 1629
sein Stück *Ligdamon et Lidias* drucken. In dem Vorwort schreibt er, er
würde nur in seiner Freizeit dichten. Er verstehe sich als Soldat und
finde sich nun als Dichter wieder. Aber Dichten bedeute ihm nicht sehr
viel, für ihn sei dies nur ein angenehmer Zeitvertreib. Reimen tue er
nur, wenn er mit seiner Zeit nichts Besseres anzufangen wisse. Im
übrigen sollte der Leser auch wissen, daß er für das Bühnenstück kein
Geld genommen habe, weder vom Drucker noch von den Schauspielern. Ohnehin hätten diese ihn nicht bezahlen können. An literarischem
Ruhm war Scudéry offenbar auch nicht gelegen, denn er hat auf die
Herausgabe keine große Mühe verwendet. Nicht alle Fehler, vermutet
er, dürften ihm beim Korrekturlesen aufgefallen sein. Den Leser bittet
er, den verbliebenen Fehlern keinerlei Beachtung zu schenken: denn

ihm, Scudéry, sei der Docht der Arkebuse eben vertrauter als der Docht der Kerze, im Anordnen von Schlachtenreihen sei er geübter als im Anordnen von Perioden.

In seiner Studie zur Theorie der „honnêteté" in Frankreich tut der Verfasser Maurice Magendie die Äußerungen Scudérys als Blasiertheit ab.[22] Man könnte ihn außerdem auch noch der Unehrlichkeit, ja der Verlogenheit bezichtigen. So, mein lieber Georges de Scudéry, Sie behaupten, das Waffenhandwerk sei ihr wahrer Beruf, Dichten nur eine Nebensache, an Ruhm und Lob für Ihre Dichtung sei Ihnen nichts gelegen, aber haben Sie nicht ohne Bedenken einen Teil des literarischen Ruhms Ihrer Schwester kassiert – und wie war das sieben Jahre später mit dem Streit um Pierre Corneilles Bühnenstück *El Cid*? War Ihre Reaktion auf Corneilles Erfolg nicht die eines eifersüchtigen gestürzten literarischen Gottes? Warfen Sie Corneille nicht Plagiat vor, stilistische Verfehlungen, um die Sie selbst angeblich keinen Pfifferling gäben, wissend, daß Sie nicht viel davon verstünden, aber jetzt möchten Sie sich als oberster Zensor aufspielen?[23] Scudéry war offenbar unehrlich. Und doch war er zugleich auch „ehrlich", in einem anderen Sinne, in der damaligen Hauptbedeutung des Wortes „honnêteté" oder „Ehrlichkeit": ehrenhaft.

Es ist jetzt ein Begriff zu erläutern, der in der Shakespeare-Forschung zumeist unbeachtet bleibt: die ständische Gesellschaft, eben Shakespeares eigene Gesellschaft. Und auch die Scudérys. Und auch die Hartmanns. Was war ehrenhaft für einen Aristokraten wie Scudéry? Hören wir Max Weber: „Praktisch betrachtet, geht die ständische Gliederung überall mit einer Monopolisierung idealer und materieller Güter oder Chancen zusammen. Neben der spezifischen Standesehre, die stets auf Distanz und Exklusivität ruht, und neben Ehrenvorzügen wie dem Vorrecht auf bestimmte Trachten, auf bestimmte, durch Tabuierung anderen versagte Speisen, dem in seinen Folgen höchst fühlbaren Vorrecht des Waffentragens, dem Recht auf bestimmte nicht erwerbsmäßige, sondern dilettierende Arten der Kunstausübung (bestimmte Musikinstrumente z.B.), stehen allerhand materielle Monopole... Sehr häufig gilt jede rationale Erwerbstätigkeit, insbesondere ‚Unternehmertätigkeit', als ständisch disqualifizierend und gilt ferner als entehrende Arbeit auch die künstlerische und literarische, sobald sie zum Erwerb ausgenutzt wird."[24] Einiges davon führt Scudéry in seinem Vorwort an: Freizeit, denn er ist Soldat und Geld kann er für seine literarischen Arbeiten ohnehin nicht nehmen. Was Scudéry in seinem Vorwort schreibt, ist nicht Ausdruck einer subjektiven Einstellung, sondern die Aufzählung einer Reihe objektiver Merkmale, die seine Zugehörigkeit zur Oberschicht, zum Adelsstand unterstreichen. Er distanziert sich von seiner literarischen Arbeit als von etwas, für das er kein Geld nimmt und dem er keine große Bedeutung beimißt, weil das Waffenhandwerk sein Beruf ist. Es kommt dabei nicht auf die innere Einstellung an, sondern auf die äußere Konformität mit bestimmten Standesvorschriften, die modernen Kommentatoren oft aus dem Blickfeld geraten. In einer spanischen Literaturgeschichte heißt es über das Goldene Zeitalter, das 17. Jahrhundert, die Authentizität der Lyrik des Autors Fray Luis de León zu ermitteln, sei äußerst schwierig, denn: „Der Dichter beabsichtigte seine Werke zu veröffentlichen, aber unbekannte Umstände verhinderten die Ausführung dieser Absicht, ein häufiges Übel bei unseren Lyrikern im Goldenen Zeitalter."[25] Aber viele Lyriker des Goldenen Zeitalters gehörten zur gesellschaftlichen Elite, waren Geistliche, Diplomaten, Soldaten, Hofleute. Quevedo zum Beispiel. Sein literarischer Ruhm beruht auf seiner Lyrik und ganz besonders auf seinem Schelmenroman *El Buscón*. Ausgerechnet die Verfasserschaft des letzteren Werkes verleugnete Quevedo selbst. Ein Literaturhistoriker wundert sich: „Ironischerweise bilden gerade jene Werke, die Quevedo zu Lebzeiten herauszugeben ablehnte und die er in einigen Fällen öffentlich zurückwies (z.B. den Schelmenroman *El Buscón*, ‚abgelehnt auf Wunsch des Autors, der es nicht als sein Werk anerkennt') die Grundlage für die heutige Wertschätzung seiner ‚Authentizität' und ‚Originalität', Eigenschaften, die zweifelsohne im siebzehnten Jahrhundert viel weniger galten als in der postromantischen Kultur."[26] Demnach hätte Quevedo die Autorschaft abgelehnt, weil er nicht soviel Wert auf Authentizität und Originalität legte. Und wenn wir die Antwort wieder nicht in der Psyche des Autors, sondern in seinem sozialen Rang suchten? Quevedo war ein Hofmann, ein Diplomat und Soldat. Die Art und Weise der Ablehnung bietet uns zudem ein ausgezeichnetes Beispiel für einen

Umstand, der es modernen Lesern manchmal erschwert, Texte des 16. oder 17. Jahrhunderts zu verstehen: die Doppeldeutigkeit, die „zwischen Heimlichkeit und Öffentlichkeit balancierende"[27] Syntax der höfischen Gesellschaft. Der Verleger von *El Buscón* erklärt ja nicht, Quevedo sei nicht der Verfasser, im Gegenteil, er bestätigt es durch die Verneinung. Nicht Francisco Quevedo lehnt die Verfasserschaft ab, sondern der Verfasser lehnt sie ab, der folglich als Verfasser recht nachdrücklich bestätigt wird. Doch warum war Scudéry, war Quevedo und anderen soviel daran gelegen, auf diese Weise ihre Zugehörigkeit zur Elite zu unterstreichen? War ihr Status oder ihr Adelstitel denn nicht öffentlich bekannt? Der Titel gewiß, aber – es wird später darauf ausführlicher zurückgekommen – es ist ein weit verbreitetes Mißverständnis anzunehmen, der bloße Adelstitel habe genügt, um zur ständischen Elite gezählt zu werden. Diesen Status erwarb man sich nicht ein für allemal, sondern indem man beständig bestimmte Verhaltensvorschriften einhielt. Zu diesen gehörte auch eine bestimmte Haltung gegenüber den eigenen literarischen Werken.

Ähnliche Beispiele finden sich in England zu Shakespeares Zeiten und danach: bei Sir Philip Sidney, Sir Fulke Greville, Francis Bacon und später Sir John Denham (1642) und Sir Edmund Waller (1660). In allen Fällen handelt es sich um dem Hof nahestehende Dichter, Angehörige der sozialen, politischen wie kulturellen Oberschicht. In diese Reihe gehört der Publikationsgeschichte seiner Werke nach auch Shakespeare. Auf den in dieser Hinsicht „erstaunlichen" Unterschied zwischen Shakespeare und anderen bürgerlichen Schriftstellern wie Ben Jonson oder John Marston hat E.K. Chambers hingewiesen, freilich ohne eine Erklärung zu versuchen: „Ob nun triftig oder nicht – ich glaube, daß es so ist –, es gab andere Bühnenschriftsteller, die weit von der gleichgültigen Haltung Shakespeares gegenüber dem literarischen Schicksal seiner Werke entfernt waren. Jonson war ein sorgfältiger Herausgeber. Marston, Middleton und Heywood, alle entschuldigen sich für Druckfehler in diversen Bühnenstücken."[28] Von keinem ist eine Aussage wie von Sir Philip Sidney bekannt, er würde nur in seinen Mußestunden dichten. Von Shakespeare ist, wie erwähnt, eine solche Aussage bekannt: in einem der beiden einzigen Selbstzeugnisse, der Widmung zu *Venus und*

Adonis: „Sollte ich aber Ew. Edlen Beifall finden, so würde ich das für das größte Lob halten und geloben, daß ich alle meine Mußestunden daransetzen werde, bis ich Ihnen mit einem gewichtigeren Werk meine Hochachtung bewiesen habe." Das Werk, das er dann ein Jahr später in seinen „Mußestunden" geschrieben hat, ist die andere Verserzählung, die er dem Grafen von Southampton widmet: *Lucrezias Schändung.*

Zwischen Hartmann und Shakespeare liegen vier Jahrhunderte. Ersterer lebte in der Feudalzeit, letzterer in der Frühen Neuzeit. In der Feudalzeit beruhte der ständische Ehrbegriff auf „Treuebeziehungen und auch der kriegerischen Tüchtigkeit",woraus sich als Hauptbestimmung ritterlicher Lebensführung die „Meidung jeder von der Waffenübung abziehenden und entehrenden Erwerbsarbeit" ergab.[29] Die persönliche Treuebeziehung zwischen Lehnsherrn und Vasallen erforderte von letzterem, sich ganz dem Dienst des ersteren zu widmen. Was der Grund war, weshalb der Ritter und Dienstmann Hartmann von Aue nur in seiner Freizeit „aus den Büchern las" und dichtete. Außerhalb der Freizeit widmete er sich ganz dem Dienst an seinem Lehnsherrn. Das galt mehr als vierhundert Jahre später auch für Scudéry. Nur war dessen Lehnsherr nicht mehr nur ein Herrscher über ein relativ kleines Territorium, sondern Ludwig XIII., König eines Landes auf dem Weg zur zentralisierten Nation. In England herrschte zu Shakespeares Zeit Königin Elisabeth I., die das Werk ihrer Vorgänger der Tudordynastie, die Disziplinierung des Adels durch Einbindung in den Hof, fortsetzte. An die Stelle des Feudalritters trat der Hofmann. Der ideale Hofmann, wie ihn Baldesar Castiglione im *Buch vom Hofmann* entwirft, baute auf das feudale Ritterideal auf und war doch etwas wesentlich anderes.

Man kann Castigliones Entwurf als den Versuch betrachten, der Aristokratie eine politische Führungsrolle zu sichern, die ihr abhanden zu kommen drohte, und eine kulturelle Führungsposition zu erobern, die sie vorher nie besessen hatte. Bis ins 16. Jahrhundert hinein war der Großteil des Adels bildungsfeindlich. Die Ansicht eines englischen Edelmannes, der einem Humanisten beschied, was er als richtige Erziehung eines Aristokraten betrachtete, war eher die Regel als die Ausnahmen: „Es geziemt dem Sohn eines Edelmannes, das Horn schön zu blasen, geschickt zu jagen und einen Falken elegant in der Faust zu halten und abzurichten". Das Studium sei etwas „für Bettler". Eher sollte sein Sohn am Galgen hängen, als sich in die Bücher zu stürzen.[30] Der italienische Humanist Leon Batista Alberti hatte Mitte des 15. Jahrhunderts derartigen Ansichten widersprochen. Für unseren englischen Edelmann müßte Alberti demnach ein Lumpenkerl gewesen sein. Albertis Urteil über den Edelmann wäre nicht milder ausgefallen: er war ein Schafskopf. „Wer wüßte nicht, daß das erste, was not tut die Geistesbildung ist; so sehr das erste, daß selbst ein geborener Edelmann ohne Bildung nur für einen Tolpatsch gelten wird! Ich für meine Person wünschte die jungen Edlen öfter mit einem Buch in der Hand als mit dem Falken auf der Faust zu sehen; keineswegs gefällt mir der gemeine Brauch mancher, die da sagen: Vollauf genug, wenn du deinen Namen schreiben kannst und zusammenzurechnen weißt, was man dir schuldig ist! Viel mehr sagt mir die alte Sitte unseres Hauses zu."[31]

Seit Beginn des 16. Jahrhunderts begann sich die negative Einstellung des englischen Adels gegenüber der „verweichlichenden" Bildung deutlich zu ändern. Dennoch befand es der Humanist Roger Ascham noch 1563 nicht für unnötig, die jungen englischen Adligen zu warnen. Ascham war Griechischlehrer von Königin Elizabeth I. und enger Freund von deren mächtigstem Minister William Cecil, dem späteren Lord Burghley, auf dessen Bitte hin er 1563 die 1570 postum erscheinende pädagogische Schrift *The Scholemaster* verfaßt[32]. William Cecil, Lord Burghley, von Beginn an und fast ihre ganze Regierungszeit hindurch engster Vertrauter der Königin, legte sehr großen Wert auf Bildung. Zeitweilig trug er sich mit dem Plan, die Pflicht der Aristokraten zur akademischen Bildung vom Parlament als Gesetz verabschieden zu lassen.

Der erste Teil von Aschams Schrift trägt den Titel „Das erste Buch über die Erziehung der Jugend". Angesprochen wird in erster Linie die adlige Jugend. Unverblümt drückt Ascham aus, was die adlige Jugend erwartet, wenn sie sich weiterhin der Bildung und den „guten Manieren" verweigern sollte: „Der Fehler liegt bei Euch selbst, Ihr Söhne adliger Männer, und deshalb verdient Ihr den größeren Tadel dafür, daß üblicherweise die Kinder geringerer Leute zu den weisesten Ratgebern und einflußreichsten Entscheidungsträgern in den wichtigen Angelegenheiten dieses Staates werden."[33] Ascham zieht auch vom Leder gegen das hergebrachte ritterliche Verhalten. Er kenne einen Adligen, der sich daran ergötze, daß sein Sohn bereits mächtig fluchen könne, noch bevor er die ersten Worte ordentlich über die Lippen bringe. Er wettert gegen den immer noch beliebten Ritterroman, insbesondere gegen den wohl seinerzeit beliebtesten, *La Morte d'Arthur*, und gegen die „faulen Mönche": „Zu Zeiten unserer Vorfahren, als der Papismus wie ein stehender Pfuhl noch ganz England bedeckte und überschwemmte, wurden nur wenige Bücher in unserer Muttersprache gelesen – zum Zeitvertreib und Spaß, wie es hieß –, die in den Klöstern von müßiggängerischen Mönchen oder liederlichen Domherren angefertigt wurden, zum Beispiel La Morte d'Arthur, der Genuß insbesondere durch zwei Dinge bereitet, einerseits durch offenen Totschlag, anderseits durch derbe Zoten. In diesem Buch werden diejenigen als die edelsten Ritter betrachtet, die, zumeist ohne jeden vorausgegangenen Streit, Menschen umbringen und durch listige Kniffe ihre niedrigen Triebe zu befriedigen wissen."[34] Das Wort „honor", „Ehre", kommt bei Ascham so gut wie nicht vor. Statt dessen begegnet uns auf Schritt und Tritt das Wort „honest", „ehrenhaft", das er dem rohen feudalen Ehrbegriff entgegensetzt. Diese „honesty" wird sich zur „Ritterehre" gesellen müssen, will der Adel seinen Führungsanspruch nicht verwirken. „Honest" soll das Tanzen, das Lernen, das Spiel, die Waffenübung, überhaupt die ganze Lebensführung des Adligen sein. Und das Vorleben dieser „honesty" sieht Ascham fortan als eine Hauptaufgabe der Aristokratie. „Achtet darauf, Ihr großen Männer bei Hofe, ja, obwohl Ihr von allen die Größten seid, achtet darauf, wie Ihr Euch verhaltet, wie Ihr Euer Leben führt. Denn wie *Ihr* Euch benehmt, so lieben es alle niedriger Stehenden sich zu benehmen. Ihr seid wirklich entweder Veredeler oder Verderber der Sitten aller in diesem Reich."[35] Denn zwar besitze die Aristokratie die Macht, Gesetze zu erlassen, denen die anderen zu gehorchen hätten, aber kein erlassenes Gesetz erziele eine solche Wirkung wie das Beispiel und die Lebensführung des Adels. Um zur Elite der Gesellschaft zu gehören, genügt die alte feudale Ehre nicht mehr, auch nicht der Adelstitel, „honor" allein bedeutet nichts ohne „honesty", ein Wort, das vom lateinischen Wort „honestas" für Ehre abgeleitet worden ist. Über-

all in Westeuropa wird irgendwann im 16. Jahrhundert die „honesty"
zur Voraussetzung dafür, zur Elite gezählt zu werden. Die
„Ehrlichkeit", „honnêteté", „honesty", auch als „civility" bezeichnet,
referiert primär nicht auf Adelstitel und Abstammung, sondern auf
geistige Gesinnung und ein bestimmtes Verhalten.[36] Sie ist das, was
Norbert Elias als „gute Gesellschaft" bezeichnet. Obwohl der Adel
nicht ihr einziger Adressat ist, wird die höfische Elite sie dennoch als
Mittel der ständischen Differenzierung einsetzen. „Die differenzierte
Durchbildung des Äußeren als Instrument der sozialen Differenzierung,
die Repräsentation des Ranges durch die Form, ist... für die gesamte
höfische Lebensgestaltung charakteristisch."[37] Eine verbindliche Kodifi-
zierung der „honesty", „civility", „guten Gesellschaft", existiert nicht.
Was zur Aufnahme in diese Gemeinschaft berechtigte und was den
Zugang zu ihr verwehrte, darüber befand diese Gemeinschaft selbst. Die
„civilité" definiert der französische Moralist Pierre Nicole (1625-1695)
„als eines jener einfachen Gesetze der Schicklichkeit (,decorum'), deren
Geltung ihren Ursprung in einem Konsens zwischen Leuten hat, die
sich darauf geeinigt haben, diejenigen zu verurteilen, die sie nicht
befolgen."[38]

2. Castigliones „sprezzatura"

Der bürgerliche Humanismus, wie ihn Alberti vertrat, stellte die
Grundlagen aristokratischer Herrschaft in mehrfacher Hinsicht in
Frage. Für ihn liegt die Quelle der Tugend nicht in Abstammung,
sondern allein in der Leistung des Individuums selbst; nicht in einer
Treuebeziehung zu einem Herrn, sondern in der Treue zu sich selbst.
Leistung, Fleiß, Arbeit, Mühe, Schweiß sind es, die adeln. „Wer könnte
je meinen, irgend Wert und Würde gewinnen zu können... ohne bestän-
dige Arbeit, ohne vielen Schweiß in den anstrengendsten, männlichsten
Betätigungen?"[39] Folglich ist auch die sichtbar darauf verwendete Arbeit
ehrenhaft. Weiter ist jeder Beruf ehrenhaft, vorausgesetzt, man bemüht
sich darin die höchsten Stufen zu erreichen.

Historisch kann Castigliones *Buch vom Hofmann* als der Versuch
verstanden werden, den bürgerlichen Humanismus der italienischen

Stadtstaaten höfisch zu modulieren. Der allererste Schritt, den Castiglione bei der Beschreibung des idealen Hofmannes setzt, ist die Restauration der Abstammung: „Ich will also, daß unser Hofmann adlig sei und aus edelblütiger Familie stamme."[40] Seine Begründung kommt über die Tautologie nicht weit hinaus: Da nun der Adel einmal das höchste soziale Prestige genieße, könne der ideale Hofmann, der etwas höchst Vollkommenes darstellen soll, auf dieses auszeichnende Merkmal nicht verzichten. Und die zweite Forderung lautet, daß „der hauptsächliche und wahre Beruf des Hofmanns das Waffenhandwerk sein muß."[41]

Man wird in der Abhandlung des Kunsttheoretikers Alberti über die Familie nichts über jene Kriterien finden, die er für Kunstwerke aufstellt. Zu diesen Kriterien gehören Anmut, Harmonie und Gleichmaß. Als allgemeine Regel gilt ein Kunstwerk in der Renaissance dann als vollkommen, wenn es den Eindruck hervorruft, von der Natur selbst geschaffen worden zu sein. Doch nirgends stellt Alberti diese ästhetischen Forderungen als Bedingung des Verhaltens auf. Castiglione indes erhebt sie zum primären Erkennungsmal des Hofmannes, und zwar nicht nur in rein ästhetischer, sondern auch in ständisch differenzierender Absicht. Der höfische Humanist stellt sich über den urbanen Humanisten, indem er dessen ästhetische Anforderungen zum Wesensmerkmal des Verhaltens des Hofmannes erhebt. Dieser hebt Fleiß, Mühe, Schweiß, Arbeit hervor, jener betont gerade die Notwendigkeit, jeden Eindruck der Anstrengung zu vermeiden; dieser sieht die „tödlichsten und tückischsten Feinde" im Müßiggang, während jener diese Feinde in der als Affiziertheit erscheinenden Anspannung ortet. Das Verhalten des Hofmannes soll anmutig sein und die goldene Regel der Anmut besteht darin, wie in der wahren Kunst jede Spur des Erarbeiteten im Erscheinungsbild unsichtbar zu machen: „... so sehr man es vermag, die Künstelei als eine rauhe und gefährliche Klippe zu vermeiden und bei allem, um vielleicht ein neues Wort zu gebrauchen, eine gewisse Art von Lässigkeit anzuwenden, die die Kunst verbirgt und bezeigt, daß das, was man tut oder sagt, anscheinend mühelos und fast ohne Nachdenken zustandegekommen ist. Davon rührt, glaube ich, großenteils die Anmut her."[42] Alle Exemplifizierungen sind der Welt der Künste entnommen. So wie beim Tanzen ein einziger ungezwungen erscheinender Schritt das Können des Tänzers gerade unterstreicht oder beim Maler ein müheloser Pinselstrich, als ginge „die Hand... aus sich selbst heraus auf ihr Ziel in den Absichten des Malers"[43] los, oder wie beim Sänger eine einzige Stimmführung. Für das Verhalten des Hofmannes gilt somit der gleiche Grundsatz wie für die Kunst: „wahre Kunst ist, was keine Kunst zu sein scheint."[44]

Das neue italienische Wort, das Castiglione prägt und dessen semantische Verzweigungen in an sich richtigen Übersetzungen wie „Lässigkeit" und „Nonchalance" notgedrungen untergehen müssen, signalisiert außer dem ihm von Castiglione zugewiesenen ästhetischen Zweck, höchste Anmut zu erzeugen, zugleich auch den ständischen Zweck. Ob nun feudal oder höfisch, es blieb ein Charakteristikum des Adels, sich von den anderen Schichten dadurch abzugrenzen, daß er sich über die Zwänge der Ökonomie erhob. Der ostentative Konsum, das ebenso ostentative Verlieren bei Glücksspielen[45], die Betonung der Freigebigkeit und Großzügigkeit („liberalitas" und „magnificentia"[46]) sind einige der sichtbaren Zeichen dessen, was Max Weber als notwendiges Mittel der „sozialen Selbstbehauptung" des Adels bezeichnet hat. Es dürfte Castigliones Begriffswahl mit erklären helfen. „*Sprezzatura* war genau genommen keineswegs ein neues Wort, sondern vielmehr ein altes Wort, dem eine neue Bedeutung gegeben wurde; ursprünglich bedeutet es ‚keinen Preis draufsetzen'."[47] Die beiden Bedeutungen von „preislos" und „ungekünstelt" laufen im Begriff der Naturgegebenheit zusammen: was von der Natur gestiftet wird, braucht nicht erarbeitet zu werden, ist so mühelos wie das Lied der Lerche, und ist zudem ein „freies Gut", ohne Preis. So wirkt die „sprezzatura" oder „Nonchalance" als Demonstration der natürlichen Überlegenheit der Aristokratie und als natürliche Legitimation ihrer sozialen und politischen Führerschaft. Die „sprezzatura" ist nicht nur eine Vorschrift für einzelne Hofmänner, sie ist konstitutiv für die Hofaristokratie als Ganzes.

Daß nebst dem ostentativen Konsum diese ostentative spielerische Leichtigkeit in der höfischen Gesellschaft reale Geltung besaß, davon legen Molières Komödien Zeugnis ab, wenn uns der Dichter auch nur das komödiantisch wirksamere Zerrbild des gescheiterten Versuchs schildert.

In *Die Lächerlichen Preziösen* besuchen zwei Diener, die sich als Marquis de Mascarille und Vicomte de Jodelet ausgeben, die beiden preziösen Damen Magdelon und Cathos [9. Auftritt]:

MASCARILLE: Das schon. Doch weil ich gerade daran denke, ich muß Ihnen da ein kleines Gelegenheitsgedichtchen hersagen, das ich gestern bei einer Freundin von mir, einer Herzogin, aus dem Ärmel geschüttelt habe. Stegreifgedichte sind nämlich meine Stärke.
CATHOS: Ein Stegreifgedicht ist recht eigentlich der Prüfstein des Geistes.
MASCARILLE: So hören Sie denn.
MAGDELON: Wir sind ganz Ohr.
MASCARILLE: Oho! Ich nahm mich gar nicht in acht.
　Dieweil ich arglos, nichts Böses ahnend, Sie betracht,
　Hat mir ihr Auge ganz verstohlen
　Mein armes Herz gestohlen.
　Haltet den Dieb! Haltet den Dieb! Den Dieb! Den Dieb!
CATHOS: Ach mein Gott im Himmel droben, wie ist das wunderwunderwunderschön! Wie geistreich und gebildet.
MASCARILLE: Allem, was ich dichte, hört man den Kavalier an. Es riecht nicht von weitem nach Schweiß und Mühe.

In *Der Menschenfeind*, Akt I, Szene 2, hausiert der Höfling Oront mit einem Sonett, das er genauso wie Mascarille mühelos, „in einer Viertelstunde" niedergeschrieben haben will. Alcest, der Menschenfeind, will es lieber nicht hören: „Mein Fehler ist,/ Daß ich in dieser Hinsicht allzu ehrlich bin." Schließlich gibt er dem Drängen des nach Lob schmachtenden Oront nach:

ORONT: »Sofern mein Harren ewig währte
　Und noch der Sehnsucht Feuer nährte,
　Wüßt' ich als Ausweg bloß den Tod.
　O Phyllis, hilf, daß ich nicht sterbe,
　Denn ach, Verzweiflung bleibt als Erbe,
　Wo Zweifel nur der Hoffnung droht. «
PHILINT: Wie hübsch und klangvoll dünkt der Verse Fall dem Ohr!

Philint beachtet die höfischen Verhaltensvorschriften, Alcest dagegen nicht:

ORONT: Ganz ausgezeichnet! Ich begreife Sie recht wohl.
    Jedoch darf ich nun wissen, was an dem Sonett...
ALCEST: Aufrichtig: Schließen Sie's in Ihr Geheimfach ein.
    Als Vorbild suchten Sie sich schlechte Muster aus,
    All Ihren Wendungen fehlt es an Natürlichkeit.

In der höfischen Gesellschaft ist Alcest der Menschenfeind, weil er aufrichtig ist, ehrlich also. Nach den Maßstäben dieser Gesellschaft ist Philint, der Bewunderung vortäuscht, „ehrlich", weil er seine Meinung nicht unumwunden, nicht „ehrlich" sagt.

Die ästhetische Vervollkommnung soll kein Selbstzweck sein. Der Hofmann, so vollkommen er in sich selbst auch sein mag, kann seine soziale Legitimation nicht aus sich selbst, aus seiner Individualität schöpfen, sondern nur aus dem Dienst am Fürsten. Auf dieses äußerste Ziel hat sich noch die Vervollkommnung zu richten. „Denn wenn der Hofmann in Wahrheit dadurch, daß er adelig, anmutig, freundlich und in vielen Übungen erfahren ist, kein anderes Ergebnis zeitigte, als an sich selbst so zu sein, dann dürfte man nach meiner Meinung zur Erlangung dieser Vollkommenheit vernünftigerweise nicht so viel Fleiß und Mühe daran verwenden, wie zu ihrem Erwerb nötig sind... Das Ziel des vollkommenen Hofmanns nun, von dem bisher noch nicht gesprochen wurde, besteht nach meinem Dafürhalten darin, sich mit Hilfe der ihm von diesen Herren zugeschriebenen Eigenschaften derart das Wohlwollen und das Herz des Fürsten, dem er dient, zu gewinnen, daß er diesem die Wahrheit über alles, was ihm zu wissen zukommt, ohne Furcht oder Gefahr des Mißfallens sagen kann und stets sagt."[48] Der Hofmann soll so sehr das Vertrauen und die Anerkennung des Fürsten erwerben, daß er auf jede Schmeichelei verzichten kann und immer der Wahrheit, nicht der Mode oder dem Zeitgeist, verpflichtet ist.

Über hundert Jahre später zieht ein Epigone Castigliones, ein spanischer Balthasar zufällig, ein ernüchterndes Fazit: „Besser mit allen ein Narr, als allein gescheit."[49]

3. Sein und Schein

Albertis „bürgerlichem Humanismus" fehlt jeder Hinweis auf Verstellung; der Schein ist ihm eher ein Ausdruck der Unvollkommenheit: „Deshalb sieh, wieviel besser es im Leben ist zu sein als zu scheinen."[50]. Demgegenüber läßt sich nicht leugnen, daß Castigliones „sprezzatura" ein Moment der Verstellung enthält, die sich von ihrem ästhetischen Ziel absetzen und sich auch in den Dienst weniger hehrer Ziele wie Opportunismus oder Betrug begeben kann. Über hundert Jahre nach Castiglione ist sie bei Gracián zur Notwendigkeit geworden. Die Selbstdarstellung am spanischen Hof ist nicht mehr das heitere Spiel im Widerschein der Anmut, sondern ein vitales Erfordernis der Gunstgewinnung und -erhaltung. Die Selbstdarstellung, schreibt Gracián, „gibt heldenhaften Eigenschaften so erst den wahren Glanz und allem sowas wie ein zweites Sein."[51] Wenn Gracián nicht eine Generation später als Shakespeare geschrieben hätte, wäre ihm ein Platz unter den Quellen für dessen *Othello* sicher gewesen. Graciáns idealer Hofmann, der kluge Weltmann, ist nicht die „freie und offene Natur" Othello, sondern der listenreiche Jago. Im Labyrinth spähender und neidender Höflinge empfiehlt Gracián: „Wer klug ist, sieht lieber die Leute seiner bedürftig, als ihm dankbar verbunden: sie am Seile der Hoffnung zu führen, ist Hofmannart, sich auf ihre Dankbarkeit verlassen, ist Bauernart: denn letztere ist so vergeßlich, als erstere von gutem Gedächtnis."[52] Und: „Das praktischste Wissen besteht in der Verstellungskunst. Wer mit offenen Karten spielt, läuft Gefahr zu verlieren."[53] Jago (I.1):

Nein, nur zum Schein für meinen eigenen Zweck.
Denn wenn mein äußres Tun je offenbart
Des Herzens angeborene Art und Neigung
In Haltung und Gebärde, dann alsbald
Will ich mein Herz an meinem Ärmel tragen
Als Fraß für Krähn. Ich bin nicht was ich bin.

Jago beherrscht auch einen anderen Grundsatz der Graciánschen Weltklugheit: „*Leidenschaftlos sein*: eine Eigenschaft der höchsten Geistesgröße... Keine höhere Herrschaft, als die über sich selbst und über seine Affekte: sie wird zum Triumph des freien Willens."[54] Eine der vielen Definitionen der „honesty", der „Ehrlichkeit", war eben die Zügelung der Affekte. Während Molières Menschenfeind ehrlich im modernen, nicht aber im höfischen Sinne ist, ist Jago in *Othello*, einem Stück, in dem das Wort „honesty" als Substantiv oder Adjektiv über 40 Mal, das Wort „passion" 9 Mal vorkommt, nicht ehrlich im modernen Sinne, aber in höfischem Sinne. Und Othello sieht Jago als „ehrlich" im höfischen Sinne und nimmt folglich an, er sei es auch im modernen Sinne.

OTHELLO. Indeed? Ay, indeed. Discern'st thou aught in that?
　Is he not honest?
IAGO. Honest, my lord?
OTHELLO. Honest? Ay, honest.
IAGO. My lord, for aught I know.
OTHELLO. What dost thou think? (III.3.103-109)

IAGO. My lord, you know I love you.
OTHELLO. I think thou dost;
　And for I know thou'rt full of love and honesty
　And weigh'st thy words before thou givest them breath,
　Therefore these stops of thine fright me the more;
　For such things in a false disloyal knave
　Are tricks of custom; but in a man that's just
　They're close denotements, working from the heart,
　That passion cannot rule.
IAGO. For Michael Cassio,
　I dare be sworn I think that he is honest.
OTHELLO. I think so too.
IAGO. Men should be what they seem;
　Or those that be not, would they might seem none!
OTHELLO. Certain, men should be what they seem.
IAGO. Why then I think Cassio's an honest man. (III.3.121-133)[55]

Im Sonett 121 erkennen wir Shakespeares persönliches Urteil über den höfischen Humanismus. Weil er gegen dessen Schein, das Bestehen in den Augen der anderen, auf dem Sein und dem Selbst beharrt, muß man ihn dem bürgerlichen Humanismus zurechnen:

Sonnet 121

'Tis better to be vile than vile esteem'd
When not to be receives reproach of being,
And the just pleasure lost, which is so deemed
Not by our own feeling, but by others' seeing.
For why should others' false adulterate eyes
Give salutation to my sportive blood?
Or on my frailties why are frailer spies,
Which in their wills count bad what I think good?
No, I am that I am, and they that level
At my abuses reckon up their own;
I may be straight though they themselves be bevel;
By their rank thoughts my deeds must not be shown –
    Unless this general evil they maintain:
    All men are bad and in their badness reign.

Sonett 121

'S ist besser, schlecht zu sein, als schlecht verschätzt,
Wenn nicht zu sein getadelt wird als Sein,
Das eigne Glück erlischt, wenn nicht gesetzt
Von uns anstatt durch Andrer Augenschein.
Warum soll fremdes Sehen egelgleich
Den Segen geben zu verspieltem Blut?
Ankreiden Blässe, selber kreidebleich,
Was Andren schlecht erscheint, mir dünkt es gut.
Ich bin der ich bin, durch Fremdes nicht beengt,
Wer meine Fehler zählt, der schau' auf sich.
Vielleicht bin ich gerade, er verrenkt,
In seiner Krümmung spiegle nicht mein Ich.
    Es sei, dies Übel sich im Kerne hält,
    Der Mensch ist bös', beherrscht deshalb die Welt.

Aus dem Gedicht spricht über die persönliche Erfahrung hinaus die allgemeinere Erfahrung der höfischen Verhaltensnormierung. In der höfischen Gesellschaft ist der Andere die normierende „gute Gesellschaft", die, verstößt einer gegen die Regeln, die Macht besitzt, den Widerspenstigen zu verstoßen, sozial zu deklassieren. Hier wie in *Othello* diagnostiziert Shakespeare den fehlenden inneren Gesinnungsgrund als den Geburtsfehler der höfischen Verhaltensethik.

4. Stigma des Drucks und Umgehungsstrategien

Zum Druck des *Buches vom Hofmann* bemerkt Peter Burke: „Nach den Maßstäben der Zeit war das Schreiben eines Buches und seine Veröffentlichung im Druck eine etwas zwiespältige Handlung für einen Hofmann. Publikation wurde mit Gewinn und Ruhm in Verbindung gebracht... Dies ließ die Verbindung zum Verlagsgewerbe als einem Edelmann nicht geziemend erscheinen, zumindest in den Augen einiger Zeitgenossen. Diese Vorurteile galten nicht allgemein... 1516 veröffentlichte Ariosto sein Epos *Orlando Furioso*."[56] Wie gesehen, sollte der Hofmann Einkommen und Ruhm nur im Dienst am Fürsten erwerben. Die Veröffentlichung von Ariostos *Orlando Furioso* widerspricht dem nicht, im Gegenteil: Ariosto, ein Hofmann am Hofe der Este, der Fürsten von Ferrara, schrieb mit *Orlando Furioso* ein Epos zur Verherrlichung der Este-Dynastie und trug folglich zu deren Repräsentation bei. Seine Bühnenstücke hat Ariosto allerdings nie veröffentlicht. Ob das „Stigma des Drucks" für den Hofmann galt oder nicht, hängt von Zweck und Art der literarischen Produktion ab. Trug das Werk zum Ruhm des Fürsten bei oder wurde es ihm zugetraut, ein öffentliches Interesse zu besitzen, dem Gemeinwohl zu dienen, war Veröffentlichung vielmehr ein Erfordernis.

Castigliones *Buch vom Hofmann* fällt zweifellos in die Kategorie des öffentlichen Nutzens. Gleichwohl legte der Autor Wert darauf, sich als Hofmann auszuweisen, indem er behauptete, nicht sehr viel Zeit auf die Abfassung verwendet und es, ganz gemäß der „sprezzatura", in einem Zug geschrieben zu haben, so als sei, um seine eigene Formulierung zu

benutzen, die Hand „aus sich selbst heraus auf ihr Ziel losgegangen."[57]
„*Das Buch vom Hofmann* ist selbst ein Kunstwerk, das die Kunst unter dem Schein der Spontaneität verbirgt. Castiglione behauptete, es in ‚wenigen Tagen' verfaßt zu haben, obwohl wir wissen, daß er es über mehrere Jahre umschrieb und bearbeitete."[58]

1599 veröffentlichte Sir Lewis Lewkenor in England eine Übersetzung von Gasparo Contarinis Werk über die Institutionen der Republik Venedig. Gegenstand dieses Werkes ist das, was in elisabethanischer Zeit als „weighty matters" bezeichnet wurde: Fragen der staatlichen Verfassung – von öffentlichem Interesse somit. Sir Lewis Lewkenor ediert die Übersetzung selbst, sein Name erscheint auf der Titelseite. 1595 war ein anderes Werk Lewkenors erschienen – anonym und als Raubdruck. Offenbar hatte der Autor es nicht in der Absicht geschrieben, es im Druck erscheinen zu lassen. Es handelte sich um einen Bericht über die Lage der englischen Flüchtlinge in den Gebieten unter der Herrschaft des spanischen Königs (die südlichen Niederlande, also hauptsächlich das heutige Belgien). Lewkenor veranlaßt bei der Druckergilde[59] die Einziehung des Werkes und gab seine Zustimmung zu einer zweiten, verbesserten Auflage, der er zur Erklärung ein Vorwort voranstellte: „Vor fünf oder sechs Jahren hielt ich mich in jenem Teil der Niederlande auf, der unter der Herrschaft des spanischen Königs steht." Er habe die sich dort aufhaltenden Engländer vor den ihnen drohenden Gefahren warnen wollen. „Zu diesem Zweck schrieb ich an einige meiner Bekannten private Briefe; die Abschriften dieser Briefe wurden entgegen meiner Absicht von einigen dieser Bekannten weitergereicht." Bei seiner Rückkehr habe er feststellen müssen, daß sie zu einem Drucker gebracht worden waren, der sie veröffentlichte. „Aber viele Dinge waren ausgelassen worden, andere Dinge, die ich nie behauptet hatte, hinzugefügt und das Ganze war dermaßen falsch dargestellt und verzerrt, sowohl was Inhalt als Wortwahl betrifft, und vermischt mit den Phantasien des Druckers, daß, wie immer das gemeine Volk Gefallen daran finden möge, jene Leute mit weiterem Blick und tieferer Einsicht die Schrift nur als phantastisch, grob abgehandelt und voller Absurditäten verdammen konnten. Deshalb habe ich mich entschlossen, die authentische Fassung dieser Briefe selbst zu veröffentlichen... Die vorige Ausgabe war von einem Kerl gestohlen worden, der in der Hoffnung, Profit zu machen, es druckte, und jetzt, wo die Sache geprüft wird, zieht er den Kopf aus der Schlinge und meldet sich nicht."[60]

Die ständischen Abgrenzungen in Sir Lewkenors Vorwort sind unübersehbar: gemeine Leute mit einem Hang zu Phantastereien, wie sie dem vulgären Geschmack zusagen, gegenüber Leuten mit Weit- und Tiefblick. Es fallen allerdings Ungereimtheiten auf. Wenn die Flüchtlinge auf das ihnen drohende Unglück hingewiesen werden sollten, wäre es sinnvoll gewesen, die Schriften drucken zu lassen, statt sie an private Freunde zu schicken, die, wie er sagt, ähnlich wie er selbst über die Lage dachten. Und wozu Abschriften der Briefe? Warum fügt der Verleger allerlei Krimskrams hinzu? Und warum sucht der Autor eifrig nach dem Raubdrucker? Er brauchte diesen nicht. Wenn es sich wirklich um einen Raubdruck handelte, war Lewkenor keineswegs durch das mit der Erstveröffentlichung erworbene Recht des ersten Verlegers gebunden. Er hätte die zweite Auflage durch einen anderen Verleger herausgeben lassen können. Aber der Verleger der zweiten Auflage war derselbe John Drawater, der auch die erste Auflage publiziert hatte. Versuchen wir eine andere Erklärung: Sir Lewis Lewkenor hatte sehr wohl die Absicht, die Schriften drucken zu lassen, wollte aber den Vorwurf vermeiden, als Hofmann etwas in Druck zu veröffentlichen. Wenn er einen Verleger fand, der bereit war, eine etwas verhunzte Fassung herauszugeben, so konnte er sich für die zweite Auflage damit entschuldigen, er sei durch die verderbte erste Fassung dazu genötigt worden, habe also mitnichten von sich aus den Druck gesucht. Der Eindruck, daß es sich in Wahrheit um eine Umgehungsstrategie des mit dem Erscheinen im Druck verbundenen Makels handelte, erhärtet sich deshalb, weil es mehrere andere analoge Begründungen von Hofmännern für die Veröffentlichung eines ihrer Werke gibt. So 1597 von Francis Bacon. Bacons Begründung hört sich in einigen Punkten ähnlich an.

Am 24. Januar 1597 werden Francis Bacons *Essays* bei der Druckergilde zum Druck registriert. Wie im vorigen Fall hat der Verleger einiges hinzugefügt, in diesem Fall „Die Gebete seines Souveräns", der Königin. Offenbar (oder angeblich?) handelt es sich um eine von Bacon nicht autorisierte Fassung. Am 5. Februar, zehn Tage später, werden die *Essays* abermals bei der Druckergilde registriert, diesmal auf Namen eines anderen Verlegers, der wohl Bacons Genehmigung besitzt. Bacon hat das Manuskript selbst abgezeichnet. Am 7. Februar, weitere zwei Tage später, wird der erste Eintrag auf Anweisung des „Court of Assistants"[61], des Führungsgremiums der Druckergilde, gestrichen. Am gleichen Tag, dem 7. Februar, hat jemand auch schon das erste Exemplar gekauft.[62] Der schnelle Druck erweckt den Verdacht, es könnte sich auch bei Bacon um eine Umgehungsstrategie gehandelt haben, zumal wenn man den Brief an seinen älteren Bruder Anthony liest, der der ersten Ausgabe der *Essays* als Nachwort beigefügt ist, und weiß, daß Bacons Bruder am 8. Februar dem Grafen von Essex einen Brief geschrieben hat, den ein weiteres Exemplar der *Essays* begleitete. Der in der ersten Ausgabe der *Essays* ebenfalls abgedruckte Brief, in dem sich Francis Bacon für die Veröffentlichung entschuldigt, trägt das Datum des 30. Januar. Wie im Fall Lewkenors hat Bacon nach eigener Darstellung die Essays vor langer Zeit geschrieben, im Manuskript zirkulieren lassen (wie es Hofmannsart war), wurden die Manuskripte abgeschrieben, gelangte eines zu einem Verleger, der bestimmte Dinge hinzufügte. Bacon schreibt: „Ich handle jetzt wie einer, der einen übel benachbarten Obstgarten hat [der erste Verleger, der ein unerlaubtes Manuskript hatte drucken lassen wollen] und nun die Früchte sammelt, bevor sie reif sind, damit sie nicht gestohlen werden. *Ihre Sperrung wäre schwierig gewesen und hätte zu Interpretationen Anlaß geben können* [Hervorhebung R.D.]. Den Druck durchgehen zu lassen, hätte bedeutet, die Gefahr in Kauf zu nehmen, daß ein entstellter Text erscheint oder gewisse Verschönerungen beigefügt worden wären [wie es auch der Fall war, nämlich die Gebete der Königin], die irgendeiner meinte beimischen zu müssen. Deshalb erachtete ich es als den weisesten Entschluß, sie selbst zu veröffentlichen, wie sie vor langer Zeit meiner Feder entsprangen, ohne andere Mängel als die Schwächen des Autors."[63]

Soweit der erste Teil des Briefes, der vielleicht etwas kryptisch anmutet. Hat man sich mit der Verlagsgeschichte jener Zeit etwas befaßt, bietet der Brief keine großen Verständnisprobleme. Bacons Mitteilung an seinen Bruder lautet im Klartext: Ich habe vor geraumer Zeit damit begonnen, meine Essays zu Papier zu bringen (wie Lewkenor); die Manuskripte zirkulierten im privaten Kreis meiner Freunde (wie bei Lewkenor und übrigens auch bei Shakespeares Sonetten); jetzt erfahre ich, daß eine Abschrift in die Hände eines Verlegers geraten ist (wie bei Lewkenor), und sehe mich der Gefahr ausgesetzt, daß dieser Verleger nach einer mangelhaften Abschrift druckt oder willkürlich bestimmte Materialien hinzufügt; ich hätte nun bei der Druckergilde eine Veröffentlichungssperre beantragen können, doch das wäre etwas schwierig gewesen, da nach der Satzung der Druckergilde (Stationers' Company) der erste Verleger bereits das Verlagsrecht besaß und dieses Recht jedes Recht eines anderen, später anmeldenden Verlegers ausschließt. Außerdem hätte ich vielleicht Interpretationen oder Spekulationen ausgelöst, ich wollte ein Geschäft mit dem ersten Verleger machen, was ja nicht mit meinem sozialen Status vereinbar ist, will ich doch Karriere bei Hofe machen. Ich hätte es auch halten können wie viele andere Hofmänner und einfach meine Essays drucken lassen, ohne mich um eine korrekte Ausgabe zu kümmern. Die Gefahr einer entstellten Fassung wollte ich jedoch nicht eingehen, weshalb ich mich entschied, von meinem Autorrecht Gebrauch zu machen, wozu ich bei der Druckergilde ja nur zu erklären hatte, der erste Verleger besitze meine Genehmigung nicht.

Man kann über die wahren Hintergründe der Veröffentlichungen von Lewkenors Bericht und Bacons *Essays* geteilter Meinung sein. War Lewkenor wirklich „Opfer" eines Raubdruckers oder drohte Bacon es zu werden? Oder handelte es sich in beiden Fällen vielmehr um ein Szenario, etwas zu drucken, ohne sich dem Vorwurf auszusetzen, von sich aus die Veröffentlichung angestrebt zu haben? Ich neige der letzteren Erklärung zu. Auch dann sollte man nicht etwa von einem „scheinheiligen" oder „betrügerischen" Manöver reden. Es ging vielmehr in beiden Fällen darum, in Druck zu erscheinen und gleichzeitig den hofmännischen Verhaltenskodex einzuhalten: die Autoren seien ja durch die Umstände gezwungen, ihre Schriften selbst herauszugeben, und hätten sich von einer freiwilligen Herausgabe distanziert. Auf den Distanzierungsgestus kam es an! Es existierten andere Distanzierungsgesten. Gelegentlich erklärt der Verleger eines anonym erscheinenden Werkes, es sei ihm zufällig ein Manuskript in die Hände gekommen, dessen Verfasser ihm unbekannt sei. Oder der Verfasser erklärt in einem Vorwort, er habe vor einer Auslandsreise das Manuskript einem Freund anvertraut mit der inständigen Bitte, das Manuskript nicht zum Drucker zu bringen; der wohlwollende Freund habe es dann für bedauerlich und unverantwortlich gehalten, den Text der Öffentlichkeit vorzuenthalten und es doch zum Verleger gebracht. In allen Fällen stellt man fest: durch irgendeine Äußerung oder Haltung distanziert sich der Autor von der Selbstherausgabe des Werkes.

Francis Bacon selbst hielt solche Enthaltsamkeit für unangebracht, zumindest für seine Essays, denen er offensichtlich einen öffentlichen Nutzen beimaß. „Ich bin immer der Meinung gewesen, daß vielleicht eine gleich große Eitelkeit darin liege, seine Werke, außer sie gehören einem gewissen Genre an, der Welt vorzuenthalten anstatt zu offenbaren." Wenig Zweifel kann darüber bestehen, welche Werke „eines gewissen Genres" Bacon meinte: Lyrik, Balladen, Bühnenstücke, Satiren, solche Werke, die ein Hofmann seiner Freizeit vorbehalten sollte.

Ein ähnliches Bild bietet Spanien. Juan Boscán (ca. 1490-1542) übersetzt Castigliones *Buch vom Hofmann,* und selbstverständlich erscheint seine Übersetzung dieses Klassikers der Hofmannskunst zu Lebzeiten unter seinem Namen. Doch die Herausgabe seiner Lyrik bereitet er erst gegen Ende seines Lebens vor; sie erscheint postum. Wie gesehen, anerkannte Francisco Quevedo (1580-1645) nur seine religiösen Werke; seine Lyrik wollte er nicht drucken lassen und die Verfasserschaft seines Schelmenromans *El Buscón* ließ er vom Verleger ableugnen, allerdings in einer Weise, die ihn gleichzeitig als Autor bestätigte. Baltasar Gracián (1601-1658) wählte eine andere Strategie. Auch er veröffentlicht zu Lebzeiten nur ein einziges Werk, ein religiöses. Sein distanzierender Gestus in Bezug auf seine profaneren Schriften zur Hofmannskunst besteht darin, sie unter dem Namen seines Bruders Lorenzo erscheinen zu lassen. Ähnlich, schließlich, Pedro Calderón (1600-1681). Als seine Bühnenstücke in unautorisierten Fassungen zu erscheinen beginnen, beginnt er um 1636 mit der Herausgabe, tritt jedoch nicht selbst als Herausgeber in Erscheinung. Herausgeber ist sein Bruder Joseph.

Boscán, Quevedo, Calderón waren auch zugleich Soldat und Diplomat, Graciàn war ein Jesuit. Alle waren Hofmänner.

5. Die Vorworte zur ersten Folioausgabe

Die beiden Vorworte, die Widmung an die Grafen von Pembroke und Montgomery und der Brief an die Leser, zur ersten Folioausgabe sämtlicher Bühnenstücke Shakespeares sind, obwohl sie durchaus einige Informationen über den Verfasser enthalten, kaum je analysiert worden. Sind die Aussagen denn so unmittelbar verständlich? Oder dunkel jenseits der Deutbarkeit.

Der bekannteste Satz: „Who, as he was a happie imitator of Nature, was a most gentle expresser of it. His mind and hand went together: And what he thought, he uttered with that easinesse, that wee have scarce received from him a blot in his papers."

Es ist der einzige Satz, über den sich Forscher einige Gedanken gemacht haben, und steht im Brief an die Leser. Er ist von einigen als Beweis bewertet worden, daß Shakespeare ein „freundliches Wesen" gehabt haben müsse, sowie dafür, wenn auch häufig mit Skepsis, daß er seine Werke im ungehemmt fließenden Strom der Inspiration niederschrieb. Übersetzen wir ihn in diesem Sinne, „gentle" als „freundlich" verstehend:

„Der ein vorzüglicher Nachahmer der Natur war, ihr höchst freundlicher Sprachschöpfer. Und was er dachte, äußerte er mit einer solchen Mühelosigkeit, daß die Manuskripte, die wir von ihm erhielten, kaum je eine Streichung enthielten."

Doch was bedeutet „ein höchst freundlicher Sprachschöpfer der Natur"?

Wechseln wir die Perspektive und schreiben in Prosa:

Die Ballade vom Hofmann

Erste Strophe:

In der Renaissance galt die Nachahmung der Natur, die „Imitatio", als höchste Stufe der Vollkommenheit eines Kunstwerkes. Den gleichen

Maßstab setzte Castiglione für das Verhalten seines idealen Hofmannes und nannte ihn „sprezzatura", deren Hauptmerkmal die Mühelosigkeit war. Das Verhalten sollte so aussehen, „als spräche die Natur selbst", oder, wie er es auch ausdrückte, wie beim Maler dessen „Hand aus sich selbst heraus auf ihr Ziel in den Absichten des Malers" losginge. Das gleiche Bild verwendet der Bühnenschriftsteller John Lyly (ca. 1554-1606) in seinem in den 1580er Jahren aufgeführten Stück *Campaspe*, in dem Alexander der Große versucht, das Bild der geliebten Sklavin Campaspe zu malen. Der Maler Apelles bemängelt Alexanders Versuch: „Your eye goeth not with your hand" und „Your hand goeth not with your mind" (III.4). „Dein Auge und deine Hand gehen nicht im Gleichschritt" und „Deine Hand und dein Geist gehen nicht im Gleichschritt." Es sei noch einmal daran erinnert, daß Castiglione, obwohl es nachweislich nicht stimmte, von sich selbst behauptete, diesem Ideal des Hofmanns beim Schreiben seines *Buches vom Hofmann* gerecht geworden zu sein. Es war lediglich jene formelhafte Behauptung, durch die Castiglione sich als Hofmann ausweisen wollte.

Des weiteren bedeutet „gentle" nicht nur „freundlich", sondern auch sowohl „adlig" als „verfeinert". Beide Bedeutungen sind miteinander verwandt, insofern die höfische Elite die Standards der verfeinerten Geschmackskultur setzte. Andere gebräuchliche Ausdrücke für „verfeinert" – sie sind alle auf Shakespeare angewandt worden – waren: „sweet", „honeyed" („honiggesüßt"), „filed" („gefeilt"), „smooth" („glatt"), „silver-tongued" („silberzüngig"), „honest" (hier am ehesten als „geschmackvoll" zu verstehen). Der Satz drückt dann aus, daß Shakespeares Kunst jene Stufe erreichte, die als die höchste galt und gleichzeitig als Kriterium für das Verhalten des vollkommenen Hofmannes, nämlich so mühelos auszusehen, als wäre überhaupt keine Arbeit darauf verwendet worden. Der Satz liest sich dann in freier Übertragung:

„Shakespeare erfüllte in hohem Maße das Renaissance-Ideal der *Imitatio*; seine Sprache war so verfeinert, als spräche die Natur selbst. Geist und Hand bewegten sich im Gleichschritt, so daß in seiner Niederschrift selten eine Streichung vorkam."

Zu dem Manuskript von *Sir Thomas More*, das angeblich in Shakespeares Handschrift sein soll, bemerkt Chambers, daß es diese Behauptung nicht bestätigt, da es sehr wohl Streichungen enthalte und fügt hinzu: „Ich nehme diese Aussage von Hemmings und Condell nicht sehr ernst."[64] In einem anderen Sinne ist sie ernst zu nehmen. So wie Molières falscher Marquis de Mascarille sein Stegreifgedicht, sein Höfling Oront in „einer Viertelstunde" sein Sonett, und Castiglione in wenigen Tagen, in einem Zug, sein *Buch vom Hofmann* geschrieben haben wollten. Den Gedichten Mascarilles und Oronts hätten einige Streichungen gut getan, die vollständige Streichung noch besser. Von Castiglione wissen wir, daß seine Behauptung nicht stimmte. Was Castiglione beabsichtigte, war jedoch nicht eine Auskunft über seine persönliche Arbeitsweise, sondern über seinen sozialen Status als Hofmann.

Refrain: Shakespeare war ein Hofmann.

Zweite Strophe.

Der Satz: „For, when we value the places your H.H. sustaine, we cannot but know their dignity, then to descend to the reading of these trifles: and, while we name them trifles, we have depriv'd our selves of the defence of our Dedication." Übersetzt: „Denn wenn wir die Position Eurer Hoheiten bedenken, so können wir Eure Würde nur um so höher schätzen, da Ihr Euch zum Lesen dieser Belanglosigkeiten herbei- laßt; und indem wir das Wort Belanglosigkeit benutzen, haben wir uns selbst der Rechtfertigung unserer Widmung beraubt."

„Trifles" könnte man, wie bereits angemerkt, auch als „Trivialitäten" übersetzen. Wir erinnern daran, daß für den französischen Adligen Georges de Scudéry seine literarische Produktion nach eigenem Bekunden als etwas Belangloses, etwas Triviales galt, mit dem er sich nur in der Freizeit beschäftigte. Auch das war nicht mehr als eine Formel, durch die er sich als Hofmann auswies. Ebenso im Falle des englischen Hofmannes Sir Philip Sidney, der in der Widmung der *Arcadia* an seine Schwester Mary, Gräfin von Pembroke (Mutter der Grafen von Pem- broke und Montgomery), sich ähnlich lässig bis nachlässig über das Werk äußert, das er, wie Scudéry, in seiner Freizeit („idle work of mine") geschrieben haben will, und wie jener bittet auch er darum, keinen zu strengen Maßstab anzulegen, handle es sich doch um „trivial geschriebene Trivialitäten" („being but a trifle, and that triflingly hand-led").

Die Wirklichkeit, die das Klischee in der Widmung an die Grafen von Pembroke und Montgomery ausdrückt: Shakespeare war ein Hof-mann.

Dritte Strophe.

„We have but collected them, and done an office to the dead, to procure his Orphanes, Guardians; without ambition either of selfe-profit, or fame: onely to keepe the memory of so worthy a Friend, & Fellow alive, as was our SHAKESPEARE, by humble offer of his playes, to your most noble patronage."

Übersetzung: „Wir haben sie nur gesammelt und als Dienst am Verstorbenen Beschützer für seine Waisen besorgt, ohne Eigennutz oder Ruhm damit anzustreben: nur um die Erinnerung an einen so würdigen Freund und Partner lebendig zu halten, wie es unser SHA-KESPEARE war, indem wir in aller Bescheidenheit seine Bühnenstücke Eurer hochedlen Schirmherrschaft anbieten."

Wir erinnern daran, daß der Hofmann sich ganz dem Dienst am Fürsten und am Gemeinwohl widmen und weder Geld noch Ruhm durch literarische Werke erstreben sollte. Dies sagen die beiden Schau-spieler Hemmings und Condell, die als Herausgeber firmieren. Vom Standpunkt eines Schauspielers oder eines professionellen Schriftstellers wie des mutmaßlichen Verfassers Ben Jonson ergibt diese Aussage wenig Sinn. Einmal sollte der Ruhm dem Verfasser zukommen, zum andern wäre die Behauptung für Leute ihres Standes eine Anmaßung. Doch Hemmings und Condell sprechen (oder Ben Jonson läßt sie so sprechen) stellvertretend für ihren so würdigen Freund SHAKESPEARE.

Es handelt sich wieder um ein Klischee. Die Wirklichkeit, die das Klischee ausdrückt: Shakespeare war ein Hofmann.

Vierte Strophe.

„We hope, that (they out-living him, and he not having the fate, common with some, to be the exequutor to his own writings)..."

Wie das übersetzen? Vielleicht so: „Wir hoffen, da ihn seine Werke überleben und ihm nicht das Schicksal beschieden war, wie es auc andere traf, Vollstrecker seiner Werke zu sein..."

Diese Übersetzung ergibt keinen sehr klaren Sinn. Das Original unmittelbar allerdings auch nicht. Das Wort „Vollstrecker" ist der Testamentssprache entlehnt. Der Vollstrecker ist derjenige, der nach dem Tod des Testators das Testament amtlich bestätigen läßt und dann ausführt. Natürlich kann Shakespeare nach seinem Tod nicht Vollstrecker seiner eigenen Werke sein, genauso wenig wie ein Testator Vollstrecker seines eigenen Testaments sein kann. Ein Schriftsteller konnte allerdings seine Werke selbst herausgeben, „vollstrecken", an die Öffentlichkeit bringen. Welches Schicksal hinderte Shakespeare daran? Der Tod? Aber auch das ergibt keinen Sinn. Der Tod kennt keine Bräuche oder Gewohnheiten. Warum soll es für bestimmte Schriftsteller „common", „üblich", gewesen sein, nicht zu sterben, bevor sie ihre Werke herausgeben konnten, für andere dagegen nicht? Formulieren wir die Frage noch einmal anders: Warum sollten bestimmte Schriftsteller gemeinhin ihre Werke zu Lebzeiten herausgeben, andere dagegen nicht?

Es gibt diese andere Möglichkeit: für Hofmänner, Adlige galt als höfische Verhaltensregel, nicht als Herausgeber ihrer literarischen Werke einer gewissen Art hervorzutreten, wie Francis Bacon in dem Brief an seinen Bruder schreibt. Für „commoners", für „Gemeine", dagegen war es „common", „üblich", ihre Werke selbst herauszugeben.

Shakespeare war ein Hofmann.

L'envoi

Alte Balladen pflegen mit einem „envoi" zu enden. Was ein „envoi" ist, sagt uns Shakespeare selbst durch Don Armado in *Liebes Leid und Lust* (III.1): „ein Epilog, der uns erklärt/ Irgendein Präambulum, das wir zuvor gehört."

Wir erinnern daran, daß Pedro Calderón nicht als Vollstrecker oder Herausgeber der eigenen Werke in Erscheinung trat, sondern sein

Bruder Joseph als Herausgeber fungierte, daran, daß Pedro Calderón selbst die Herausgabe überwachte, muß man nicht zweifeln. Er war der „Aufseher" seines „Vollstreckers".

Das alte englische Erbrecht kannte neben dem „executor" auch den „overseer", den Aufseher. Es war die Aufgabe des „overseer", den „executor" zu überwachen. Das nun, so ist im Brief an die Leser zu lesen, wäre für Shakespeare Bühnenstücke auch zu wünschen gewesen. Die Wortwahl des Verfassers der Vorworte ist sehr genau.

„It had bene a thing, we confesse, worthie to have bene wished, that the Author himself had liv'd to have set forth, and *overseen* [Hervorhebung von R.D.] his owne writings; But since it hath bin ordain'd otherwise, and he by death departed from that right, we pray you do not envie his Friends, the office of their care, and paine, to have collected & publish'd them"

Übersetzung: „Wir gestehen, daß es eine wünschenswerte Sache gewesen wäre, wenn der Verfasser selbst noch gelebt hätte, um seine eigenen Schriften zu beaufsichtigen. Da es aber das Schicksal anders wollte und er durch den Tod dieses Rechtes beraubt wurde, bitten wir Euch, nicht seinen Freunden ihr Werk der Fürsorge und ihre Mühe zu neiden, sie gesammelt und veröffentlicht zu haben."

Daran, selbst seine Werke herauszugeben, hinderte Shakespeare der soziale Status, daran, die Herausgabe zu beaufsichtigen, „overseer" zu sein, hinderte Shakespeare der Tod.

Dieses „envoi" ist nun allerdings kein Epilog zu etwas, das vorher gesagt worden ist, sondern ein Prolog zu etwas, das noch zu sagen sein wird.

III. 1598-1604: vom Hörensagen und Sehensagen

Der Versuch, die Aussagen in Widmung und Brief zur ersten Gesamtbühnenwerkausgabe von 1623 („First Folio") auf das zu stimmen, was
über Shakespeare bekannt ist, dürfte in etwa so einfach sein wie ein
Flötenkonzert Mozarts auf Emmentaler Käsescheiben zu pfeifen.

1. Die erste Kurzbiographie zu Shakespeares Gesamtwerk

1709 bereist der Londoner Schauspieler Thomas Betterton die Grafschaft Warwickshire mit Schwerpunkt Stratford-on-Avon, wo er möglichst viele biographische Daten über Shakespeare zu sammeln hofft für
die neue Gesamtwerkausgabe, die Nicholas Rowe noch im selben Jahr
herausbringen wird. Zum allerersten Mal soll eine Ausgabe sämtlicher
Werke Shakespeares auch eine Biographie enthalten.

Einiges von dem, was Rowe in diese Biographie einbezogen hat, läßt
vermuten, daß da ein kultivierter Herr aus London, dem die Sehnsucht,
mehr über den Großen Dichter zu wissen, aus den Augen glänzte,
Provinzler nach etwas befragt hat, was diese nicht so recht wußten oder
verstanden, aber gleichwohl meinten beantworten zu müssen, auf daß
der Herr nicht verstört und mit einem zu schlechten Eindruck von
ihnen wieder abreise. Die Wissen vortäuschende Rhetorik ist hinter dem
Wald und vor dem Wald die gleiche, Bauer wie Intellektueller befolgt in
solchen Fällen die gleiche Strategie des Bluffs, und auch das Ergebnis ist
in beiden Fällen vergleichbar: ob Feldsalat oder Kopfsalat, es ist und
bleibt Salat. Zwischen dem Schauspieler Betterton und einem erdachten
Stratforder Ehepaar Z. könnte sich folgender Dialog entsponnen haben:

B.: Eure Großeltern haben als Kinder William Shakespeare vielleicht
noch selbst gesehen. Sie müssen Euch viel über ihn erzählt haben, als
sie mit Euch über Feld und Wiesen spazierten.

Herr Z.: Meine Großmutter mütterlicherseits ist vor dreißig Jahren
gestorben, meine Oma väterlicherseits zwei Jahre danach.

Frau Z.: Aber nein doch, Oma Mary starb vor Oma Bess.

Herr Z.: Oma Mary war ja meine Großmutter mütterlicherseits.

Frau Z: Was redest Du denn da!

B: Und, Frau Z., Eure Großeltern?

Frau Z: Ich kann mich nicht mehr an sie erinnern, von meinen Großeltern lebte bei meiner Geburt nur noch die Mutter meiner Mutter, sie starb aber, als ich drei Jahr alt war. Am Tage ihrer Beerdigung hat es geschneit, daran kann ich mich noch gut erinnern. Meine Mutter hat mir viel über sie erzählt. Sie war die beste Näherin und Strickerin der Gegend.

B: Und von Shakespeare? Hat sie nie etwas über den Dichter Shakespeare erzählt?

Frau Z.: Nein, nein. Ich kann mich nicht erinnern. Die Shakespeares wohnten ja am anderen Ende der Stadt.

B: Aber Eure Eltern müssen von ihren Großeltern doch etwas über Shakespeare, den großen Dramatiker, gewußt und gesagt haben.

Herr Z.: Dramaticker, sagt Ihr?

B: Dramatiker. Die schönsten Dramen der englischen Literatur hat er geschrieben, ja, der Weltliteratur. Denket doch mal an die tieftraurige Liebestragödie Romeo und Julia, wo sich am Ende die beiden jungen Liebenden selbst töten.

Frau Z.: Das wußte ich nicht, das tut mir schrecklich leid, vor allem wegen Dr. Hall. Der Arzt John Hall war der Schwiegersohn von Shakespeare, das weiß ich. Er muß so ein netter Mensch gewesen sein, meine Mutter hat oft von ihm geredet, so ein netter Mensch, wie nett er immer zu den Leuten war, obwohl er lesen und schreiben konnte. Daß sein Schwiegervater solche schrecklichen Sachen geschrieben hat, das macht mich sehr traurig.

B: Aber William Shakespeare ist der größte Dichter aller Zeiten! Ein Sonett von Shakespeare!

Herr Z.: Ist er denn immer noch am Leben?

B: Er ist gestorben, aber ein großer Dichter lebt ewig weiter in den Herzen seines Volkes.

Herr Z.: Ach, so ist das gemeint.

Frau Z.: Das mit dem Dichten weiß ich nicht. Von dem so netten Shakespeare weiß ich nichts. Aber Dr. Hall war nett, so nett. Aber diesen Acker da gleich vor dem Wäldchen, das gehört jetzt Mr. Black, den Acker, meine ich, nicht das Wäldchen, das Wäldchen gehört dem Baron, der es von Mr. White kaufte, Mr. Black kaufte den Acker von Mr. White, der es von Shakespeare gekauft hatte, der es von John Combe gekauft hatte.

Herr Z.: Sag bloß nicht, du wüßtest nicht, daß Shakespeare gedichtet hätte. Keiner konnte so dichten wie er, weit und breit.

B.: Erzählt, bitte.

Herr Z.: Der konnte dichten, ohne zu fackeln. Tick-tack nachgedacht und das Gedicht lag da, schneller als ein anderer atmen konnte. Diesen John Combe, die machten Geschäfte miteinander, dem hat er so auf die Schnelle mal ein Gedicht an den Kopf geworfen:

> Wer zum Teufel liegt in diesem Grabe,
>
> das da ist so dürr und kahl,
>
> rief der Teufel: ein geiler Geiz, der Knabe
>
> Das ist John Combe verdammt noch mal.

Großartig.

B: Was ist denn daran so großartig?

Herr Z.: Wie schnell er das aus dem Ärmel geschüttelt hat. Dem John Combe hat es auch nicht gefallen. Das kam hart an. Der Combe, der ist vor Entsetzen rückwärts aus der Tür gegangen.

Es ist nicht dieses Gedicht, das Shakespeare aus dem Stegreif zum Ärger John Combes gedichtet haben soll, sondern dieses nach Inhalt und Stil vergleichbare:

> Ten in the hundred lies here engrav'd,
>
> 'Tis a Hundred to Ten, his Soul is not sav'd:
>
> If any Man ask, Who lies in this Tomb?
>
> Oh! Ho! quoth the Devil, 'tis my John-a-Combe.

Dieser Combe ist vielleicht nicht Shakespeares Geschäftspartner, sondern einfach da, weil sein Name auf „tomb" reimt, was ihm die Unehre eingebracht, einen Menschen zu personifizieren, der Geld gegen den maximal zulässigen Zinssatz von zehn Prozent verleiht und dessen Seele, so sah es der Volksglaube, auch nur zehn Pozent Chancen habe, gerettet zu werden. Es dürfte sich um einen populären Vers über Wucherer handeln. Die Schärfe dieser Satire, so Rowe, habe Combe so tief getroffen, daß er es Shakespeare nie verzieh. Rowes Biographie ist von E.K. Chambers dann auch unter „Shakespeare-Mythos" eingeordnet worden. Rowe selbst traute dem Ganzen selbst nicht sonderlich. Er beschließt die Biographie: „Dies ist alles, was ich den Angaben zu ihm oder seiner Familie entnehmen konnte. Den Charakter des Mannes erkennt man am besten aus seinen Werken..."[65]

Rowe schreibt auch: „Man berichtet von ihm, daß er einige Jahre vor seinem Tod in seinem Geburtsort Stratford verbrachte."[66] Gleiches hatte um 1660 Dr. John Ward, Vikar in Stratford, in seinem Tagebuch vermerkt: „Ich habe gehört, daß Mr. Shakespeare einen spontanen Verstand ohne jede Künstlichkeit besaß; seinen ganzen jüngeren Lebensabschnitt lang sah er sich regelmäßig Theaterstücke an, aber auf seine alten Tage lebte er in Stratford."[67]

2. Bürger von London oder Stratford?

Shakespeare schreibt also sein letztes Stück, den *Sturm*, im Jahre 1611 und läßt sich nach einer erfolgreichen Laufbahn in Stratford nieder. Und tatsächlich weist ihn ein Dokument im Jahre 1612 als Bürger von Stratford aus. Allein: *alle* amtlichen Dokumente zwischen Februar 1598 und 1612 weisen ihn als Bürger von Stratford aus! In einer Übereignungsurkunde vom 1. Mai 1602 wird William Shakespere als wohnhaft in Stratford erwähnt.[68] Am 4. Februar 1598, nach drei aufeinanderfolgenden Jahren schlechter Ernte (1594-1596) und einer Hungersnotperiode erhält er in Stratford den Besuch staatlicher Kontrolleure, weil er ebenso wie zwei seiner Geschäftspartner verdächtigt wird, Getreide zu horten. Getreide hortet man doch nur über eine längere Periode? Er muß also schon eine Zeit vorher in Stratford gehortet haben. Die beiden ebenfalls verdächtigten Geschäftspartner heißen Richard Quiney und Abraham Sturley. In ihrem Briefwechsel ist einige Male von Shakespeare die Rede. Am 24. Januar 1598 schreibt Sturley aus Stratford an Richard Quiney, der sich zu dieser Zeit im Auftrag des Stratforder Stadtrats in London aufhält, Shakespeare sei bereit, Geld in Ackerland zu investieren. Nicht Shakespeare ist in London, sondern Quiney. Die einzigen Dokumente, die belegen, daß Shakespeare in London gewohnt hat, sind gleichzeitig diejenigen, die belegen, daß er dort nicht mehr wohnt. Im Herbst 1597, 1598 und 1599 können ihn Steuereintreiber in London nicht mehr finden. In ihrem Bericht vermerken sie, daß er entweder tot oder umgezogen sein müsse.[69] Wohin? Im Mai 1597 hat er sich in Stratford ein Haus gekauft. Könnte er dort eingezogen sein? Ist dies Spekulation, daß jemand sich ein Haus kauft, um in das Haus einzuziehen?

Zwischendurch ist er in London. Dank des Prozesses, den ein gewisser Bellott 1612 anstrengt und zu dem Shakespeare als Zeuge vorgeladen wird, wissen wir über Shakespeares Wirken in London ungewöhnlich viel. Christopher Mountjoy wohnt im Nordwesten Londons, an der Ecke Silver Street und Monkwell Street. Christopher Mountjoy ist mit dem Theater verbunden, er ist Perückenmacher. Er hat nur ein Kind, eine Tochter, die schöne Mary. Bei ihm wohnt 1604 auch ein Jüngling. Der Jüngling heißt Stephen Bellott und ist Mountjoys Lehrling. Zu jener Zeit wohnt dort auch William Shakespeare. Vorhang auf für die Idylle. Shakespeare schreibt wahrscheinlich an seinen letzten Sonetten, in denen er einem anderen Jüngling zur Heirat rät. Christopher Mountjoy kann dies nicht entgangen sein. Er bittet daher Shakespeare, auch seinen Lehrling zur Heirat aufzufordern – mit seiner Tochter. Es ist wahrscheinlich, daß Shakespeare dem Stephen mindestens einige seiner Sonette vorgelesen hat. Die erste Zeile des ersten Sonetts bietet die passende Eröffnung: „Von schönen Wesen wünschen wir Vermehrung". Diese Zeile allein hat vielleicht genügt. Aber es ist sicher keine übertriebene Spekulation anzunehmen, daß Shakespeare auch Sonett 6 vorgelesen hat:

> That's for thyself to breed another thee,
> Or ten times happier, be it ten for one;
> Ten times thy self were happier than thou art,

eine Satzkonstruktion, die ihm ebenso leicht aus der Feder wie über die Lippen kommt, wie wir aus seinen hiermit authentifizierten Versen über den Wucherer John Combe wissen:

Ten in the Hundred lies here engrav'd,
'Tis a Hundred to Ten, his soul is not saved.

Von Wucher ist auch im Sonett 6 die Rede:

Nicht ist verbotner Wucher solch Bemühn,
Das frommen Darlehns Geber glücklich macht.

Und anders als beim Freund der Sonette hat Shakespeare in diesem Fall
Erfolg. Während seinen Sonetten, so schön poetisch sie auch sind,
letztlich das Erreichen ihres konkreten Ziels verwehrt geblieben ist,
zeitigen sie hier Wirkung. Am 10. November 1604 heiraten Stephen und
Mary. Es entschädigt Shakespeare etwas für die Enttäuschung mit dem
anderen Freund. Man merkt es deutlich an seiner Aussage im Prozeß.
Diese Heirat, sagt er, ist vollzogen und begangen worden. Man glaubt
allzu gern, der Dichter wolle nur den dichterischen Erfolg und alles
andere wäre ihm nur Anlaß. Hier zeigt Shakespeare, aus welch anderem
Holz er geschnitzt ist. Daß der Ausgang später überschattet wird, liegt
daran, daß Stephen Bellott seinen Schwiegervater bezichtigt, ihm die
versprochene Mitgift nicht in voller Höhe gezahlt zu haben. Da Shakespeare natürlich auch Mountjoy seine Sonette vorgelesen hat und darin
von „Vermehrung", „Darlehensgeber", „Wucherer", „Geizhals" die
Rede ist, hat Mountjoy Shakespeare auch gebeten, mit Stephen über die
Höhe der Mitgift zu verhandeln. Allerdings hat dies Shakespeare weniger interessiert, denn 1612 hat er die genaue Höhe der Mitgift vergessen.
Ein anderer Zeuge im Prozeß erinnert sich besser: etwa fünfzig Pfund
und eine bestimmte nicht mehr genau bestimmbare Menge Hausrat.
Dies, sagt der Zeuge aus, habe er erfahren von William Shakespeare.
   Eine andere Zeugin sagt aus, Shakespeare habe bei Mountjoy nicht
gewohnt, sondern sei dort einquartiert gewesen. Shakespeare ist demnach nur vorübergehend in London, befristet. Spätestens aber seit dem
3. Mai 1603, als er und seine Schauspielerkollegen vom neuen König
Jakob I. die Schauspiellizenz erhalten und nunmehr amtlich als Diener
des königlichen Haushalts, als „the King's Men" firmieren dürfen.
Frühestens hat er das Haus Mountjoy im März 1604 verlassen, nachdem

er als Diener des Königs an der Krönungsprozession teilgenommen hat, die um ein ganzes Jahr wegen der Pest verschoben worden ist. In dieser Zeit hat er auch die Gelegenheit, die Veröffentlichung seines *Hamlet* zu überwachen.

Auch 1598 ist er für längere, wenn auch unbestimmte Zeit in London. Auch Richard Quiney ist wieder in London, wieder, wie im Januar, unterwegs für den Stratforder Stadtrat. Im Januar beginnt in Westminster der erste Gerichtssitzungstermin, der „Hilary term", nach dem Fest des heiligen Hilarius benannt. Im Herbst beginnt der letzte der vierteljährlichen Termine, nach dem Fest des heiligen Michael (29. September) „Michaelmas term" genannt. Quiney schreibt Shakespeare einen Brief, ein äußerst wertvolles Dokument, das einzige bekannte Ereignis, das Shakespeare mit einem Brief verbindet. Es stimmt traurig, daß Shakespeare diesen einzigen bekannten Brief an ihn nie gelesen hat. Er wird später entdeckt, nicht bei Shakespeare, sondern in der Korrespondenz des Absenders Quiney. Der Brief ist nie abgeschickt worden. Der Grund, weshalb Quiney den Brief für sich behalten hat, wird aus einem Brief Abraham Sturleys aus Stratford an Quiney in London klar. Sturley bestätigt in diesem Brief den Erhalt von Quineys Brief vom 2. Oktober. Quineys Brief an Shakespeare trägt ebenfalls als Datum den 25. Oktober. In dem Brief vom 25. Oktober 1598 an Sturley hat Quiney geschrieben, Shakespeare sei bereit, 30 bis 40 Pfund zu leihen. In dem Brief vom 25. Oktober 1598 an Shakespeare hat Quiney gebeten, Shakespeare möge ihm 30 Pfund leihen. Wo hält sich Shakespeare in London auf? Wir wissen es nicht. Quiney hat keine Anschrift des Adressaten erwähnt. Wie kann der Brief denn zugestellt werden? Quiney hat den Brief hinterlegt, genauer: hinterlegen wollen. Statt einer Anschrift vermerkt Quiney: „Übergebt dies meinem lieben und guten Freund Mr. Wm Shackespere."[70] Quiney wollte den Brief selbst zustellen. Wem? Kann nur Shakespeares Wirt gewesen sein. Quiney hat offensichtlich, entgegen seiner Erwartung, Shakespeare persönlich getroffen. Ach, diese Kleinarbeit! Jedes Blabla klingt soviel besser. Auf jeden Fall hat Quiney Shakespeare sein Anliegen persönlich und mündlich vortragen können. Shakespeare scheint wieder nur vorübergehend in London gewesen zu sein. Ein äußerer Anlaß ist da. Die Verhandlungen über die Anmietung des Globe-Theaters stehen an. Shakespeare ist Anteilseigner. Im Februar 1599 kommt es zur Vereinbarung. Sein Aufenthalt in London bietet Shakespeare die Gelegenheit, eine verbesserte Fassung von *Liebes Leid und Lust* herauszugeben, sich bei Francis Meres, dessen Buch *Palladis Tamia* im Oktober 1598 erscheint, für das große Lob zu bedanken und seinem Ensemble die beiden Stücke zu überhändigen, die er gerade geschrieben hat, den ersten und zweiten Teil von *Heinrich IV*.

3. Ein Szenario

Es kann nicht daran gezweifelt werden, daß Shakespeare im März 1616 wieder drauf und dran ist, nach London zu reisen, um die Herausgabe sämtlicher Werke vorzubereiten, was er zwölf Jahre lang aufgeschoben hat. Er weiß, daß Richard Burbage, John Hemmings und Henry Condell seine Stücke für ihn aufbewahrt haben und ihn längst erwarten, um ihre Herausgabe zu überwachen und Korrektur zu lesen. Denn als Shakespeare den *Sturm* schreibt, weiß er noch nicht definitiv, ob er wirklich keine weiteren Stücke mehr schreiben will. Nach fünf Jahren Stratford ist er sicher: es wird ihm nichts mehr einfallen. So schickt er sich denn an, nach London zu reisen. Doch da ereilt ihn der Tod.

Warum wohl die orthodoxen Biographen nie auf dieses Szenario zur Gesamtbeseitigung aller Inkonsistenzen gekommen sind? Ein Szenario, das erklärt, was der Satz in der ersten Folioausgabe von 1623 bedeutet, Shakespeare sei durch den Tod daran gehindert worden, die Herausgabe seiner Werke zu überwachen, wenn man ihn auf Shakespeare aus Stratford beziehen muß. Um nicht schlafende Hunde zu wecken? Daß sich Shakespeare so wenig um die Herausgabe seiner Werke gekümmert haben soll, will auch keinem modernen naturburschen-und-einfältig-einfallsregen-und-segen-gläubigen Allesesser einleuchten. Daß Shakespeare seine Manuskripte von seinen Kollegen habe aufbewahren lassen, von 1611 bis 1616 daumendrehend nach Stratford gezogen wäre, ohne einen Teufel für die Publikation seiner Werke zu tun, 1609 lammfromm geduldet haben soll, daß seine *Sonette* ohne seine Zustimmung auf den Markt kamen, auch nach 1604 kaum, falls überhaupt, in London gewesen ist, auch 1598 keinen festen Wohnsitz im London, dem Zentrum seines Wirkens, hat, andererseits sich offenbar sehr wohl in der Zeit zwischen 1598 und 1604 um die ordentliche Herausgabe seiner Werke gekümmert hat, dann das Interesse aus irgendeinem coolen Grunde verloren habe – nein, da gewinnt die Schlußfolgerung an Gewicht, der Autor sei nicht 1616 gestorben, sondern 1604, als die Edition der Werke plötzlich abbricht.

4. James Roberts

Die Herausgabe von Shakespeares Werken in dieser Zeit ist vor allem mit dem Namen eines einzigen Druckers verbunden. Die Shakespeareforschung, der wir das genaue Datum der Heirat von Stephen Bellott und Mary Mountjoy verdanken, die uns tiefe Einblicke in die Geschäfte von Richard Quiney und Abraham Sturley ermöglicht, durch die wir wissen, daß John Addenbrook, gegen den Shakespeare prozessierte, irgendwas mit der Vergabe von Lizenzen für Stärke zu tun hatte und der älteste Patient von Shakespeares Schwiegersohn Dr. Hall John Thorborough hieß, dreiundachtzig Jahre alt war, als er behandelt wurde, dann aber noch sieben Jahre lebte, aber darin noch um drei Jahre von einer Patientin, Lady Sandys, übertroffen wurde, diese Shakespeareforschung hat es bisher unterlassen, die Aktivitäten eines Druckers zu untersuchen, der von 1600 bis 1604 den Druck aller anderen literarischen Werke einstellt, um fast nur noch Shakespeares Werke zu drukken. Sein Name ist James Roberts. Auf den sollten wir nun das Mikroskop richten.

1564 beendete James Roberts seine Lehrzeit in der Stationers' Company, der Gilde der Drucker, Verleger, Buchhändler und Buchbinder. Wie in allen anderen Zünften endete die Lehrzeit im Alter von 24 Jahren. Nur Söhne von Gildemitgliedern konnten sie früher beenden. Diese Vorschrift des Londoner Stadtrates zielte unter anderem auch darauf, die Jugend bis zu einem Alter unter Kontrolle zu halten, in dem die rebellischen Impulse abklingen. Aufruhr von Lehrlingen gab es dennoch häufiger. Roberts Geburtsjahr ist somit 1540 oder 1541. Als er 1600 das erste Mal ein Stück Shakespeares druckte, war er 60 Jahre alt. Bis 1593 trat er wenig in Erscheinung. 1588 erhielt er ein königliches

Privileg für den Druck von Almanachen und Vorhersagekalendern, eine beliebte Lektüre breitester Schichten. 1593 heiratet er die Witwe des Druckers John Charlewood und übernimmt dessen Geschäft. Die Zahl der Drucker in London wurde durch die Behörden strikt begrenzt; sie schwankt um die Zahl 24. Am Ende der Lehrzeit dürfte kaum ein Lehrling Drucker geworden sein. Es blieb die Möglichkeit, als Verleger tätig zu werden oder als abhängig Beschäftigter bei einem zugelassenen Drucker. Druckerwitwen waren im Reich der Drucker heiß begehrt wie unverheiratete Königinnen auf dem Thron eines Landes. Heiratete ein ausgebildeter, aber nicht zugelassener Drucker die Witwe eines zugelassenen Druckers, heiratete er die Zulassung mit. Roberts war ab 1593 selbständiger Drucker. Obendrein erwarb er durch die Heirat auch noch Charlewoods Privileg für den Druck der Schauspielplakate, was ihn in Verbindung zu den Schauspielensembles brachte. Erst 1599 druckte er sein erstes Bühnenstück, die zweite Auflage des 1592 anonym erschienenen *Arden of Feversham*. Es ist eines der vielen Rätsel der elisabethanischen Zeit. „Obwohl von Kritikern fast einhellig hoch gelobt, besteht kein Konsens in der kniffligen Frage, wer der Verfasser sein könnte... Es kann angesichts der literarischen Qualität und dramaturgischen Gekonntheit des Stückes nicht überraschen, daß sich der Kreis der Kandidaten auf jene Dramatiker eingeengt hat, von denen bekannt ist, daß sie in den späten 1580er und frühen 1590er Jahren in London arbeiteten: Marlowe, Kyd und Shakespeare."[71] Ein Argument, das zugunsten Shakespeares angeführt wird, lautet, daß um 1590 kein anderer Bühnenautor erkennbar ist, der zu einer solchen sprachlichen und dramatischen Vollkommenheit fähig gewesen wäre. Sollte Shakespeare nicht der Verfasser sein, ist *Arden of Feversham* das einzige von James Roberts gedruckte Stück, das nicht von Shakespeare ist. Sollte der Verfasser Shakespeare sein, sind alle Stücke, die Roberts gedruckt hat, von Shakespeare.

Bevor ein Werk gedruckt werden konnte, mußte die Genehmigung der Druckergilde eingeholt werden. Die Genehmigung wurde dann meist in ein Register eingetragen. Diese Register, die „Stationers' Registers", sind erhalten und für die Periode 1554 bis 1640 Ende des 19. Jahrhunderts von Edward Arber transkribiert worden.[72] Eintragung in das Register wurde erst in den 1620er Jahren Pflicht. Dennoch wurden bis dahin ca. 2/3 der angemeldeten Werke auch registriert. Die Eintragung in das Register bot den besten Schutz für das Veröffentlichungsrecht eines Verlegers. Dieses Recht war ein Verlagsrecht, kein Urheberrecht im modernen Sinne. Im ursprünglichsten Sinne war es ein „Copyright", ein Recht, das Werk zu kopieren, d.h. zu vervielfältigen und zu verkaufen, aber kein Copyright im heutigen Sinne. Hatte ein Mitglied der Druckergilde, ob Drucker oder Verleger, das Werk in das Register eingetragen, gehörte ihm das Verlagsrecht an dem Werk unter Ausschluß aller anderen Gildemitglieder – mit einer wichtigen Ausnahme, auf die später zurückgekommen wird.

Arbers fünfbändige Ausgabe dieser Register enthält nebst den Registern auch noch zahlreiche Dokumente und eine Aufstellung der Werke, die von Londoner Druckern zwischen 1558 (?) und 1603 gedruckt wurden.[73] Auf dieser Aufstellung Arbers beruht die nebenstehende tabellarische Übersicht der von Roberts zwischen 1593 und 1603 gedruckten Werke. Es fehlen die Jahre 1604-1608. 1604 druckt er jedoch *Hamlet*. 1608 übereignet Roberts sein Geschäft William Jaggard, der übrigens 1623 die erste Gesamtausgabe von Shakespeares Bühnenstükken drucken wird – was wohl kein Zufall sein dürfte, denn gewissermaßen setzt er das fort, was Roberts 1600 begonnen und 1604 jäh abgebrochen hatte. Möglicherweise übernahm Jaggard bereits 1606, denn Roberts' letzte Eintragung in das Register fällt in dieses Jahr.

Die folgende Tabelle vermittelt ein plastisches Bild davon, wie sich James Roberts von 1600-4 ausschließlich auf das Drucken von Werken beschränkt, die im Zusammenhang mit Shakespeare stehen, bis auf eines, Samuel Harsnetts Pamphlet gegen Teufelsaustreibungen, das freilich eine ganze Reihe von Parallelen zu *King Lear* aufweist. Einschließlich Neuauflagen ergibt sich dieses Bild:

Jahr	Verleger	Autor	Werk
1593	Ling & Busby	Michael Drayton	Piers Gaveston
	Andrew Wise	Thomas Nash	Christ's tears over Jerusalem
1594	—	Henry Constable	1. Diana (Sonnets)
			2. Quatorzains

	N. Ling	Michael Drayton	Idea's Mirror
	Ling & Busby	Michael Drayton	Matilda
	Ling & Busby	Robert Garnier	Cornelia (Translated by Thomas Kyd)
	Hardy	George Gifford	A Treatise of True Fortitude
	Andrew Wise	Thomas Nashe	Christ's Tears over Jerusalem (reissue)
	Waterson	Samuel Daniel	Delia and Rosamond (augmented)
1595	—	George Chapman	1. Ovid's Banquet of Sense
			2. A Coronet of Mistress Philosophy
			3. Phillis and Flora
		Walter Map	(Transl. Chapman)
	—	Samuel Daniel	1. Delia and Rosamond (augmtd)
			2. Cleopatra
	John Busby	Michael Drayton	Endymion and Phoebe
	—	Gervase Markham	Tragedy of Richard Grenville
		Andrew Maunsell	The Catalogue of English Printed Books, Part II. The Sciences Mathematical, Physic and Surgery
	G. Cawood	Robert Southwell	St Peter's Complaint. With other Poems
1596	Ling	Sir John Davies	Orchestra or a Poem of Dancing
	Ling	Michael Drayton	Mortimeriados
	Ling	Michael Drayton	1. Robert Duke of Normandy
			2. Matilda (corrected)
			3. Piers Gaveston (correct.)
	M. Lownes	Gervase Markham	The Poem of Poems
1597	Ling	Nicholas Breton	Wit's Trenchmour in a Conference had betwixt a Scholar and an Angler
	N. Ling	John Bodenham	Politeupheuia. Wit's Commonwealth (Admonitions...
	Ling	Michael Drayton	England's Heroical Epistles
	Millington	Madame Geneviève Petau Maulette	Virtue's Tears for the Loss of Henry III; and of Walter Devereux slain before Rouen (Translation: Gervase Markham)
	H. Lownes	—	1. Of Love's Complaints
			2. The Legend of Orpheus and Eurydice
	Blackman	Antoine Guerin	A tragical Discourse of two lovers. Affrican and Mensola (Transl. By John Goubourne)
1598	Ling	Evrard Guilpin	Skialetheia or a Shadow of Truth, in certain Epigrams and Satires
	Ling & Flasket	Luis de Granada	The Sinners Guide (Book I) (translated by Francis Meres)
	E. Mattes	W. K. Kinsayder (Ps. v. John Marston)	The Metamorphoses of Pygmalion's Image; and certain Satires

	John Busby	W.K. Kinsayder (Ps. v. John Marston)	The Scourge of Villany. Three bookes of Satires.
		Andrew Maunsell	The Catalogue of English Printed Books, Part II. The Sciences Mathematical, Physic and Surgery
	G. Cawood	Robert Southwell	St Peter's Complaint. With other Poems
1599	—	Henri Estienne	A World of Wonders (transl. R. C.)
	Ling	Nicholas Ling	Wit's Theatre of the Little World
	—	Gervase Markham	How to choose Horses
	—	W. K. Kinsayder (Ps. v. John Marston)	The Scourge of Villany. Satires (2nd Ed.)
	—	Nicholas Breton	The History of Don Frederigo di Terra Nova (a Novel)
	Edward White	—	The lamentable Tragedy of Master Arden of Faversham
1600	Flasket	—	England's Helicon (collected and Ed. by John Bodenham)
	Hayes	William Shakespeare	The Merchant of Venice
	—	William Shakespeare	The Merchant of Venice (2nd Ed.)
	—	William Shakespeare	A Midsummer Night's Dream
	Edward White	William Shakespeare	Titus Andronicus
1601			
1602			
1603	—	Samuel Harsnett	A Declaration of the Popish Impostures, practised by Edmunds alias William Weston, and divers Romish Priests
1604	Nicholas Ling	William Shakespeare	Hamlet

Tabellen und Aufzählungen sind keine angenehme Lektüre, dafür aber manchmal sehr aufschlußreich. Auf einen Blick kann man feststellen, daß James Roberts von 1593, seinem ersten Jahr als Nachfolger Charlewoods, bis einschließlich 1599 eine rege Aktivität entfaltet. 1593 druckt er 2 Werke, 1594: 7, 1595: 7, 1596: 4, 1597: 6, 1598: 6, 1599: 6. Und dann 1600: 5, zwei Auflagen von Shakespeares *Kaufmann von Venedig*, die zweite Auflage seines *Titus Andronicus*, den *Mittsommernachtstraum*. Der Gedichtband *England's Helicon* steht in einer besonderen Beziehung zu Shakespeares Werk. 1601 und 1602 druckt er überhaupt nichts, 1603 Samuel Harsnetts Streitschrift gegen die Teufelsaustreibungen katholischer Priester, die wiederum in einer gewissen Beziehung zu Shakespeares *König Lear* steht. Roberts druckt selbstverständlich weiter seine Schauspielplakate und seine Almanache (letztere bis 1604, als dieses Privileg auf die Druckergilde übergeht). Aber sonst druckt er nur noch für Shakespeare. Im Februar 1603 trägt er übrigens auch noch Shakespeares *Troilus und Cressida* in das Register der Druckergilde ein, wird es jedoch nie drucken. Wie er sich denn überhaupt sehr viel Zeit läßt mit dem Druck von Shakespeares Werken, die er selbst zum Druck anmeldet. Nach Anmeldung erscheint ein Werk in der Regel nach 2-4 Monaten im Druck. Roberts aber druckt den *Kaufmann von Venedig* erst 27 Monate nach Eintragung, *Hamlet* ebenfalls ca. 27 Monate später, *Troilus und Cressida* hat er nie gedruckt. Bedenkt man, welcher Aufwand in Bezug auf Shakespeare getrieben worden ist und noch immer wird, so ist es sehr verwunderlich, daß Roberts' nahezu ausschließlicher Bezug zu Shakespeare zwischen 1600 und 1604 gar nicht bemerkt worden zu sein scheint.

Ist denn nie jemandem die besondere Rolle dieses Druckers zwischen 1598 und 1604 aufgefallen? Ja und nein. Nein, was seine Rolle bei der Herausgabe von Shakespeares Werk zwischen 1600 und 1604 betrifft. Ja, aber in einer Art und Weise, die ein charakteristisches Beispiel von Verdrängung durch Verschiebung darstellt. Der Bibliograph A.W. Pollard war es, der 1917 als erster auf Roberts' ungewöhnlich langes Hinauszögern des Druckes hinwies.[74] Doch Pollard zufolge handelte Roberts auf Rechnung der Schauspieler, die versucht hätten, ihre Stücke gegen vorzeitigen Druck zu schützen, indem sie James Roberts baten, sogenannte „Sperreinträge" oder „Einträge mit Sperrklausel" zu besorgen. Diese „Sperreinträge", „conditional blocking entries" – was ist das? Die Antwort können wir aus Shakespeares *Macbeth* borgen: „Ein Märchen ist es, voller Klang und Glut, das nichts bedeutet". Tatsächlich meldete Roberts zwischen 1598 und 1603 vier Stücke von Shakespeares Ensemble an, zwei davon Shakespearestücke. In drei Fällen verlangte die Leitung der Druckergilde, daß Roberts die Stücke vor dem Druck einem Zensor vorlege. Das verlangten sie jedoch häufiger, sofern dies nicht bereits vor Anmeldung geschehen war, was meist der Fall war. Mit Sperreintrag hatte dies gar nichts zu tun. Und aufschiebende oder sperrende Wirkung hatte es auch in den seltensten Fällen. Heute wird niemand mehr Pollards Sperreintragskonzept sehr ernst nehmen, außer einigen Herausgebern von Shakespearestücken in der ehrwürdigen Arden-Reihe, doch dies dürfte vermutlich mit Überalterung zu erklären sein.[75] Pollards Irrlichterei ist in zweifacher Hinsicht nicht ohne Verdienst. Erstens lenkte er die Aufmerksamkeit auf Roberts' Rolle bei der Herausgabe von Shakespeares Werk, zweitens lenkte er sie davon wieder ab auf durch nichts belegte Versuche des Ensembles, die Stücke gegen eine vorzeitige Veröffentlichung zu schützen. Dies könnte durchaus Absicht gewesen sein. Wenn nämlich das Schlaglicht auf die Rolle bei der Herausgabe von Shakespeares Werken fällt, dann wissen wir, daß Shakespeare in der Zeit zwischen 1600 und 1604 sehr wohl die Herausgabe beaufsichtigte, dann aber plötzlich damit aufhörte, so daß der Satz im „Brief an die Leser" in der ersten Folioausgabe von 1623, er sei durch den Tod daran gehindert worden, seine Werke zu beaufsichtigen, auf das Jahr 1604 zu beziehen ist.

Trotz der Absurdität gewisser Behauptungen Pollards glaubte Walter W. Greg, bis zu seinem Tod im Jahre 1959 unbestrittener Großmeister der Bibliographie, nahezu prophetisch davor warnen zu müssen, Pollards Theorie in Bausch und Bogen zu verdammen: „Es kann nicht behauptet werden, daß, einzeln betrachtet, die Form von Roberts' Eintragungen viel enthielte, was sie als ‚Sperreinträge' (‚blocking entries') ausweist, und die Kritiker von Pollards Theorie mögen vielleicht die Oberhand behalten haben. Aber wenn wir den Sachverhalt als Ganzes ins Auge fassen, erhalten wir einen etwas anderen Eindruck. Ich wiederhole: Wir sehen hier einen Mann, der nachweislich in enger Verbindung zu den Schauspielern stand, aber weder vorher noch nachher mit der Publikation von Bühnenstücken irgendwas zu tun hatte, über einen Zeitraum von fünf Jahren fünf Bühnenstücke eines bestimmten Ensembles zu einem Zeitpunkt eintragen, als, wie wir wissen, dieses Ensemble Schritte unternahm, sein Repertoire vor ungenehmigter Veröffentlichung zu schützen."[76] Obwohl nun Greg an gleicher Stelle[77] bemerkt, Roberts sei fast immer nur als Drucker, nicht als Verleger in Erscheinung getreten, ist auch er nicht auf den Gedanken gekommen, Roberts' Druckertätigkeit in der Periode zwischen 1600 und 1604 unter die Lupe zu nehmen. Hätte er es, er hätte seine Aussage folgendermaßen modifizieren können: „Hier sehen wir einen Mann, der nachweislich in enger Verbindung zu Shakespeares Ensemble steht, vor 1600 eine rege Aktivität als Drucker literarischer Werke entfaltet, aber bis auf eine Ausnahme nie ein Bühnenstück druckt, dann aber von 1600 bis 1604 praktisch nur noch Stücke eines einzigen Autors und sonst nichts mehr druckt, nämlich von Shakespeare, und in den verbleibenden zwei oder vier Jahren nach 1604 wieder nichts mehr mit Bühnenstücken zu tun hat."

5. Zusammenhang zwischen *Der Verliebte Pilger* und *England's Helicon*.

Der Gedichtband *England's Helicon*, der 1600 erscheint, gilt als die beste englische Anthologie ihrer Zeit. Gedruckt wird sie von James Roberts, verlegt von John Flaskett, aber zweifelsohne war auch Nicholas Ling als Verleger beteiligt, denn seine Initialen „L.N." stehen unter dem Vorwort an den Leser. Förderer dieser Ausgabe war ein R.S. Angenommen wird häufig, diese Initialen stünden für Richard Stapleton, aber zuverlässige Anhaltspunkte für diese Identifizierung fehlen.

In seinem Vorwort entschuldigt sich Nicholas Ling für etwaige verkehrte Zuweisungen: „Falls irgendjemand um irgendwas von ihm Verfaßtes betrogen wurde, dadurch, daß ein anderer Name darunter geschrieben stünde, so gereiche ihm diese Sammlung letztlich zum Vorteil, da er das Gedicht öffentlich als sein eigenes geltend machen könne, andernfalls er um seinen rechtmäßigen Besitz käme." Auch, meint Ling, sollen sich Hofleute nicht beschweren, in Druck erschienen zu sein, denn „innerhalb einer oder zweier Seiten wird er einen anderen finden, der ihm an Ansehen gleichkommt und dessen Name bereits früher unter dem Gedicht gestanden hat, so daß es Diebstahl gewesen wäre, ihn wegzulassen." Wir werden sehen, daß ein bekannter Name, der in einer früheren Sammlung unter einem Gedicht erschien, dennoch weggelassen wurde: William Shakespeare. Und weiter führt Ling aus, daß „wenn irgendjemand sich stolz auf Geburt und Ansehen berufen und zornig darüber sein würde, daß ein in den Augen der Welt weit Geringerer an seine Seite gesetzt worden sei, so antworte ich ihm rundheraus, wie immer sein Einspruch lauten möge: es ist dieses Mannes Geist, nicht der Mann selbst, der neben ihn gestellt worden ist."

Der Verliebte Pilger ist in zwei Teile gegliedert. Der erste Teil umfaßt 14 Gedichte und trägt den gleichen Titel wie der Band insgesamt. Der zweite Teil enthält sechs weitere Gedichte und trägt als Überschrift: „Sonnets to Sundry Notes of Music". Das Wort „Sonett" ist hier allgemein als „Gedicht" zu verstehen. Von diesen letzten sechs Gedichten werden fünf wieder in *England's Helicon* abgedruckt, teils in erheblich veränderten Versionen. Da James Roberts, der Drucker dieses Bandes, mit Shakespeare in Verbindung steht, ist nicht auszuschließen, daß die Änderungen auf Shakespeare selbst zurückzuführen sind. Wir haben (auf den Seiten H – H3) folgendes Bild:

1. The passionate Sheepheards Song (Des verliebten Schäfers Lied) – W. Shakespeare. (Nr. 2 in *Der Verliebte Pilger*)
2. The unknowne Sheepheards complaint (Des unbekannten Schäfers Lied) – Ignoto. (Nr. 3 in *Der Verliebte Pilger*)
3. Another of the same Sheepheards (Ein anderes vom selben Schäfer) – Ignoto. (Nr. 6 in *Der Verliebte Pilger*)

Nr. 5 in *Der Verliebte Pilger* wird nun Christopher Marlowe zugewiesen, die beiden darauffolgenden, die sich auf Marlowes Gedicht beziehen, wiederum „Ignoto". Die Fassung von Marlowes Gedicht unterscheidet sich merklich, die erste Antwort darauf erheblich von den Fassungen ein Jahr zuvor. Diese erste Antwort besteht in *Der Verliebte Pilger* nur aus einer einzigen vierzeiligen Strophe, in *England's Helicon* aus sechs Strophen.

Eines der beiden Gedichte in *England's Helicon*, unter dem der Name William Shakespeare durch den Namen „Ignoto" („Unbekannt") ersetzt wurde, war bereits 1598 und 1599 erschienen, 1598 im vierten Teil eines Bandes von Richard Barnfield, *Poems in Divers Humours* („Gedichte in verschiedenen Stimmungen"), der auch eine der ersten Lobpreisungen Shakespeares (gemeinsam mit Edmund Spenser, Samuel Daniel und Michael Drayton) enthält, weshalb es auch schon diesem damals etwa 24-jährigen Autor zugeschrieben worden ist. Aber 1605 wird der Band ohne den vierten Teil neu herausgegeben, was als nahezu sicherer

Beweis dafür gelten kann, daß diese Gedichte nicht Barnfields eigene waren. Obwohl 1598 unter dem Namen Barnfield erschienen, weist Jaggard es ein Jahr später William Shakespeare zu, während es ein weiteres Jahr später in einer um mehr als die Hälfte gekürzten Fassung „Ignoto" zugewiesen wird. Darauf, daß zwischen Richard Barnfield und William Shakespeare irgendeine Beziehung besteht, wird in jeder Biographie Barnfields hingewiesen.

Ob Shakespeare diese Änderungen veranlaßt hat oder nicht, es besteht ein Zusammenhang zwischen diesem Gedichtband und *Der Verliebte Pilger*. Man merkt an diesen Beispielen, wie gewagt der witzig gemeinte und zuversichtlich gesprochene Satz: „Soviel ist sicher, daß William Shakespeare die Werke geschrieben hat, die unter dem Namen William Shakespeares veröffentlicht worden sind" eigentlich ist. Der „gesunde Menschenverstand", der sich daran erweisen soll, schöpft, wie so oft, seine Gesundheit aus Sorglosigkeit und Unkenntnis. Richard Barnfield, William Shakespeare, Ignoto – jeder kann der Verfasser dieses Gedichts sein. Ignoto könnte es geschrieben, Barnfield es übernommen und 28 Zeilen hinzugefügt haben, Jaggard mag ehrlich gedacht haben, Ignoto, „Unbekannt" sei in Wirklichkeit William Shakespeare. Und er könnte recht gehabt haben. Soviel ist sicher: Der Satz hat es verdient, sein Leben auszuhauchen, und dieses Gedicht, das nicht von Ignoto sondern von Ignoramus stammt, begleite seine Seele zum ewigen Licht:

Daß Shakespeare Shakespeare schrieb,
Wer weiß es nicht auf Anhieb?
Zwar weiß ich nichts von jener Zeit,
Doch meiner Zeit dünk' ich gescheit.
Mein Rat: zu Fragen stell dich stumm.
Ich selbst kam gut damit herum.
Wozu braucht einer Sachverstand,
Bewegt er kundig nur die Hand?
Und spricht er immer durch die Nas',
Wird sogar Dunkles klar wie Glas.
Zur reinsten Wahrheit wird dann glatt
Gewäsch, das sich gewaschen hat.

6. Die Registrierung des *Kaufmann von Venedig*.

Der Eintrag von Shakespeares *Kaufmann von Venedig* gehört zu den ungelösten Problemen der bibliographischen Shakespeareforschung. Was sich da in der Halle der Stationers' Company genau zugetragen habe, so ist recht regelmäßig zu lesen, werde sich vermutlich unserer Erkenntnis nie vollständig erschließen. Und, könnte man hinzufügen, sollte sich der Vorgang doch unserer Erkenntnis vollständig erschließen, müßte man sie derselben wieder verschließen, denn wir hätten dann den Autor dieses Stückes ziemlich genau bestimmt. Ziemlich genau, denn es bleiben dann immer noch zwei Kandidaten übrig. William Shakespeare aus Stratford ist keiner der beiden. Die Aussicht, am Ende den Kreis der Shakespearekandidaten auf zwei eingeengt zu haben, mag in dem Leser den Willen anfachen, sich das Folgende durchzulesen, eine Schilderung und Erklärung formaler, vielleicht dann und wann fast trivialer Vorgänge, eine Arbeit, die man unter allen Arbeiten des Herakles nur mit der übelriechendsten vergleichen kann, dem Ausmisten der Ställe des Augias. Nur das mit einer Registrierung verbundene Problem zu lösen, wäre der Mühe wohl kaum wert. Aber wenn die Verfasserschaft Shakespeares eine verborgene ist, kann man berechtigte Hoffnung hegen, daß sie dort einmal an die Oberfläche gekommen sein muß, wo die Werke zum Druck eingetragen wurden, im Register der Druckergilde.

Am 22. Juli 1598 meldet James Roberts den *Kaufmann von Venedig* zum Druck an. Der Eintrag lautet:

Iames Robertes./ Entred for his copie under the handes of bothe the wardens, a booke of the Marchaunt of Venyce or otherwise called the Iewe of Venyce./ Provided that yt bee not printed by the said Iames Robertes; or anye other whatsoever wthout lycence first had from the Right honorable the lord Chamberlen.............. vjd

Roberts hat das Stück auf seinen Namen registrieren lassen und dafür vj^d, sechs Pfennig, zahlen müssen. Dies hat nie Deutungsprobleme bereitet. Die „wardens", der „upper warden" und der „under warden", haben gemeinsam mit dem „master" gerade vor einigen Wochen ihr

Amt angetreten. Anfang Juli werden alle drei jährlich neu gewählt. Für die Dauer von einem Jahr führen sie die Geschäfte der Druckergilde. Man könnte sie als Geschäftsführer oder Vorstand der Druckergilde bezeichnen. Das andere wichtige Gremium der Zunft (wie in jeder anderen Zunft auch) könnte man als „Aufsichtsrat" bezeichnen. Ursprünglich war dieses Gremium wohl als Hilfe (Assistenz) der „wardens" gedacht und es nennt sich immer noch so, „Court of Assistants", der „Rat der Assistenten". Es wäre auch korrekt, den Begriff als „Hof der Assistenten" zu übersetzen, denn zu den Aufgaben der Assistenten gehört es, Streitfälle, etwa über Verlagsrechtseigentum, zwischen den Gildemitgliedern zu schlichten. Sie können auch Strafen verhängen und Mitglieder sogar in ein eigenes Gefängnis sperren. Aus dem „Cour tof Assistants" ist inzwischen das führende Organ der Gilde geworden.

James Roberts kommt nun in die Halle zu den beiden Geschäftsführern und legt ihnen ein Manuskript des *Kaufmanns von Venedig* vor. Die Geschäftsführer zeichnen es ab, das heißt sie genehmigen, daß es auf den Namen von James Roberts eingetragen wird. „Entered for his copy" bedeutet nichts weiter, als daß die „copy", das Verlagsrecht James Roberts gehört und kein anderes Mitglied der Gilde das Recht hat, es zu veröffentlichen. Wäre das Stück bereits auf Namen eines anderen Verlegers eingetragen worden, sie hätten es Roberts verweigert. Denn das Verlagsrecht, das die Gilde gewährt, ist ein ausschließliches. James Roberts ist jetzt der Verleger des Stückes. Er wird es bis Oktober 1600 bleiben, als er das Verlagsrecht an einen anderen überträgt und selbst das Stück druckt. Man ahnt hier schon ein wenig, daß Roberts ein Vertrauensmann des Autors sein muß, von diesem nicht nur auserkoren, sein Stück zu drucken, sondern es auch zum Druck anzumelden. Das gleiche geschieht noch zweimal. Im Juli meldet Roberts *Hamlet* an, überträgt dann Nicholas Ling irgendwann das Verlagsrecht und druckt es selbst Ende 1604, teils noch bis in das Jahr 1605 hinein, denn einige Exemplare weisen diese Jahreszahl aus. Im Februar 1603 meldet er *Troilus und Cressida* an, wartet und wartet, druckt es aber nicht mehr selbst.

Die Geschäftsführer haben Roberts ohne jede weitere Bedingung das Verlagsrecht, das Publikationsrecht erteilt. Sie hätten aber auch fordern können, daß Roberts, bevor er druckt, die Genehmigung der Zensurbehörden einholt. Im Falle von *Troilus und Cressida* haben sie diese Bedingung gestellt. Im Eintrag dieses Stückes liest man: „when he has gotten sufficient authority for it", „wenn er ausreichende Autorität für es erhalten hat". Die „Autorität", auf die hier verwiesen wird, ist immer die eines Zensors. Die Zensur liegt in der Hand der Kirche. Oberste Zensoren sind der Erzbischof von Canterbury und der Bischof von London. Seit 1588 delegieren sie diese Aufgabe meistens an ihre Mitarbeiter: Kaplan, Sekretär, Dekan, andere Geistliche. In diesem Fall muß Roberts das Stück vorlegen, es von einem Zensor abzeichnen lassen und das Manuskript der Direktion der Gilde zeigen. Mehr nicht. Auswirkungen auf sein Verlagsrecht hat die noch fehlende „Autorität" nicht. Es handelt sich hier um das Imprimatur, nicht um das Verlagsrecht, dessen Gewährung ausschließlich Sache der Gilde ist. Selbst wenn ein anderes Mitglied das von einem Zensor abgezeichnete Manuskript von *Troilus und Cressida* vorlegte, bliebe das Verlagsrecht bei Roberts. Wer zuerst kommt, mahlt zuerst.

Roberts hätte sich allerdings auch vorher schon um die Genehmigung der Zensur bemühen können. Im Falle von *Hamlet* hat er das. Man erkennt es im Eintrag: „Entered for his copy under the hands of master PASSFIELD and master Waterson, warden..." Zachariah Passfield ist ein geistlicher Zensor. Er hat, falls er *Hamlet* wirklich gelesen hat (ein Zensor hat auch schon mal abgezeichnet, ohne sich über den Inhalt zu vergewissern), befunden, daß *Hamlet* nichts enthält, was gegen die politische und religiöse Konformität verstößt. Der Geschäftsführer Simon Waterson hat festgestellt, daß *Hamlet* noch nicht auf Namen eines anderen Verlegers eingetragen ist.

Man merkt hier nebenbei, wie unsinnig A.W. Pollards Sperreintragskonzept ist. Nach Pollard handelte es sich bei *Troilus und Cressida* um ein „conditional blocking entry", bei *Hamlet* dagegen um ein „unconditional entry". Die Bedingung, die Roberts für *Troilus und Cressida* noch zu erfüllen hat, nämlich das Stück einem Zensor zur Prüfung vorzulegen, ist genau die Bedingung, die er für *Hamlet* bereits erfüllt hat. A.W. Pollard war ein vorzüglicher Gelehrter. Daß er derart die elementaren Regeln der Logik verletzt, deutet womöglich darauf hin, daß er in Panik geriet. Es bestand Grund dazu.

Doch im Falle des *Kaufmanns von Venedig* ist weder von einem Master Passfield die Rede noch davon, daß ein Zensor das Stück erst prüfen sollte, „von ausreichender Autorität". Roberts hat nun das Verlagsrecht unter Ausschluß aller anderen, absolut aller anderen Mitglieder der Gilde. Und hier liegt das Problem. Wenn das Stück vor Druck durch einen anderen geschützt werden sollte – und das wollte Roberts erreichen –, dann war das Stück aufgrund der Ausschließlichkeit des Verlagsrechts schon dadurch vollends geschützt, daß es auf Roberts' Namen eingetragen war. Wozu denn noch diese Klausel: „Vorausgesetzt, daß es weder von James Roberts noch von irgendeinem anderen gedruckt werde ohne die vorherige Genehmigung des Lordkämmerers"? Und warum durfte auch Roberts nicht ohne diese Genehmigung drucken? Es wird sich klären.

Zunächst soll noch einmal die Frage gestellt werden: war das Stück nun wirklich dagegen geschützt, von einem anderen Verleger als Roberts veröffentlicht zu werden? Im Prinzip ja, aber... Aber es hätte das geschehen können, was im Falle von Sir Philip Sidneys *Apology for Poetry* geschehen war. Diese Verteidigungsschrift für die Poesie kursierte seit etwa 15 Jahren in Manuskript unter zwei verschiedenen Titeln. Unter dem einen Titel, *The Defence of Poetry* war es im November 1594 auf Namen von William Ponsonby eingetragen worden. Unter dem anderen Titel, *Apology for Poetry*, wurde es etwa 5 Monate später auf Namen eines anderen Mitglieds eingetragen. Ein Verfasser war nicht angegeben worden und die amtierenden „wardens", obwohl die gleichen, hatten nicht gemerkt, daß es sich in beiden Fällen um dasselbe Werk handelte. Der Irrtum wurde erst nach Erscheinen unter dem zweiten Titel festgestellt. Der Eintrag auf Namen des zweiten Verlegers wurde rückgängig gemacht mit dem Vermerk, daß es bereits Ponsonby gehörte. Dasselbe hätte auch im Falle von Shakespeares Stück passieren können, denn auch das war unter zwei verschiedenen Titeln bekannt: *The Merchant of Venice* und *The Jew of Venice*. dadurch, daß aber in diesem Eintrag auch der alternative Titel erwähnt wurde, war einem solchen Irrtum vorgebeugt. Vielleicht hatte einer der beiden Geschäftsführer, der „under warden", Roberts den Rat gegeben, auch den alternativen Titel aufzunehmen, um ganz sicher zu gehen. Dieser „under warden" war im Juli 1598 William Ponsonby, der vier Jahre vorher Opfer einer solchen Verwechslung gewesen war. Man merkt auch hier, daß Roberts daran gelegen war, das Stück, das er offenbar nicht so schnell zu drucken plante, zu schützen. Aber wiederum, warum denn diese Klausel: „Vorausgesetzt, daß es weder von James Roberts noch von irgendeinem anderen gedruckt werde ohne die vorherige Genehmigung des Lordkämmerers"? Darauf hat bisher noch niemand eine überzeugende Antwort geben können. Man hat es damit zu erklären versucht, daß der Lordkämmerer des königlichen Haushaltes die Interessen der Schauspieler schützen wollte. Es gibt dafür, daß George Carey, Lord Hunsdon, dies getan hätte, nicht nur keinen einzigen Beweis, es existiert sogar ein Beweis, daß er unter Umständen bereit war, sich gegen vitale Interessen des unter seinem Schutz stehenden Ensembles zu stellen. Es ist auch versucht worden, es dadurch zu erklären, daß der Lordkämmerer irgendwas mit der Genehmigung, der Autorisierung von Bühnenstücken zu tun hatte. Das hatte er, denn der Beamte für Hoflustbarkeiten, der „Master of the Revels", der ein Untergebener des Lordkämmerers war, hatte in Bezug auf die Aufführung der Stücke auf der Bühne die gleiche Funktion wie der Erzbischof von Canterbury, der Bischof von London und ihre Stellvertreter für den Druck. Aber der Master of the Revels besaß keinerlei Kompetenz zur Zensierung von Stücken, die in Druck erschienen, erst ab 1607 erteilt meist er die Genehmigung auch für den Druck. Außerdem hatten die Geschäftsführer der Gilde diese Art von Genehmigung nicht verlangt. Um das Stück für Roberts zu schützen, scheint diese Bedingung überflüssig wie ein Kropf. Sie war aber nicht überflüssig. Ja, und wenn die Information von Roberts den „wardens" gegeben wurde, warum mußte Roberts dann diese bitten, sie sollten eine Klausel einfügen, daß er selbst das Stück nicht ohne vorherige Genehmigung des Lordkämmerers drucken durfte. Er nicht und auch irgendein anderer nicht? Warum diese bizarre Formulierung?

Die Formulierung ist eher gezielt denn bizarr. Fragen wir noch einmal: War durch die bloße Eintragung und die Erwähnung des alternativen Titels jede Möglichkeit eines früheren Drucktermins, als ihn Roberts offenbar plante, verbaut? Im Prinzip ja... aber. Es bestand immer noch die Möglichkeit, daß ein anderer Drucker die Genehmigung erhielt, das Stück früher zu drucken, dann nämlich, wenn Roberts den Druck ungebührlich lange hinauszögerte. Was er beim *Kaufmann von Venedig* tat, bei *Hamlet* und bei *Troilus und Cressida* tun sollte.

Seit 1588 existierte eine Verordnung der Gilde, die bisher beharrlich übersehen worden ist. Sie wird uns erklären, warum die Vorbehaltsklausel notwendig war, sollte eine frühere Veröffentlichung auf alle Fälle vermieden werden. Sie erklärt uns auch die „bizarre" Formulierung, denn diese ist die genaue Verneinung einer Bestimmung der Verordnung.

Zur Interpretation eines Gesetzes oder einer Verordnung gehört auch die Berücksichtigung der Absicht des Gesetzgebers, in diesem Fall der Leitung der Druckergilde. Diese Absicht ist aus dem historischen Kontext zu erschließen.

Der historische Kontext ist der Kampf gegen Monopolstellung bestimmter Gildemitglieder, der die ganze Geschichte der Druckergilde (1554-1709) begleitet und in den 1580er Jahren einen ersten Höhepunkt erreicht. Monopolisten sind in erster Linie Drucker, denen die Krone Druckprivilegien („patents") für Bücher gewährt hat, für die eine große Nachfrage besteht: das ABC, Lateinische Grammatik, Katechismus, Psalmen, natürlich die Bibel, und weitere Werke. Diese Monopolisten suchten ihre Stellung auf Kosten der Gesellen und anderer Mitglieder der Gilde weiter auszubauen. Durch Anhäufung von Verlagsrechten, durch Einsatz billiger Lehrlingsarbeit, durch das Lagern von Stehsatz. Als Korporation ist die Druckergilde wie jede andere Zunft dem Wohl aller Mitglieder verpflichtet, theoretisch zumindest. Im Frühjahr 1588 erläßt sie eine Verordnung, um gewisse Monopolpraktiken einzudämmen.[78] Artikel 1 bestimmt, daß kein Stehsatz zum Nachteil der Gesellen angehäuft werden darf; Artikel 2 beschränkt die Auflagenhöhe; Artikel 3 verbietet die Beschäftigung von Lehrlingen, für die Gesellen zur Verfügung stehen. Artikel 5 schränkt die Hortung von Verlagsrechten ein: Wenn die Auflage eines Werkes ausverkauft ist, kann der Verleger vom oberstem Organ der Gilde, dem „Court of Assistants", aufgefordert werden, das Werk wieder zu drucken. Leistet der Verleger der Aufforderung innerhalb von sechs Monaten nicht Folge, kann jedes andere Mitglied der Gilde eine Auflage dieses Werkes drucken. Der Verleger verliert das Verlagsrecht nicht, es ist aber für diese Auflage ausgesetzt. Er wird auch an den Einnahmen dieser Auflage in einem Verhältnis beteiligt, das von den Geschäftsführern („wardens") bestimmt wird. Nur in einem Fall ist Artikel 5 nicht anwendbar, wenn „the Author of any such copy be no hindrance thereunto". Dies ist also eine grundlegende Voraussetzung für Artikel 5, daß der Autor sich dem Druck nicht in den Weg stelle, d.h. den Druck zu diesem Zeitpunkt oder überhaupt nicht wünscht.

Ausdrücklich ist nur von „ausverkauft" oder „vergriffen" die Rede. Aber der Artikel unterliefe seine genuine Absicht, wenn nicht auch der Erstdruck unter diese Bestimmung fiele. Denn auch so können Verlagsrechte angehäuft werden. Es sind auch Fälle bekannt, in denen die Gilde einen Verleger auffordert, mit dem Erstdruck zu beginnen. Die gesetzte Frist beträgt 6 Monate, genauer, wie in der Zeit üblich, die Frist bis zum nächsten Feiertag, die in etwa 6 Monate beträgt. In einem Eintrag vom 5. Dezember 1606 ist eine solche Klausel zu lesen: „PROVYDED that this copye must be prynted before Mydsommer next."[79] Die gesetzte Frist, 21. Juni 1607, ist etwas länger als 6 Monate. In einem anderen Fall ist es der Autor, der sich bei der Gilde am 6. Dezember 1625 beschwert, daß ein Drucker seit fünf Jahren das Verlagsrecht an seinem Werk besitzt und noch immer nicht mit dem Druck angefangen hat. Die Gilde befiehlt dem Drucker, bis Lichtmeß, nach etwa 2 Monaten, mit dem Druck zu beginnen, und das Buch bis Ostern (nach etwa weiteren 2 Monaten) fertigzustellen.[80] Am 6. Mai 1631 beschwert sich ein anderer Autor über den verzögerten Druck eines seiner Werke. Die Gilde fordert den Drucker auf, das Werk bis Allerheiligen zu drucken.

Auch im Fall *Hamlet* wartet James Roberts sehr lange. Aber in diesem Eintrag fehlt eine solche Klausel. Artikel 5 der Verordnung von 1588 löst ein anderes Problem, das Shakespeareforscher als kaum zu entwirren bewerten: die Publikation des sogenannten schlechten Quartos von *Hamlet* im Jahr 1603. Gedruckt wird es nicht von Roberts, sondern von Valentine Sims, verlegt von Nicholas Ling und John Trundle. Die Fragen, vor denen resigniert wird, sind: Wie konnten John Trundle und Nicholas Ling ungestraft Roberts' Verlagsrecht verletzen? Warum Ling, der ein bevorzugter Geschäftspartner von Roberts war?

Warum hat Roberts trotzdem Ling das Verlagsrecht übertragen und wann? Übersieht man den Artikel 5, dann war Roberts' Verlagsrecht absolut geschützt. Dann gibt es nur zwei Möglichkeiten, die eine unsinniger als die andere. Hatte Roberts sein Verlagsrecht auf Ling noch nicht übertragen, dann verletzte Ling das Recht des Druckers, mit dem er intensiv zusammenarbeitete – nicht sehr wahrscheinlich. Hatte Roberts 1603 Ling bereits das Recht übertragen, dann verletzte Ling durch die gemeinsame Veröffentlichung einer boch dazu verderbten Fassung mit John Trundle sein eigenes Verlagsrecht – unsinnig. Ist das Hamlet-Quarto von 1603 eine schlechte Fassung? Es ist eine drastisch gekürzte Fassung, dramaturgisch konsistent, aber mit einer veralltäglichten Sprache, konsistent veralltäglicht allerdings. Es handelt sich wahrscheinlich um eine zur Aufführung vor einem großen Publikum bearbeitete Fassung. Wenn aber sowohl Ling als Roberts auf die Genehmigung des Autors warteten, die diesmal nicht im Eintrag vermerkt war, dann hatte Ling, wenn John Trundle in der Zwischenzeit ein Theatermanuskript ergattert hatte, nur die Wahl zwischen zwei Möglichkeiten: entweder mußte er Trundle die Veröffentlichung einer Auflage überlassen und wurde in einem von den Geschäftsführer bestimmten Verhältnis daran beteiligt, oder er verlegte das Stück gemeinsam mit John Trundle.

Nehmen wir an, die Vorbehaltsklausel hätte auch im Eintrag vom *Kaufmann von Venedig* gefehlt. Nehmen wir weiter an, derselbe Trundle oder irgendein anderer hätte ein Theatermanuskript von diesem Stück in die Hände bekommen. Weiter, daß im Juli 1599, ein Jahr nach dem Eintrag, Trundle oder irgendein anderer feststellt, Roberts habe das Stück immer noch nicht gedruckt, und bei der Gilde den Druck einer Auflage beantragt. Die Gilde fordert Roberts auf, das Stück zu drucken. Weigert sich Roberts, genehmigt die Gilde Trundle oder irgendeinem anderen den Druck einer Auflage. Genau dies wird in der Vorbehaltsklausel des *Kaufmann von Venedig* ausgeschlossen: „Vorausgesetzt, daß es weder von James Roberts noch von irgendeinem anderen gedruckt werde ohne vorherige Genehmigung des Lordkämmerers". Mit anderen Worten, es wird darauf hingewiesen, daß die Leitung der Gilde Roberts nicht auffordern kann, das Stück zu drucken, und auch nicht irgendeinem anderen den Druck genehmigen kann. Artikel 5 ist nicht anwendbar. Aber der einzige Fall, in dem dieser Artikel 5 nicht anwendbar ist, wird genau angegeben: wenn der Autor den Druck von seiner vorherigen Genehmigung abhängig macht. Die Klausel ist nichts anderes als eine Erinnerung oder ein Memorandum für die „wardens", daß Artikel 5 der Verordnung von 1588 in diesem Fall nicht gelten kann.

Solche Memoranda finden sich in den Registern der Druckergilde mehrmals und in unterschiedlichen Formen. Mal stehen sie als unterzeichnete schriftliche Erklärung des Verlegers unterhalb des Eintrages, mal am Rande neben dem Eintrag, mal innerhalb des Eintrages. Hauptsache, es ist ein Vermerk vorhanden, woraus die Geschäftsführer erkennen können, daß sie den Artikel nicht anwenden können.

Den Sinn solcher Klauseln kann man sich noch einmal an dem folgenden Beispiel klar vor Augen führen. Am 22. September 1628 findet sich folgender Eintrag:

William Jones Entred for his Copie under the handes of Master THOMAS TURNOR and Master Weaver warden. A booke Called A Just Apologie for the Jesture of kneeling in the Act of receiving the Lordes supper. by Master THOMAS PAYBODYE./

MEMORANDUM That I the afore said William Jones Doe promise not to reimprinte the same booke againe with out the Authors Consent./ and that I the said William Jones shall surrender up the said Coppie to him againe, when he shall require it.

By me William Jones

Turnor ist der Zensor, Weaver erteilt das Verlagsrecht an William Jones. Der Autor ist ein gewisser Thomas Paybodye. William Jones unterzeichnet eine Erklärung, wonach er das Buch nicht wieder drucken darf, ohne dazu vorher die Genehmigung des Autors erhalten zu haben, und auf das Verlagsrecht zu verzichten bereit ist, wenn der Autor dies fordert.

Wer ist der Adressat dieses Memorandums? Ganz sicher nicht der Autor, der, sollte das noch unterstrichen werden müssen, wohl gewußt haben dürfte, ob er das Werk noch einmal drucken lassen wollte oder nicht; der außerdem nicht in das Register der Druckergilde schaut. Auch nicht der Verleger William Jones, denn er ist es, der den Geschäftsführern der Gilde erklärt, er brauche zum Wiederdruck die Genehmigung des Autors, und diese Erklärung unterzeichnet. Adressaten des Memorandums sind die Geschäftsführer, die „wardens", und nicht nur die amtierenden, sondern auch die des nächsten Jahres und der Jahre danach. Sie sind es, die wissen müssen, daß für diesen Eintrag Artikel 5 nicht zur Anwendung kommen kann. Daran erinnert sie auch die Vorbehaltsklausel vom 22. Juli 1598. Der Autor, der Lordkämmerer, behält sich den Zeitpunkt des Druckes vor.

Nicht jede Zweideutigkeit hinsichtlich des Verfassers des *Kaufmanns von Venedig* ist schon beseitigt. 1598 führen zwei Personen diesen Titel, der ein abgekürzter Titel ist. Wenn in dieser Zeit vom Lord Chamberlain die Rede ist, dann ist meist, aber nicht immer, der Lordkämmerer des Königlichen Haushaltes gemeint, wie der vollständige Titel lautet. „Lord Chamberlain" kann jedoch auch jeder Lord sein, der das Amt eines Kämmerers bekleidet, sei es im Haushalt des regierenden Königs, sei es im Haushalt seiner Gattin, sei es im Haushalt eines Prinzen. Während der Regierungszeit Jakobs I. kann mit „Lord Chamberlain" auch der Lordkämmerer des Haushalts der Königin Anna gemeint sein, später des Kronprinzen Charles. Gemeint kann auch sein der Lordgroßkämmerer von England. Es ist ein verbreiteter Irrtum zu glauben, das Amt des Großkämmerers wäre per definitionem ein rein zeremonielles Amt gewesen. Unter den Lancester-Königen war er jedoch der oberste Kämmerer des königlichen Haushalts, ebenso unter den York-Königen und wieder in den letzten Regierungsjahren Heinrichs VIII. und unter Edward VI. Es mag hier die Feststellung genügen, daß ein Lordgroßkämmerer, ein „Lord Great Chamberlain of England" einfach als Lord Chamberlain zeichnete, so 1547 Edward Seymour, späterer Herzog von Somerset, oder 1603 Edward de Vere, Graf von Oxford.

1598 kommen aber nur zwei Kandidaten für die Verfasserschaft vom *Kaufmann von Venedig* in Frage: Edward de Vere, Graf von Oxford, Lordgroßkämmerer von England, und George Carey, Lord Hunsdon, Lordkämmerer des königlichen Haushaltes. George Carey stirbt im September 1603, Edward de Vere im Juni 1604. Es spricht viel dafür, daß die letzte Handlung, die James Roberts im Dienste Shakespeares verrichtet, der Druck von *Hamlet* in der zweiten Hälfte des Jahres 1604, eine Hommage an den Autor ist.[81] Auch der Vergleich der literarischen und theatralischen Tätigkeit spricht für Edward de Vere.

Aber mit der endgültigen Entscheidung darüber, wer von beiden der Autor des *Kaufmanns von Venedig*, wer Shakespeare ist, können wir uns noch etwas Zeit lassen. In den Zeugenstand tritt jetzt Francis Meres.

IV. Denksport mit Francis Meres

„Auf den literarisch interessierten Schulrektor FRANCIS MERES
stützen sich die Zusammenstellungen über Shakespeares zeitgenössischen Ruhm in besonderem Maße."[82]
„Der liturgische Jubelchor beginnt bereits 1598 mit dem schamlosen
Namenrasseler Francis Meres."[83]
„in mancher Hinsicht erscheint *Palladis Tamia* als die Arbeit eines
Lohnschreibers, der eine vertragliche Aufgabe zu erfüllen hat."[84]

Was ist Francis Meres nun eigentlich? Ein literarisch interessierter
Schulrektor, der 1598 Shakespeares unvergleichliche Größe erkannte?
Der Verfasser einer Lobeslitanei, in der die Namen antiker wie moderner englischer Autoren wie Heiligennamen heruntergeleiert werden?
Ein Mann, dem man einen Job gab? Und was ist dieses Werk *Palladis
Tamia*, in dem er so lobend über Shakespeare schreibt? G.E. Bentley
gibt uns eine erste Einordnung: „John Cotgraves *English Treasury of Wit
and Language*, 1655, ist eine Zitatesammlung, die ganz in der Tradition
früherer Zitatesammlungen steht wie *Politeuphuia*, *Wits Commonwealth*, 1597, *Palladis Tamia*, *Wits Treasury*, 1598, *Wits Theatre of the
Little World*, 1599, *Belvedere*, 1600, und *Wits Labyrinth*, 1648. Wie diese
fünf besteht es aus einer großen Anzahl Zitate verschiedener Autoren,
die nach Themen geordnet sind: Frauen, Himmel, Keuschheit, Neid,
Schönheit, Unglück."[85]
Bentley nennt *Palladis Tamia* eine Zitatesammlung. Der Titel deutet
es an: „Das Schatzkästchen der Pallas Athene". Es reicht nicht, es zu
wissen, man darf es auch nicht vergessen. Denn einiges, was an Vorwür-
fen und Schmähungen gegen Francis Meres geschrieben worden ist,
beruht auf der Vorstellung, daß Meres ein Buch schrieb und nicht das,
was er wirklich schrieb: die englischen Übersetzungen zu einer Zitatesammlung! Es ist nicht seine Schuld, wenn er durch Hierarchen der
Shakespeareleusinischen Spiele zu mystischem Ruhm gekommen ist.
Das Werk ist eine Zitatesammlung, nicht einmal eine alleinstehende,
sondern die zweite in einer Dreierfolge. Mit ihrem Vorgänger *Politeu-*

pheuia und ihrem Nachfolger *Theatre of the Little World* bildet sie ein Ganzes unter dem übergeordneten Titel *Wits' Commonwealth*, und *Palladis Tamia* wird auf der Titelseite unmißverständlich als *The second part of Wits' Commonwealth* ausgewiesen. Offenbar, das hat Don Cameron Allen richtig geahnt, handelte es sich um ein Verlagsprojekt. Bei einem Verlagsprojekt sprechen die Verleger in der Regel ein gewichtiges Wörtchen mit. Doch nach ihnen hat sich bisher niemand umgesehen. Es sind bekannte Namen, die alle bereits im vorigen Kapitel aufgetreten sind. Den ersten und dritten Teil von *Wits' Commonwwealth*, *Politeuphuia* und *Theatre of the Little World*, verlegt Nicholas Ling, der 1604 auch *Hamlet* herausbringt. Und gedruckt werden diese beide Zitatesammlungen von demjenigen Drucker, der 1604 auch *Hamlet* druckte, James Roberts, der im Juli des Jahres, in dem auch Meres' Zitatesammlung erscheint, Shakespeares *Kaufmann von Venedig* anmeldet, sechs Wochen bevor ein anderer Verleger, Cuthbert Burby, Meres' *Palladis Tamia* anmeldet. James Roberts, der der Druckergilde mitteilte, der Lordkämmerer müsse erst die Genehmigung zum Druck geben. Womit der Lordkämmerer als Verfasser von Shakespeares *Kaufmann von Venedig* identifiziert ist, denn, wie gesehen, war dieser Vermerk erforderlich, um die künftigen „wardens", die Geschäftsführer der Druckergilde, die jährlich neu gewählt wurden, darauf hinzuweisen, daß Paragraph 5 der Verordnung von 1588 nicht angewendet werden konnte, da der Autor noch nicht seine Einwilligung zum Druck gegeben hatte. Wir wissen noch nicht mit Sicherheit, welcher Lordkämmerer es war, George Carey, Baron Hunsdon, oder Edward de Vere, Graf von Oxford, wenn auch sehr viel auf den letzteren hinzudeuten scheint. Es ist bedauernswert, daß Roberts seinen Namen nicht genannt hat. Alle Zweifel wären beseitigt. Doch die wird schließlich Francis Meres beseitigen.

Cuthbert Burby, als Verleger von *Palladis Tamia*, muß man neben Ling und auch Roberts, als den zweiten Hauptbeteiligten am Zitatebuchprojekt betrachten. Im gleichen Jahr ist er es, der eine verbesserte Fassung von Shakespeares *Love's Labour's Lost* auf den Markt bringt, ein Jahr später folgt die verbesserte Fassung von *Romeo and Juliet*. Zwischen Ling und Burby existiert eine recht enge Kooperation. Ihre Beziehungen waren vermutlich freundschaftlich. 1607, kurz vor seinem Tod, überträgt Burby eine Reihe von Rechten an Werken an Ling (der im gleichen Jahr stirbt).

Zitatesammlungen, „commonplace books", sind ein gewinnbringendes Geschäft. „Eine unvollständige Erhebung ergibt, daß zwischen den Jahren 1507 und 1600 mindestens achtundvierzig Bücher dieser Art veröffentlicht wurden... Selden nennt sie Werkzeuge zur Förderung der Ignoranz und Faulheit... Die Benutzung solcher Kompendien hatte zu Beginn des 17. Jahrhunderts derart zugenommen, daß Jakob I. den Theologiestudenten in Cambridge durch königliche Verordnung deren Benutzung verbot."[86] Den Grund ihrer Beliebtheit schildert Cervantes in der Einleitung zu *Don Quixote*, wo ein Bekannter ihm diesen Rat erteilt: „Was die Randglossen und Zitate aus andern Schriftstellern betrifft, denen Ihr die Sprüche und Sentenzen entlehnt, die Ihr in Eurer Geschichte benutzt, so braucht Ihr nur zu gelegener Zeit ein paar Verse oder lateinische Brocken einzustreuen, die Ihr entweder schon auswendig wißt oder doch mit leichter Mühe finden könnt. So paßt zum Beispiel auf die Behandlung der Freiheit oder Sklaverei dieser Spruch:

Non bene pro toto libertas venditur auro;

am Rande zitiert Ihr dann den Horaz oder den, der es sonst gesagt hat... Wenn Ihr Euch in solche lateinischen Flitter hüllt, werdet Ihr alsbald für einen Gelehrten gelten; und dies zu sein, ist heutzutage nicht in geringem Grade ehrenvoll und nützlich."[87] Hätte Cervantes in England gelebt und Englisch geschrieben, er hätte Meres' *Palladis Tamia* oder seinen Vorgänger *Politeuphuia* oder seinen Nachfolger *Theatre of the Little World* benutzen, ein Thema aufsuchen, etwa „Mäßigung", und ein Zitat auswählen können.

In seiner Widmung an den Anwalt Thomas Eliot stellt Meres sein Buch ausdrücklich in eine Reihe mit den beiden anderen. „So überaus erfreut bin ich und von Herzen froh, daß der erste Teil von ‚Wits Commonwealth' mit seinen Sentenzen wie ein tapferer Kämpfer ruhmreich marschiert ist und einen so guten Lauf genießt... Wenn mein zweiter Teil, ‚Wits Treasury' genannt, der ein Ast vom selben Stamm ist, eine ähnliche Gefolgschaft und Erfolg finden wird, werde ich wie Parmenio Philips zweite Freude sein. Und dann wird Philips Freude alsbald vollkommen sein, denn sein Alexander, den nicht Olympia gebären wird, sondern ein angesehener Gelehrter, der den dritten Teil von ‚Wits Commonwealth' mit weiteren glorreichen Beispielen füllen wird...". Meres weiß also sehr genau, daß er nur ein Zitatebuch füllt. Das ganze Projekt vergleicht er mit den mazedonischen Hegemonen Philip und Alexander der Große. Der erste Teil des Verlagsprojektes entspreche der ersten Freude Philips von Mazedonien: dem eigenen Sieg im Wagenrennen bei den olympischen Spielen, der zweite Teil dem Sieg Parmenios über die Illyrier, die dritte Freude der Geburt Alexanders. Das ist wohl mehr als Werbung für die Verleger denn als Eigenlob gedacht. Die Barnumreklame, so muß man folgern, ist nicht von Amerika nach Europa importiert worden, sie ist von Europa nach Amerika ausgewandert. Der Rest der Widmung sind Variationen auf den Eröffnungssatz: „Tria sunt omnia", „alle guten Dinge sind drei". Die drei guten Dinge für Karl V.: Proviant, Söldner, Geld; für Julius Cäsar: die Feder, das Buch, die Lanze; für Pythagoras: Gesundheit, Schönheit, Reichtum; für Philip von Mazedonien: siehe oben.

Meres' Buch wäre eine antiquarische Rarität geblieben, wenn sein Buch nicht etwas mehr enthielte als die beiden anderen Teile. Es enthält ein Kapitel über Kunst, einige Ausführungen zur Poesie, Malerei und Musik. Keine theoretische Abhandlung: Zitatesammlung. Auch dort schreibt Meres nichts Eigenes, was nicht seine Aufgabe war, sondern führt lediglich andere Autoren an. Aber innerhalb dieses Kapitels befindet sich auch das, was Meres berühmt gemacht hat: „A Comparative Discourse of English Poets, with the Greek, Latin, and Italian Poets", ein vergleichender Diskurs englischer Dichter mit griechischen, lateinischen und italienischen Dichtern. Dann und wann wird auch ein französischer oder spanischer Dichter zum Vergleich herangezogen. Doch der Titel ist so schon lang genug. Was dieser Diskurs kaum enthält ist Diskursives, zumindest höchst selten von Meres. Fast alle Kommentare sind aus früheren Werken abgeschrieben, meist wortwörtlich. Meres scheint sich keine Mühe gemacht zu haben, den „Klau" zu verhehlen. Besonders gierig bedient er sich bei *The Arte of English Poesie*, einem 1589 anonym erschienenen Werk über Stilistik, das heute George Puttenham zugeschrieben wird. Ein anderes Werk, aus dem Meres viel abgeschrieben hat, ist William Webbes 1586 erschienener *Discourse of*

English Poetry. Meres „klaut" munter bei allen, die irgendwas über Poesie oder Poeten geschrieben haben. Ihm ist deshalb schweres Plagiat vorgeworfen worden. Was allerdings ein gründliches Mißverständnis ist. Meres ist ebensowenig ein Plagiator als ein Kritiker. Was soll ein Zitatesammler anders tun als Zitate zu sammeln? Der Vorwurf rührt daher, daß man nur diesen vergleichenden Diskurs vor Augen hat und innerhalb dessen Meres' Lobeshymnen auf Shakespeare. In der Shakespeare-Idylle erscheint Meres dann als großer Literaturkenner, der den noch größeren Dichter erkannte und über den grünen Klee lobte. Unausgesprochen schwingt oft die Vorstellung mit, Francis Meres hätte beschlossen, ein Buch zu schreiben und Bilanz der englischen Literatur zu ziehen, nicht zuletzt, um den Allergrößten Maß über Maß hervorzuheben.

Stammt denn aber dieser schöne Vergleich nicht von Meres: „Wie die Seele des Euphorbos in Pythagoras fortzuleben behauptet wurde: so lebt Ovids Seele in dem honigflüssigen und honigzüngigen Shakespeare weiter, wie da bezeugen sein *Venus und Adonis*, seine *Lucrezia*, seine gezuckerten Sonette unter seinen privaten Freunden, usw."

Der Satz klingt heute süßer und gezuckerter als damals, wo man „sugar" und „sweet" als Synonyme für „verfeinerten Geschmack" verstand. Aber Meres Anteil an diesem Satz ist gering. In den 1930er Jahren machte Don Cameron Allen auf die Quelle aufmerksam, der Meres nahezu alle Namen und zugehörigen Sätze entnommen hat, ein im 16. und 17. Jahrhundert häufig benutztes Kompendium des französischen Gelehrten Ravisius Textor mit dem Titel *Oficina* und dort insbesondere der Teil „De Homine" („Vom Menschen"). Der erste Teil des Vergleichs findet sich bei Textor: „... Mutatis in Varias Formas Secundum Metamporphosim Poetarum... Euphorbos Pythagoram". Dies gilt auch für den Vergleich über Christopher Marlowe:

Wie der Dichter Lykophron erschossen wurde von einem bestimmten Rivalen: so wurde Christopher Marlowe erdolcht von einem verkommenen Dienstmann, einem Rivalen in seiner liederlichen Liebe.

Bei Textor findet sich der Satz: „Lycophron poeta Iambographus a quodam aemulo traiectus est"[88], was Meres bis auf das Prädikat

„Iambographus" wörtlich übersetzt. Meres ist die einzige Quelle für die These, Marlowe sei von einem Liebesrivalen erdolcht worden. Man tut nicht gut daran, diese Quelle ernst zu nehmen. Ebensowenig das, was Meres über einen anderen Schriftsteller zu berichten hat:

> As Anacreon died by the pot: so George Peele by the pox.
> Wie Anakreon am Suff starb: so George Peele an Syphilis.

Auch diese erste Satzhälfte ist aus Textor übersetzt. Beide Informationen gehören zu den lauter Anekdoten enthaltenden sieben letzten der insgesamt ca. 60 Abschnitte, die einem ernsthaften Gelehrten nicht zu Ehre gereichten. Es fragt sich, ob die Nachricht über Marlowe oder über Peele nicht erfunden wurde, um eine Analogie zu den Vorgaben bei Textor herzustellen. Auf jeden Fall wird Meres' Methode klar. Er sucht sich aus seiner Quelle, dem Kompendium Textors, soviele Namen lateinischer und griechischer Dichter eines bestimmten Genres aus, wie er englische Autoren zur Hand hat. Weiß er 14 Tragödiendichter zu nennen, sucht er sich aus Textors Angaben zu den Autoren 14 heraus, kennt er nur 6 englische Epigrammatiker, wählt er nur 6 aus Textor. Das einfache Verfahren wird in dem Paragraphen über Alexandriner-dichter, „Jambicks" nennt er sie, auch deutlich angegeben:

> Von den Griechen will ich für Alexandriner nur zwei nennen, Archilochus und Hipponax Ephesius: so nenne ich unter uns nur zwei Alexandrinerdichter, Gabriel Harvey und Richard Stanihurst, weil ich in dieser Gattung nicht mehr gefunden habe.

Die Symmetrie ist es, die Meres' wesentliche Botschaft trägt: die Eben-bürtigkeit der englischen Literatur mit der verehrten antiken und der bewunderten italienischen Literatur. Dabei spielen Genres nicht immer eine Rolle. So wird Michael Drayton, der als Dramatiker kaum in Erscheinung getreten ist, nur deshalb mit Sophokles verglichen, weil ein Zeitgenosse Drayton wegen seiner reinen Sprache „Goldmund" genannt hat und Sophokles aus dem gleichen Grund „Biene" genannt wurde. Meres, der auch Übersetzer war, mag durchaus etwas von Literatur verstanden haben, aber aus seinem vergleichenden Diskurs kann man dies nicht ableiten.

Was macht nun Meres im umgekehrten Fall, wenn er ausnahmsweise mehr englische Autoren zur Hand hat als antike, wie im Falle der Satiriker, von denen nur 4 bei Textor zu finden sind? Don C. Allens Antwort lautet: Meres begeht eine Dummheit. Der Paragraph:

Wie Horaz, Lucilius, Juvenal, Persius und Lucullus die besten für Satire unter den Lateinern sind: so bei uns in der gleichen Gattung *Piers Plowman*, *Lodge*, *Hall* vom Emmanuel College in Cambridge, der *Autor* von *Pygmalion's Image and certaine satires*; der *Autor* von *Skialetheia*.

„Die Dummheit, die Meres begeht, ist jedoch größer als einfache Ignoranz, denn in diesem einen Fall beweist er schlicht, daß er dämlich war. In seinem Abschnitt über die Satiriker erwähnt Meres unter den lateinischen Schriftstellern in diesem Genre Lucullus und Lucilius. Letzterer fällt unter die Definition, Lucullus könnte man aber bestenfalls als Historiker einordnen. Der Fehler liegt hier bei Textor, nicht bei Meres, denn der zehnte Paragraph in Textors Liste fängt an: ,Lucullus Satyrographus, ex Arunca urbe Italiae.' Dies erklärt natürlich Meres' Fehler und bekräftigt seine Verwendung der ,Oficina'. Akzeptiert man dies, wie kommt dann Lucilius hinein, der in Textors Katalog nicht vorkommt und den Meres richtigerweise zu den lateinischen Satirikern zählt?"[89] Textors Katalog, so Allen, enthält einen Hinweis auf eine kleine Schrift des Petrus Crinitus über lateinische Dichter, ebenfalls ein seinerzeit verbreitetes Werk. Und dort hat Meres gelesen: „C. Lucilius Satyrarum scriptor, ex Arunca urbe Ausoniae fuit." Bei Critinus ist von einem Lucullus nicht die Rede.

Allein, es fällt schwer zu glauben, daß Meres den Schreibfehler nicht bemerkt hätte, denn auch bei Textor ist als Ort der Herkunft Arunca angegeben. Meres' Dummheit hat Methode. Die Einbeziehung von Textors fehlerhafter Schreibweise des Namens Lucilius eröffnet Meres die Möglichkeit, noch einen englischen Satiriker mehr zu nennen. Auf Symmetrie kam es ihm an, nicht auf sehr genaue Information. Dennoch leidet der Paragraph immer noch unter einem ziemlich schwerwiegenden Mangel: ein Name fehlt, der nicht hätte fehlen dürfen: Thomas

Nashe, der herausragende Satiriker seiner Zeit. Zwar erwähnt Meres Nashe zweimal in den anekdotischen letzten Paragraphen, apostrophiert ihn auch als „junger Juvenal", wodurch Nashe implizit als Satiriker kenntlich gemacht wird, aber der Name Nashe hätte unter englischen Satirikern nicht fehlen dürfen. Meres konnte nicht anders, als *Piers Plowman*, eine Satire aus dem 14. Jahrhundert (als dessen Autor heute William Langland gilt, was aber zu Meres' Zeiten nicht bekannt war) erwähnen, denn der war auch in den beiden Werken genannt, aus denen Meres am reichlichsten schöpft: *The Arte of English Poetry* und *Webbes Discourse*. Und da er ein Zitatebuch schrieb, mußte er diese erwähnen. Das lag in der Natur seiner Aufgabe. Joseph Hall war wie Meres selbst ein Theologe aus Cambridge; ihn konnte Meres auch nicht übergehen. Thomas Lodge hatte gegenüber dem jüngeren vielleicht ein Senioritätsrecht. Aber es scheint, als wollte Meres unbedingt die beiden satirischen Werke erwähnen, beide erst 1598 erschienen, eines unter dem Pseudonym Kinsayder – was Meres gewußt zu haben scheint, denn er nennt diesen Namen nicht –, das andere anonym. Aber warum wollte Meres unbedingt diese beiden jungen und unbekannten Autoren erwähnen? Zunächst könnte man meinen, Meres habe dadurch beweisen wollen, daß er Ohr und Auge immer dicht am literarischen Leben seiner Zeit habe. Wie bereits erwähnt, wurde Meres' *Palladis Tamia* bei der Druckergilde am 7. September 1598 angemeldet.[90] *Pigmalion's Image* war am 27. Mai 1598 angemeldet worden[91]; es muß gedruckt worden sein, während Meres an seinem Buch arbeitete. *Skialetheia* wurde gar erst sieben Tage später als Meres angemeldet.[92] Hatte es Meres im Manuskript gelesen? Das war gar nicht nötig. *Skialetheia* wurde von Nicholas Ling verlegt und von James Roberts gedruckt. Der andere Satireband wurde von Roberts gedruckt. Eine andere Information, die man als Beweis für Meres' Intimkenntnisse der literarischen Welt angesehen hat, stammt wahrscheinlich von Ling oder Roberts. Meres erwähnt 1598, daß Michael Drayton an einer Topographie Englands, *Poly-Olbion*, in Versen schreibt; das Werk wird erst 1612 erscheinen. Aber fast alle vor 1598 erschienenen Werke Draytons wurden von Ling verlegt und von Roberts gedruckt. Die Erwähnung der beiden satirischen Werke unbekannter Autoren war zugleich Werbung für Ling und Roberts.

Möglicherweise stand Meres bei ihnen in der Schuld. Denn seine eigene Übersetzung eines Werkes des beliebten spanischen Mystikers Luis de Grenada wurde von Cuthbert Burby, der auch Verleger von *Palladis Tamia* ist, unter dem Titel *Granada's Devotions* (mit dem alternativen Titel *The Sinner's Guide*) verlegt. Es muß jedoch auch Exemplare geben, deren Titelseite Ling als Verleger und Roberts als Drucker erwähnt, denn in einem Katalog von 1589-1603 in London gedruckten Büchern sind sie es, die Arber[93] erwähnt. Es hat auch ansonsten den Anschein, als würden sich Ling und Burby häufiger die Rechte an Werken teilen. Meres hat mit der Zusammenstellung der Zitate vermutlich im Mai begonnen, unmittelbar nach dem Erscheinen seiner Übersetzung.

Was die vier von Meres ganz besonders hervorgehobenen Autoren: Edmund Spenser, Samuel Daniel, Michael Drayton und William Shakespeare betrifft, so ist festzustellen, daß sich Meres sowohl hinsichtlich der Anzahl der Nennungen als der Erwähnung ihrer Werke nach einfachen numerologischen Kriterien richtet. In der Numerologie gilt die 3 als vollkommene Zahl, ebenso wie 6 und 12. In der Widmung war der Satz „Aller guten Dinge sind drei" in den verschiedensten Variationen wiedergekaut worden. Spenser, Daniel und Shakespeare werden jeweils dreimal, Drayton sechsmal erwähnt. Von Drayton werden wiederum 6 Werke erwähnt, davon eines, das noch nicht erschienen war; drei oder vier, die bereits erschienen waren, erwähnt Meres nicht. Von Daniel werden drei Werke erwähnt, ein bereits veröffentlichtes Bühnenstück bleibt unerwähnt. Von Spenser werden zwei Werke erwähnt, allerdings wird *The Fairie Queene*, die ja auch in zwei Phasen erschien, zweimal erwähnt; das andere Werk ist *The Shepherd's Calendar*; mehrere andere veröffentlichte Werke bleiben unerwähnt. Von Shakespeare schließlich werden einmal drei Gedichte erwähnt: *Venus und Adonis*, *Lucrezia* und die *Sonette*. Für die Bühnenstücke werden die vollkommenen Zahlen 6 und 12 ausgewählt, 12 Bühnenstücke insgesamt, 6 Komödien und 6 Tragödien. Der von Meres bei den Komödien angegebene Titel *Love's Labour's Won* gibt Rätsel auf. Handelt es sich um den unbekannten alternativen Titel eines bekannten Stückes? Um ein verlorengegangenes Stück? Oder handelt sich vielleicht „um gar kein Stück" und verdankt seine Erwähnung nur Meres' Vorliebe für antithetische Strukturierungen? Auch das scheint möglich. Der Titel wäre dann eben nur eingefügt, um eine Antithese zu dem erwähnten *Love's Labour's Lost* zu bilden. Das gleiche antithetische Prinzip wird ja bei den 6 Komödien und Tragödien angewendet. Außerdem auch noch in den Paragraphen zu den Komödien- und Tragödiendichtern. Bei den Tragödiendichtern erwähnt Meres zunächst einen Doktor aus Cambridge, dann einen aus Oxford. Bei den Komödiendichtern kommt zuerst der Mann aus Oxford, dann der aus Cambridge.

Nein, mit *Palladis Tamia* erweist sich Francis Meres keineswegs als der Literaturkenner, zu dem man ihn gerne machen möchte. Es scheint müßig, Meres' andere eigenständige Leistung zu überprüfen: das genaue Abzählen. Man würde meinen, daß wer so symmetrieversessen ist, wohl keinen Fehler gemacht haben dürfte. Doch in einem unveröffentlichten Vortrag aus dem Jahr 1988 behauptet Enoch Powell, daß Meres sich ein einziges Mal verzählt habe, und zwar just in dem Abschnitt über die Komödiendichter, wo sowohl der Graf von Oxford als Shakespeare genannt werden. Enoch Powell hat recht: ein Engländer ist zuviel, 16 nichtenglische Autoren stehen 17 englischen gegenüber. Wenn Oxford Shakespeare ist, wäre die Asymmetrie nur scheinbar, denn dann stünden gleichwohl 16 Autoren auf jede Seite. Doch hat sich Meres wirklich nur in diesem einen Fall verzählt? Das Abzählen, das als abschreckende Plackerei erschien, wird auf einmal verlockend. Numeriert man jeden Paragraphen Autor für Autor durch, erhält man folgendes Ergebnis:

Fast in allen Fällen hält Meres die Symmetrie strikt ein. In einigen wenigen Fällen nicht durch Nennung der gleichen Anzahl Autoren, doch dann gleicht Meres das durch Nennung von Werken aus, zum Beispiel [meine Numerierungen]:

As [1] Accius [2] M. Attilius and [3] Milithus were called Tragoediographi, because they writ Tragedies: so may we truly terme Michael Drayton Tragoediographus, for his passionate penning the downfals of [1] *valiant Robert of Normandy* [2] chast *Matilda* and [3] great *Gaveston.*

In vier Fällen herrscht jedoch eindeutig Asymmetrie! Meres „verzählt" sich, und zwar jeweils genau um den Wert 1. Viermal ist auf einer Seite einer zuviel, gleichmäßg auf beide Seiten verteilt, zweimal bei den antiken Schriftstellern und zweimal bei den englischen. Diese Regelmäßigkeit der Abweichungen scheint eher Folge einer Absicht als eines Verzählens. Es scheint sich zu lohnen, diese Fälle etwas genauer zu betrachten. Der erste Fall betrifft die Neoteriker, womit Meres lateinisch dichtende Italiener und Engländer meint:

> As these Neoterickes [1] Iovianus Pontanus [2] Politianus [3] Marullus Tarchaniota [4] the two Stroza, the father and the son, [5] Palingenius [6] Mantuanus, [7] Philelphus [8] Quintianus Stoa [9] Germanus Brixius have obtained renown and good place among the auncient Latine Poets:
> so also these English men being Latine Poets [1] Gualter Haddon [2] Nicholas Car [3] Gabriel Harvey [4] Christopher Ocland [5] Thomas Newton with his Leyland [6] Thomas Watson [7] Thomas Campion [8] Brunswerd & [9] Willey, have attained good report and honorable advancement in the Latin Empyre.

In der ersten wie in der zweiten Hälfte stehen jeweils 9 Namen, aber es sind 10 Personen in der ersten Hälfte erwähnt, nur 9 in der zweiten. Tito Vespasiano Strozzi (1424-1505), der Vater, und Ercole Strozzi (1473-1508), Sohn, erscheinen unter einem Namen. Die Asymmetrie besteht nur hinsichtlich Personen, nicht hinsichtlich Namen. Es wäre immer noch kaum der Rede wert, wenn wir nicht im zweiten Fall die Antithese dazu fänden. Der Paragraph über die Epigrammatiker lautet:

> These and many other Epigrammatists the Latin tongue hath [1] Q. Catulus [2] Porcius Licinius [3] Quintus Cornificius [4] Martial [5] Cn. Getulicus, and [6] wittie sir Thomas Moore:
> so in English we have these, [1] Heywood [2] Drante [3] Kendal [4] Bastard [5] Davies.

Der Engländer Thomas More schrieb lateinische Epigramme und steht daher auch dort. Auf der einen Seite stehen 6 Namen, auf der anderen 5. Es gab aber zu der Zeit zwei englische Epigrammatiker mit dem Namen

John Davis: Sir John Davies (1569-1626) und John Davies (ca. 1565-1618). Letzterer wird zur Unterscheidung meist John Davies of Hereford genannt. Um die Sache etwas zu systematisieren, schreiben wir „N" für die Namen und „P" für Personen. Wir haben bisher diese beiden Relationen gefunden:

N, P + 1 : N, P
N + 1, P : N, P

Wenn Meres seinem antithetischen oder Gegengewichtungsprinzip treu bleibt, müssen wir diese Verhältnisse auf der anderen Seite gespiegelt finden:

N, P : N, P + 1
N, P : N + 1, P

Das erstere Verhältnis finden wir bei den Übersetzern:

As [1] Terence for his translations out of Appolodorus & Menander, and [2] Aquilus for his translation out of Menander, and [3] C. Germanicus Augustus for his out of Aratus, and [4] Ausonius for his translated Epigrams out of Greeke, and [5] Doctor Johnson for his Frogge-fight out of Homer, and [6] Watson for his Antigone out of Sophocles, have good commendations:
So these versifiers for their learned translations are of good note among us, [1] Phaere for Virgils Aeneads, [2] Golding for Ovids Metamorphosis [3] Harington for his Orlando Furioso [4] the translators of Senecas Tragedies [5] Barnabe Googe for Palingenius [6] Turbervile for Ovids Epistles and Mantuan and [7] Chapman for his inchoate Homer.

Doctor Johnson und Thomas Watson sind Engländer, die aus dem Griechischen ins Lateinische übersetzt haben. Die englischen Seneca-Übersetzer sind als namenloses Kollektiv angegeben, erhalten daher als Kollektiv den Wert 1. Wir finden Namenssymmetrie, aber Asymmetrie von Personen.

Das letztere Verhältnis finden wir im Paragraphen über die Komödiendichter:

The best Poets for Comedy among the Greeks are these [1] Menander [2] Aristophanes [3] Eupolis Atheniensis [4] Alexius Terius [5] Nicostratus [6] Amipsias Atheniensis [7] Anaxandrides Rhodius [8] Aristonymus [9] Archippus Atheniensis and [10] Callias Atheniensis and among the Latines [11] Plautus [12] Terence [13 Naevius [14] Sext. Turpilius [15] Licinius Imbrex and [16] Virgilius Romanus:

so the best for Comedy amongst us bee [1] Edward Earle of Oxforde [2] Doctor Gager of Oxforde [3] Maister Rowley, once a rare Scholler of learned Pembrooke Hall in Cambridge [4] Maister Edwardes one of her Maiesties Chappell, [5] eloquent and wittie Iohn Lilly [6] Lodge [7] Gascoyne [8] Greene [9] Shakespeare [10] Thomas Nashe [11] Thomas Heywood [12] Anthony Mundy, our best plotter [13] Chapman [14] Porter [15] Wilson [16] Hathway [17] Henry Chettle.

Am Ende des vorigen Kapitels blieben nur noch zwei Kandidaten für die Verfasserschaft der Shakespeareschen Werke übrig: George Carey, Baron Hunsdon, Lordkämmerer des Königlichen Haushalts, und Edward de Vere, 17. Graf von Oxford, Lordgroßkämmerer von England. Am Ende dieses Kapitels bleibt nur noch Edward de Vere übrig. Denn Meres' arithmetisches Spiel wird man nicht als Produkt des Zufalls abtun können. Edward, Earl of Oxford, und Shakespeare sind zwei Namen für eine Person, so wie Davies ein Name für zwei Personen ist.

Wer aber sollte dieses arithmetische Vexierspiel durchschauen? Wer würde Meres Namenpaternoster überprüfen, ob nicht hier und dort einer zuviel sei? Wer würde dies als arithmetische Variationen auf das Thema „Was ist in einem Namen" verstehen? Eine sichere Antwort kann darauf gegeben werden: der Leser des 19. und 20. Jahrhunderts wohl nicht.

Doch auch ein elisabethanischer Leser nicht? Das „Einer zuviel", das Meres als Strukturelement anwendet, findet sich mindestens auch einmal bei den zwei größten Dichtern der Zeit. Es findet sich in Spensers *The Fairie Queene*. Es findet sich auch in Shakespeares *Sonetten*. Im Sonett 99 ist auch einer zuviel, eine vielmehr: dieses Sonett hat als einziges 15 Zeilen. Auf einem sehr viel anspruchsloseren Niveau gilt für Meres die Feststellung, die in Bezug auf Spensers Gedicht *Epithalamion* getroffen worden ist: „Um diese Symbolik zu verstehen, ist eine gewisse Kenntnis der Geographie und der Werte einer besonderen Weltanschauung in Mittelalter und Renaissance erforderlich... Spensers Methode steht in der Tradition des Mittelalters und der Renaissance... Diese Methode verlangt, daß unterhalb der einfachen literarischen Oberfläche eine tiefe symbolische Kommunikation einer integrierten Kontinuität im Verborgenen stattfinde".[94]

Diese Kommunikation ist reicher als der Text. Sie äußert sich teilweise über Strukturen. Der Text will gleichsam auch als Gemälde gelesen werden. So simpel das Spiel von Symmetrien und ausgeglichenen Asymmetrien bei Meres auch sein möge, sie vermittelt doch diese sehr einfache Botschaft: ein Name kann für zwei Personen stehen, zwei Namen können für eine Person stehen. Zweimal steht ein Name für zwei Personen: die Strozzi und die Davies, einmal sind mehrere Namen unter einem Gattungsnamen vereinigt: die englischen Übersetzer Senecas, und einmal eine Person unter zwei Namen: der Graf von Oxford und Shakespeare.

V. Melicertus

Am 25. März 1603 stirbt Königin Elisabeth I. In der darauffolgenden Zeit überschwemmt eine Flut von Schriften den Markt, der größte Teil davon nicht, um den Tod der Königin zu beklagen, sondern den neuen König Jakob I. zu bejubeln. Unter den Elegien für Elisabeth befindet sich auch eine kleine Schrift von Henry Chettle, „England's Mourning Garment". Der Titel ist einem Werk des 1592 verstorbenen Robert Greene entlehnt, „Greene's Mourning Garment". Henry Chettle ist ausgebildeter Drucker. Da die Zahl der Drucker in London von den Behörden begrenzt wurde, konnte er den Beruf nie selbständig ausüben. Bis 1599 arbeitete er als Setzer bei einem anderen Drucker, John Danter. John Danter ist der Drucker dreier Shakespeare-Werke: „Titus Andronicus" (1594), „Liebes Leid und Lust" (1596/7) und „Romeo und Julia" (1597). Chettle schrieb außerdem einige Erzählungen und Theaterstücke, teils im Zusammenarbeit mit anderen Autoren. Wie später zu sehen sein wird, entfachte er 1592 ziemlich viel Aufhebens, als er eine postume Schrift Robert Greenes herausgab. Die Zeitgenossen verdächtigten Chettle, selbst der Autor zu sein und Greenes Namen dafür mißbraucht zu haben. Er gilt auch als derjenige, der 1597 eine gestutzte Fassung von „Romeo und Julia" um von ihm selbst geschriebene Szenen verlängerte und in Diensten John Danters wahrscheinlich auch setzte. Chettle war in jeder Hinsicht ein Intimkenner der Literaturszene.

Als der erweist er sich auch 1603 in „England's Mourning Garment". In Nachahmung der pastoralen Tradition des 1599 verstorbenen Edmund Spenser, dessen Hirtennamen Colin (Clout) er annimmt, bietet Chettle einen Rückblick auf die Regierungszeit der verstorbenen Königin und konzentriert sich besonders auf die Zeit der Kriegsvorbereitungen mit Spanien in den 1580er Jahren. Chettle gibt ausschließlich Spanien die Schuld, denn Elisabeth sei immer zutiefst dem Frieden verpflichtet gewesen. In diesem Zusammenhang erwähnt er drei Personen, allerdings nicht unter ihrem eigentlichen, sondern unter einem Hirtennamen. Von ihnen wird später noch die Rede sein. Er bedauert, daß sowenige Dichter Elegien nach dem Tod der Königin geschrieben haben. Wiederum ist keiner mit bürgerlichem Namen genannt. Chettle verwendet in diesem Fall entweder einen Hirtennamen aus der an Theokrites und Vergil anlehnenden pastoralen Tradition: Meliboeus, Corin, Coridon, usw., oder einen anderen Decknamen; manchmal verweist er außerdem auf ein Werk und in einigen Fällen erwähnt er nur ein Werk. Fast immer können die Angesprochenen genau identifiziert werden. So wird Ben Jonson als Horaz angesprochen: der römische Dichter Horaz war nicht nur Ben Jonsons verehrtes Vorbild, er ist ebenfalls eine Figur in Jonsons 1601 aufgeführtem satirischem Bühnenstück „The Poetaster", in dem zwei andere Schriftsteller, Thomas Dekker und John Marston, verspottet werden. Diese reagieren darauf mit einem eigenen satirischen Stück, „Satiromastix" (1601), in dem Jonson als jemand verspottet wird, der sich für Horaz hält. Chettle nennt Dekker, der als Schnellschreiber galt, den „schnellen Anti-Horaz" und seinen „Freund, den jungen Meliboeus", mit dem der damals etwa 28-jährige John Marston gemeint sein müßte. Christopher Marlowe übersetzte das Gedicht „Hero und Leander" des griechischen Dichters Musaios nur zum Teil, George Chapman vollendete die Übersetzung. Chapman ist bei Chettle „Corin, der das anmutige Lied des Musaios vollendete." Ein „Coridon" wird gemahnt, die Königin nicht in seinem angekündigten Werk „Poly-Albion" zu vergessen; dieses lange Gedicht über die Landschaften Englands veröffentlichte Drayton erst 1611, aber es war spätestens seit 1598 bekannt, daß er daran arbeitete. Shakespeare ist eindeutig definiert als Melicertus. Und natürlich kommen mit ihm die großen Probleme. Chettles Zeilen können kaum auf Shakespeare aus Stratford gezielt haben:

> Nor doth the silver tonged *Melicert*,
> Drop from his honied muse one sable teare
> To mourne her death that graced his desert,
> And to his laies opend her Royall eare.
> Shepheard, remember our *Elizabeth*,
> And sing her Rape, done by that *Tarquin*, Death.

Es ist nicht klar, ob „honied" Chettles Schreibweise für „honed", „geschliffen" oder „gefeilt", oder für „honeyed", „mit Honig gesüßt" steht. Ein verfeinerter, ebener Stil wurde sowohl als „filed" („gefeilt"), „smooth" („glatt") oder „sweet" oder „honey" charakterisiert.

Weder vergießt der silberzüngige Melicertus
Eine einzige trauernde Träne seiner süßen Muse
Um den Tod derer zu beklagen, die sein Verdienst lohnte
Und seinen Liedern ihr königliches Ohr öffnete.
Schäfer, gedenke unserer Elisabeth,
Und besinge ihre Schändung durch diesen Tarquin, Tod.

Das Werk Shakespeares, auf das hier hingewiesen wird, ist natürlich „Lukrezias Schändung". Mit Melicertus kann nur Shakespeare gemeint sein. Doch meinte Chettle wirklich William Shakespeare aus Stratford? Kaum. Wann denn lohnte Elisabeth I. Shakespeares Verdienst? Das einzige Zeugnis, das eine solche Vermutung untermauern könnte, stammt aus einer Eintragung in das Tagebuch des Stratforder Vikars fast 50 Jahre nach Shakespeares Tod. Dieser Vikar, John Ward, hatte vermutlich ein Gerücht gehört: „Shakespeare versorgte die Bühne jährlich mit zwei Stücken und erhielt dafür eine so hohe Zuwendung, daß er pro Jahr 1000 Pfund ausgeben konnte." 1000 Pfund war eine sehr hohe Summe, die Elisabeth nur drei Adligen gewährt hat: den Vorsitzenden des Kronrats für Wales und den Norden sowie, im Juni 1586, Edward de Vere, 17. Graf von Oxford. Solche Schenkungen wurden in aller Regel für gewisse Dienste geleistet, auch wenn diese in der Schenkung nicht genannt wurden. „Lieder" kann hier mehr bedeuten als Lied, wenn auch das eine Möglichkeit ist. Daß unter den vielen anonymen Liedtexten mehrere Texte Shakespeares erhalten sind, ist nur zu wahrscheinlich. Es kann auch „Gedichte" einschließen und sogar Bühnenstücke. Daß die Königin ihr Ohr für diese „Lieder" öffnete, scheint jedoch auf eine Nähe zum Hof hinzuweisen. Man wird in den nicht spärlichen Dokumenten über das Leben bei Hofe vergeblich nach dem Namen Shakespeare fahnden.

Und woher nahm Chettle den Namen Melicertus? Melicertus war der Name, dem in der von Shakespeares Zeitgenossen wohlbekannten byzantinischen Enzyklopädie „Suida" dem griechischen Dichter Simonides beigegeben wurde, der als bester altgriechischer Dichter galt (Platon erwähnt ihn häufig), der weiter von Cicero als „suavis poeta" („lieblicher Dichter") bezeichnet wird: „Aber meines Erachtens hatte Simonides – er gilt nämlich nicht nur als reizvoller Dichter, sondern als ein auch sonst gelehrter und weiser Mann –, da ihm viel Scharfsinniges und Subtiles in den Sinn kam, Zweifel, was davon den höchsten Wahrheitsgehalt besäße, und daher die Hoffnung aufgegeben, die ganze Wahrheit zu finden."[95] Ben Jonson wird ähnlich von Shakespeare sagen, daß er weise war und eine Lanze gegen die Unwissenheit geschwungen habe. Und von Shakespeare ist häufiger als „lieblicher Dichter", als „sweet poet" die Rede. Der Name Melicertus schien überaus für Shakespeare geeignet.

Von einem Dichter mit dem Hirtennamen Melicertus ist auch in einer Schäferromanze Robert Greenes die Rede, mit dessen Werk Henry Chettle bestens vertraut war. Greenes Schäferroman „Menaphon" wurde 1589 veröffentlicht. Er spielt in Arkadien. Es sind in Greenes Erzählung zwei Arkadien zu unterscheiden: das Königreich Arkadien und das Arkadien als die Welt der Schäfer, der Dichter. Melicertus ist darin ein hoher Adliger, der vom Hofe verbannt worden ist. Sein wahrer Name ist Maximus, der Größte. Mit ihm entflohen ist seine Frau Samela. Sie heißt in Wirklichkeit Sephestia (Weisheit). Ihre Wege haben sich jedoch getrennt, und wenn Samela in Arkadien eintrifft, erkennen sie und Melicertus einander nicht wieder. Daß der Name Melicertus auf einen zeitgenössischen Dichter anspielt ist nicht zu übersehen. Es heißt von ihm, seine Sprache sei so geschliffen, „als hätte ihm Ephoebus selbst beigebracht, seine Muttersprache zu verfeinern... und Melicertus dachte, Samela hätte mit Lucilla in Athen gelernt, den Geist zu anatomisieren, und spräche nur in Gleichnissen, und glaubte, sie feilte ihre Sprache, damit man denke, sie sei wie Sappho die Geliebte Phaos".[96] Die Stelle verweist auf den Kreis der Euphuisten und man könnte zunächst meinen, John Lyly sei gemeint, der Autor von *Euphues – The Anatomy of Wit* (das in Athen spielt und dessen Heldin Lucilla heißt) und des Bühnenstückes *Sappho and Phao*. Jedoch gibt Robert Greene mehrfach zu erkennen, daß er von einem Adligen redet, der unter die Dichter gegangen ist. Und dann kann eigentlich nur auf Edward de Vere, den 17. Grafen von Oxford, angespielt sein, dessen Sekretär John Lyly war und der als *Spiritus Rector* der Euphuisten galt. Daß es sich um einen

118

sogenannten „verborgenen Dichter" handelt. Als „verborgener Dichter" bezeichnet sich u.a. in einem Brief Francis Bacon. Ihrer gab es viele.

Der Ausdruck „verborgener Dichter" soll etwas näher erläutert werden. In „The Art of English Poesie", dem bedeutendsten stilkritischen Werk des elisabethanischen Zeitalters, in den frühen 1580er Jahren geschrieben, 1589 anonym veröffentlicht, einem Werk, das heute George Puttenham zugeschrieben wird, dessen Verfasserschaft jedoch selbst größtenteils im Verborgenen liegt, liest man: „ Und in der Zeit der heutigen Königin ist eine weitere Schar von Hofdichtern in Erscheinung getreten, Diener der Königin aus Hochadel und niederem Adel, die ausgezeichnet geschrieben haben, wie man würde feststellen können, wenn ihre Schöpfungen wie andere in die Öffentlichkeit gelangen würden, und von denen der erste dieser adlige ‚Gentleman' Edward, Graf von Oxford ist."[97] Es werden noch einige weitere Namen genannt, auf die später noch zurückzukommen sein wird. Folgt man dem Urteil dieses Verfassers, würde der Name Melicertus in den 1580er Jahren am ehesten Edward de Vere, dem ersten unter den Hofdichtern zukommen. Die Gedichte dieser Hofdichter gelangten entweder nicht oder nur anonym zur Veröffentlichung. Ihr Einfluß auf die Entwicklung der englischen Lyrik ist nicht zu unterschätzen. Selbst machten sie selten Anstalten, ihre Gedichte drucken zu lassen, gewiß nicht in ihrer Lebenszeit. Diese Gedichte zirkulierten meist im Manuskript, wie, nebenbei bemerkt, es auch von Shakespeares Sonetten bezeugt ist. Sie blieben verborgen – damals –, und häufig sind sie es bis heute. Daß es sich bei Melicertus in Greenes „Menaphon" um einen solchen verborgenen Hofdichter handeln muß, wird u.a. aus der folgenden Stelle deutlich, in der sich Menaphon, dem Robert Greene wohl einige Züge von sich selbst verleiht, und Melicertus um die Führerschaft des Schäferheeres (eine Allegorie für die Führerrolle unter den Dichtern) streiten: „Wozu diese Frage, sprach Menaphon, bin ich nicht König der Hirten und Oberhaupt aller Schäfer innerhalb Arkadiens Grenzen? Zugestanden, sprach Melicertus, aber bin ich nicht ein Gentleman, der, wenngleich gekleidet im Lederwams eines Hirten, wohlgeborener als Du, obwohl dem Beruf nach jetzt gleich." Daß in Greenes Romanze auf wirkliche Personen, vielleicht gar auf Shakespeare angespielt wurde, ist im 19.

Jahrhundert auch bemerkt worden. „Es sind gewiß übereinstimmende Punkte vorhanden zwischen Melicertus und dem herkömmlichen Shakespeare-Bild. Melicertus ist ein großartiger Verfasser von Sonetten".[98] Derselbe Autor bemerkt weiter, daß Greenes beste Gedichte Melicertus in den Mund gelegt werden. Greene beläßt es bei diesen Andeutungen nicht. Melicertus' wahrer Name ist Maximus, „der Größte". Doch als dann Melicertus/Maximus an den Hof zurückkehrt, schreibt Greene den Namen als „Maximius". Man soll hier nicht oberflächlich einen Fehler annehmen. Greene verwendet „Maximus" und „Maximius" konsistent in je verschiedenen Zusammenhängen. Maximus, „der Größte" ist Melicertus' anderer Name, solange er sich im Arkadien der Dichter aufhäl; einmal zum Hofe zurückgekehrt, heißt er nur noch Maximius, also nach dem Namen eines alten römischen Adelshauses. An den Hof zurückgekehrt, wird somit Melicertus nicht mehr als der „Größte" bezeichnet, sondern als der Sproß eines vornehmen Geschlechts.

Daß Greenes Melicertus auf eine reale Person anspielt, ist bemerkt worden. Daß es sich dabei um einen handeln müsse, der von den Zeitgenossen als führender Dichter gesehen wurde, ist bemerkt worden. Daß es sich um einen Dichter handeln müsse, der im Kreis der Euphuisten führend war, ist bemerkt worden. Daß es sich um Shakespeare hätte handeln können, wenn dieser Melicertus nur nicht zu früh käme und Shakespeare zu spät gekommen sei, ist gesagt worden. Wenn dieser Melicertus nicht Shakespeare war, so bietet er sich doch als dessen Vorläufer an, Grund genug, sich für ihn zu interessieren und zu versuchen, zu erkennen, wer er war. Oder andererseits auch Grund genug, nicht allzu neugierig zu werden, denn es könnte sich unter Umständen der dringende Verdacht auftun, er sei Shakespeare selbst.

Denn es ist auch bemerkt worden, daß Chettle in der gleichen Schrift, „England's Mourning Garment", Melicertus noch einmal erwähnt, und zwar im Zusammenhang mit der Zeit vor dem Krieg gegen Spanien in den Niederlanden.

An dieser Stelle bittet der junge Schäfer Thenot den älteren Schäfer Colin, Chettle selbst, ihm über die Regierungszeit Elisabeths I. zu berichten und die ihr von ihren Feinden angehängte Rolle als Kriegstreiberin zu widerlegen. „Berichtige einige dieser falschen Behauptungen und betrachte Dich selbst keineswegs als unberufen, der Du doch die Lieder des kriegerischen Philesides, des guten Meliboeus und des sanftzüngigen Melicertus gehört, erzähle uns, was Du von ihren Worten weißt, was aus eigener Anschauung gesehen."[99] Es besteht kein Zweifel, daß mit Philesides Sir Philip Sidney gemeint ist. Er verwendet diesen Namen, der auch eine Anspielung auf den eigenen bürgerlichen Namen ist und gleichzeitig soviel wie „Sternenliebhaber" bedeutet, in seinem Werk „Arcadia". Sidney fiel im Herbst 1586 im Kampf gegen die Spanier in den Niederlanden. Die Zeit, auf die Chettle anspielt, muß 1585 gewesen sein, als eine englische Armee in den Niederlanden landete und auch Sir Philip Sidney sich anschickte, im November 1585 das Amt eines Gouverneurs der Hafenstadt Vlissingen anzutreten. Es besteht weiter kein Zweifel, daß mit Meliboeus der Staatssekretär, damals sowohl eine Art Innen- wie Außenminister, Sir Francis Walsingham gemeint ist. Er starb 1590. Von zwei Dichtern ist eine Elegie auf ihn bekannt. Thomas Watson nannte ihn Meliboeus, Edmund Spenser redete ihn als „guter Meliboeus" an, wie ihn 1603 auch Chettle nennt. Aber wer ist dieser Melicertus, der nun doch mit einem Prädikat bezeichnet wird, „glattzüngig", das in dem damaligen Sprachgebrauch in einer Bedeutungsreihe stand mit „silberzüngig", „gefeilt", „verfeinert", „lieblich"? Offenbar stand dieser Melicertus in irgendeiner Verbindung mit Sir Philip Sidney und Sir Francis Walsingham.

Sidney und Walsingham waren gestorben. War dieser mit ihnen genannte Melicertus 1603 ebenfalls verstorben? Denn Chettle hätte diesen Namen nicht in der gleichen Schrift für zwei verschiedene Personen gewählt. Zwar verwendet er den gleichen Hirtennamen Meliboeus für zwei verschiedene Personen, für Sir Francis Walsingham und für einen Schriftsteller, der vermutlich John Marston ist, aber einerseits lebte Walsingham ja 1603 nicht mehr, andrerseits werden die beiden durch Adjektive klar voneinander unterschieden. Walsingham wird mit Bezug auf die Zeit 1585/86 als „guter Meliboeus" angesprochen, der Schriftsteller als „junger Meliboeus". Wenn aber Melicertus für zwei verschiedene Personen steht, das erste Mal für einen Hofmann, der eine gewisse Rolle bei den Vorbereitungen zum Krieg gegen Spanien in den

Niederlanden gespielt hat, und er zugleich der Dichter ist, auf den 1589 Robert Greene anspielte, dann muß er 1603 auch bereits tot gewesen sein, so daß Shakespeare mit seinem Hirtennamen beerbt werden konnte. Er ist dann aber gleichzeitig eine Art Vorläufer Shakespeares als der beste Dichter seiner Zeit, der mit dem Beiname des griechischen Dichters Simonides und dem Epitheton „Maximus" ausgezeichnet wurde. Wenn er allerdings nicht gestorben war, dann meinte Henry Chettle mit Melicertus in beiden Verwendungen Shakespeare selbst! In ein und demselben Werk wäre der gleiche Hirtenname nicht für zwei verschiedene, zu gleicher Zeit lebende Personen verwendet worden. Zudem verwendet Chettle in beiden Fällen bedeutungsverwandte Adjektive, im ersten Fall „smooth tongued" („sanftzüngig"), im zweiten Fall „silver-tongued" („silberzüngig") und „honeyed" („honiglich"). Greene selbst hatte Melicertus als einen Dichter bezeichnet, der „superfine" war und seine Muttersprache verfeinert hat. All diese Adjektive gehören als Gegensatz von „schrill" und „rauh" in eine positive Bedeutungsreihe. Shakespeares Stil selbst wurde ja 1598 von Francis Meres als „filed" („gefeilt"), seine Sonette als „sugared" (d.h. „sweet", „lieblich") gelobt.

Da Henry Chettles Melicertus und Robert Greenes Melicertus als Hofmann und Hofdichter dargestellt werden, können wir erwarten, seinen Namen in dem 1589 veröffentlichten Werk über Stilkunde, „The Art of English Poesie", erwähnt zu finden, wo einige Hofdichter aufgezählt werden. Alle dort erwähnten Hofdichter könnten im Prinzip entweder, falls 1603 nicht mehr am Leben, Shakespeares Vorläufer, oder, falls noch am Leben, Shakespeare selbst gewesen sein. Am meisten empfiehlt sich Edward de Vere, der besonders hervorgehoben wird. Denn er steht nicht in einer durch Kommas getrennten Aufzählung, sondern durch einen Punkt von den anderen getrennt: „von denen der erste dieser noble Gentleman Edward Earl of Oxford ist." Dieser ist dann nicht nur Vorläufer Shakespeares, er ist Shakespeare selbst.

Doch vielleicht sollten wir dem Urteil des Verfassers von „The Art of English Poesie" nicht derart vorbehaltlos trauen und uns die anderen Namen anschauen: *„Thomas*, Lord Bukhurst, when he was young, *Henry*, Lord Paget, Sir *Philip Sidney*, Sir *Walter Rawleigh*, Master *Ed-*

ward Dyar, Maister *Fulke Grevell, Gascon, Britton, Turberville* and a great many other learned Gentlemen..."

Von diesen waren 1603 vier gestorben: Lord Paget, Sir Philip Sidney, George Gascoigne und George Turberville. Alle vier scheiden aus. Von Lord Paget ist kein Werk bekannt und er starb bereits in den 1560er Jahren. Philip Sidney kann es ebenfalls nicht gewesen sein, er ist als Philesides erwähnt. George Gascoigne starb 1577. Von George Turberville schreibt Thomas Nashe im Vorwort zu eben dieser Erzählung, Greenes „Menaphon", daß er „zu seiner Zeit nicht der schlechteste war, obwohl er sich bei seinen Übersetzungen zu sehr vom Zwang zum Reim hat leiten lassen."

Alle übrigen Kandidaten müßten, wenn sie von Chettle ein erstes Mal als Melicertus angesprochen sein sollten, auch der zweite Melicertus, Shakespeare, sein. Thomas Sackville, Lord Buckhurst, habe nur gedichtet, „als er jung war", heißt es. Von Thomas Sackville sind zwei literarische Leistungen bekannt, die Mitverfasserschaft der Tragödie „Gorboduc" (1561), als er 23 war, und das Vorspiel zur Tragödie „The Mirror for Magistrates" (1563), als er 25 war. 1589, als „The Art of English Poesie" erschien, war er bereits 51. Edward Dyer, Fulke Greville und Walter Ralegh hatten weder mit dem Euphuismus noch mit dem Theater zu tun. Nicholas Breton veröffentlichte seine Gedichte unter eigenem Namen und war übrigens 1623, als Shakespeares Gesamtbühnenwerk erscheint, noch am Leben.

Der einzige glaubwürdige Kandidat für Greenes und Chettles Melicertus ist Edward de Vere, Graf von Oxford. Und da er 1603 noch am Leben war, muß Henry Chettle, der es wissen konnte, ihn gemeint haben, als er Shakespeare Melicertus nannte.

Schließlich: Welche Rolle spielte Edward de Vere bei den Vorbereitungen zum Krieg mit Spanien und in welchem Verhältnis stand er zu Sir Francis Walsingham? Edward de Vere war im August 1585 im Gespräch als Befehlshaber eines 4000 Mann starken Heeres in den Niederlanden und befand sich um diese Zeit auch dort. Er hat das Kommando jedoch nie übernommen und kehrte im Oktober aus unbekannten Gründen nach England zurück. Er war bis 1584 Schirmherr zweier Theaterensembles. Auch Sir Francis Walsingham war mit einem

Ensemble verbunden, „The Queen's Men". Er war es, der bei der Bildung dieses Ensembles Regie führte, für das nach Meinung der Shakespeareforscher Andrew S. Cairncross und Eric Sams bereits Shakespeare geschrieben habe. „Das Beweismaterial ist indizienhaft und indirekt, aber es zeigt seitens Shakespeare eine ungewöhnlich detaillierte Kenntnisse der Stücke der Queen's Men… Die Annahme, die diese zu beobachtende Verbindung am besten erklärt, ist, daß Shakespeare in den frühen Jahren seiner Karriere zu den Queen's Men gehörte, vielleicht in einer anderen Eigenschaft als der eines Autors."[100] Wenn dies so wäre, könnte dies nur in der Zeit zwischen 1583 und 1592 gewesen sein, denn Anfang der 1590er Jahre verschwand das Ensemble in die Bedeutungslosigkeit. Edward de Vere könnte für dieses Ensemble geschrieben haben. Wir wissen, daß Robert Greene für es geschrieben hat, und nicht nur aus „Menaphon" erhalten wir Hinweise auf eine ziemlich enge Verbindung zwischen Edward de Vere und Robert Greene.

Daß gerade Walsingham, ein Staatssekretär, dessen ganze Energie der inneren und äußeren Sicherheit galt, bei der Bildung dieses Ensembles federführend war, ist nur auf den ersten Blick verwunderlich und nicht nur mit der schweren Erkrankung des eigentlich dafür zuständigen Lordkämmerers zu erklären, wie etwa Edmund K. Chambers meint.[101] Der Lordkämmerer, der Graf von Sussex, hatte 1583 einen Stellvertreter, Sir Christopher Hatton, ein einflußreicher Höfling und späterer Lordkanzler. Die Bildung dieses Ensembles war auch politisch motiviert. „Es gibt keine Anhaltspunkte dafür, was die Königin oder ihren Beauftragten, Staatssekretär Walsingham, bewogen haben könnte, am 10. März 1583 ein neues monopolistisches Ensemble unter ihrer eigenen Patronage zu bilden… Ich neige sehr der Annahme zu, daß die Verordnung des Geheimrates ein wohlbedachter Schritt war."[102] Ob der Plan Walsinghams eigener war oder nicht, ist ohne viel Bedeutung. Walsinghams Amtsvorgänger William Cecil, später Lord Burghley, und Thomas Cromwell, in der Regierungszeit Heinrichs VIII., hatten das Theater bereits zu propagandistischen Zwecken benutzt.

Nun ist an dem oben bereits erwähnten Bericht des Stratforder Vikars John Ward, wonach Shakespeare für das Theater eine so hohe Zuwendung erhalten habe, daß er jährlich 1000 Pfund ausgeben konnte, wohl etwas Wahres. Diese 1000 Pfund sind nichts anderes als die Annuität, die Edward de Vere am 25. Juni 1586 erhielt. Und auch dabei hat Walsingham die Hand im Spiel gehabt. Am 21. Juni 1586 schreibt Lord Burghley an Walsingham. In dem Brief ist die Rede von der Lage im Münster (Südirland) und vor allem von der Lage in den Niederlanden. Ohne weitere Einzelheiten zu erwähnen, nennt Burghley den Namen Pallavicino. Horacio Pallavicino war ein italienischer Emigrant, der als Spion und Geldbeschaffer für den Krieg gegen Spanien eine wichtige Rolle spielte. Es ist weiter die Rede davon, daß der Graf von Leicester seines Kriegsschatzmeisters in den Niederlanden überdrüssig ist. Zwischen diesen beiden Mitteilungen fragt Burghley bei Walsingham nach, ob er bei der Königin für Lord Oxford, seinen Schwiegersohn, schon etwas erreicht habe. Wenn einige Aussicht bestünde, „lassen Sie es bitte Robert Cecil wissen, damit er seine Schwester beruhigen kann, denn sie macht sich mehr Sorgen um die schlimme Finanzlage ihres Gemahls als er selbst."[103] Am 25. Juni 1586 schreibt Oxford seinem Schwiegervater: „Da ich mich oft an Sie gewandt habe, und in jüngster Zeit über meinen Bruder Robert Cecil, was es mir vereinfacht hat, mein Anliegen zu verfolgen, worin ich jetzt vom Herrn Sekretär Walsingham einige Unterstützung erhalte... Denn da ich nun fast an dem Punkt angelangt bin, jene Gunst zu genießen, die Ihre Majestät ermessen wird, so bin ich doch wie einer, der lange eine Festung belagert hat, aber nicht im Stande ist, das Endziel zu erreichen oder die Früchte seiner Mühen zu ernten, da gezwungen, die Belagerung mangels Munition abzubrechen."[104]

Walsingham und sein Schwiegersohn Philip Sidney waren persönlich mit Richard Tarleton, dem 1588 verstorbenen führenden Schauspieler der Queen's Men, verbunden, einem Ensemble, das auch oft in der Provinz unterwegs war und von Walsingham in der Zeit der erwarteten spanischen Invasion benutzt wurde, die patriotischen Gefühle der Engländer anzufachen. Es ist dann nicht mehr verwunderlich, daß Henry Chettle Edward de Vere (Melicertus), Philip Sidney und Walsingham in diesem Zusammenhang in einem Atemzug erwähnt.

VI. Shakespeare und Edward de Vere

Ein Harlekinfrosch ist, wer sagt, Edward de Veres Gedichte wären ein schwerwiegendes Argument gegen seine Verfasserschaft der Shakespeareschen Werke. Der Harlekinfrosch trägt seinen Namen nicht, weil er wie ein Gecko aussähe oder quakte, als wäre er ein Käuzchen, sondern weil anders als bei allen anderen Froscharten die Kaulquappe dreieinhalb Mal größer ist als der ausgewachsene Frosch. Dieser Frosch wächst durch Schrumpfen. Wissenschaftlich ist er deshalb pseudis paradoxa getauft worden. Bei diesem Argument ist die Maulklappe ebenfalls wesentlich größer als der ausgereifte Gedanke und es könnte wissenschaftlich ebenfalls pseudis paradoxa genannt werden. Denn erstens hinkt der Vergleich zeitlich, zweitens hinkt der Vergleich sachlich und drittens: der Vergleich hinkt faktisch.

Erstens: was wird da verglichen? Der späte Rilke der *Duineser Elegien* und der *Sonette an Orpheus* übertrifft den mittleren Rilke des *Buch der Lieder* und ist erst recht kaum vergleichbar mit dem frühen Rilke, der manchmal schlicht Kitsch geschrieben hat. Nur wenig Lyrik ist unter dem Namen Edward de Vere bekannt, vieles dürfte anonym geblieben sein. Geschrieben wurde sie vorwiegend in den 1570er Jahren und den frühen 1580er Jahren, Shakespeares Sonette entstanden zum größeren Teil zwischen 1592 und 1603.

Zweitens: was wird da verglichen? Die Lyrik de Veres besteht zu einem nicht geringen Teil aus Liedertexten. Ein Liedertext folgt anderen Formgesetzen als ein Sonett und sollte deshalb mit anderen Liedertexten verglichen werden. Zum Beispiel mit diesen Zeilen:

The cuckoo then, on every tree,
Mocks married men, for thus sings he
Cuckoo

Diese Zeilen aus dem Schlußlied von *Liebes Leid und Lust* schrieb Shakespeare. Auch diese Zeilen aus einem anderen Lied des gleichen Stückes schrieb er:

On a day, (alack the day)
Love whose month was ever May

Das Lied ist außerdem in *Der Verliebte Pilger* abgedruckt, als das sechzehnte, das zweite von sechs unter der Überschrift „Sonnets to Sundry Notes of Music", vertonte Gedichte. Das sechste vertonte Gedicht ist in jeder Hinsicht ähnlich und ebenbürtig:

As it fell upon a day
In the merry month of May.

Kein Wunder, daß es in *Der Verliebte Pilger* ebenfalls Shakespeare zugeschrieben wird. Wie bereits gesehen, erschien es dann 1600, ein Jahr nach *Der Verliebte Pilger* in einem anderen Gedichtband, *England's Helicon*, unter dem Pseudonym Ignoto. Viele der Texte in *Der Verliebte Pilger* sind mit dem gleichen Argument der Geringerwertigkeit als Shakespeare-Texte verworfen worden. Aber auch da handelt es sich oft um Liedertexte, was nur selten bemerkt worden ist.

Ohnehin ist das Urteil über de Veres Gedichte selten ein echtes Urteil, sondern eine Meinung. Eine Meinung zu haben trägt zweifellos viel dazu bei, sich in sich selbst zu Hause zu fühlen, weshalb es ihre ureigenste Bestimmung ist, zu Hause zu bleiben, doch statt dessen treibt es sie immer wieder hinaus auf die große Meinungskirmes.

Drittens: was wird da **nicht** verglichen? Nicht verglichen werden gewisse Verbindungslinien zwischen einigen Liedertexten de Veres und Bühnenstücken Shakespeares und, wie im nächsten Abschnitt dargelegt wird, zur Person Shakespeares selbst.

1. „My mind to me a kingdom is"

Das Lied war eines der beliebtesten der letzten zwanzig Jahre des 16. Jahrhunderts. William Byrd, neben John Dowland der bekannteste Komponist der Zeit, vertonte es und veröffentlichte es 1588 in dem Liederbuch *Psalms, Sonnets & Songs of Sadness and Piety*. Der Textdichter bleibt, wie nahezu immer, ungenannt. Nur in vier Fällen kennt man mit Sicherheit die Verfasser der vertonten Texte: Sir Philip Sidney, Edward de Vere, Thomas Deloney und Henry Walpole, der 1595 für seinen Glauben hingerichtete Jesuit. Aber eine dieser Zuschreibungen, an Deloney, ist nicht unumstritten.

Als Verfasser dieses Lieds galt lange Zeit Sir Edward Dyer, weil sein Name unter diesem Lied in einer privaten handschriftlichen Gedichtsammlung steht. Ein sicherer Beweis sind solche Zuschreibungen nicht. Es bedeutet nicht einmal mit Sicherheit, daß der Sammler Edward Dyer für den Verfasser hielt. Es könnte auch bedeuten, daß dieses Gedicht ihm direkt oder indirekt über Dyer in die Hände gekommen war. Solche Gedichte wanderten in Hofkreisen von Hand zu Hand, ohne Angabe des Autornamens, wurden gelegentlich nicht korrekt abgeschrieben oder willentlich umgeschrieben. Dann und wann gelangten solche Manuskripte in Druck, meist ohne jegliches Zutun des Verfassers. Letzteres geschah mit Shakespeares Sonett 138, das zusammen mit seinem Sonett 144 auch in *Der Verliebte Pilger* (1599) erschien. Während Sonett 144 ziemlich genau dem Shakespeareschen Text entspricht, weicht 138 erheblich von der Fassung in den 1609 erscheinenden *Sonetten* ab.

Ein recht genaues Bild davon, wie in Hofkreisen solche Gedichte zirkulierten, vermittelt uns Shakespeare selbst in *Liebes Leid und Lust*. In diesem Stück schreibt jeder der drei Höflinge ein Liebessonett: Berowne, Dumain und Longaville, und tauscht sie aus. Shakespeare hätte nun in die Handlung folgendes Ereignis einbauen können: die Sonette werden weitergereicht, abgeschrieben, weitergereicht, abgeschrieben. Irgendwann entstehen in einer solchen Kette Fehler. Jemand bringt eines dieser zahlreichen und teils fehlerhaften Manuskripte zum Drucker mit der Folge, daß ein entstellter Text gedruckt wird. Dramaturgisch hätte sein Stück dabei nichts gewonnen, aber das war es, was in der Realität geschah. Wiederum in *Der Verliebte Pilger* druckte William Jaggard diese drei Gedichte ab, und zwar nicht so, wie sie 1598 in *Liebes Leid und Lust* bereits erschienen waren, sondern von unabhängigen Manuskripten. Von Dumaines Gedicht (Nr. 16. „On a day, (alack the day)") fehlen in „Der Verliebte Pilger" zwei Zeilen.

Das Austauschen von Sonetten in *Liebes Leid und Lust* ist kein origineller Einfall Shakespeares. Bei Hofe war das Sonett nicht bloß

Gedicht, es war zugleich Kommunikationsform. Einzelne Gedichte von Philip Sidney, seinem Bruder Robert, Fulke Greville, Edward Dyer beziehen sich aufeinander. Einige Gedichte Robert Sidneys beziehen sich ebenfalls auf Gedichte Shakespeares in *Liebes Leid und Lust*. Shakespeare war also eingeschaltet in diesen höfischen Kommunikationskreislauf. Für die orthodoxe Stratfordtheorie wird die Tatsache, daß der Name William Shakespeare dennoch nirgendwo in der Hofchronik auftaucht, ein peinliches Geheimnis bleiben, über das nicht geredet wird. Umso lauter wird geschrien: „Haltet den Dieb" oder genauer: „Haltet den Snob", der sich nur vorstellen kann, ein Aristokrat hätte dieses Werk geschaffen. Sie sagen uns nicht, wie sie ihren Reim darauf machen, daß so vieles an Shakespeare aristokratisch scheint, nicht nur seine Weltsicht, sondern auch sein ganzes Verhalten gegenüber der Veröffentlichung seiner Werke.

Das gleiche Schicksal wie Shakespeares Sonette erlitt auch das Lied „My mind to me a kingdom is". Es existiert in zahlreichen Manuskripten und Fassungen. 1975 kam Prof. Steven W. May zu dem Schluß, daß der wahrscheinlichere Verfasser Edward de Vere sei.[105] In Harvard fand er ein Manuskript, in dem Edward de Vere als Verfasser bezeichnet wird: „A sonnet, said to be first written by the L[ord] Ver." Diese Angabe allein würde allerdings nicht ausreichen. Es sind die Querverweise in anderen Gedichten, die de Veres Verfasserschaft wahrscheinlich machen. Die erste Strophe in der Fassung in William Byrds Liederbuch lautet:

My mind to me a kingdom is,
    Such perfect joy therein I find
That it excels all other bliss,
    Which God or Nature hath assigned;
Though much I want that most would have,
Yet still my mind forbids to crave.

Mein Geist ein Königreich mir dünkt,
    Darin so herrlich wonnig ist zu gehen,
Daß keine and're Herrlichkeit mir winkt,

Die Sonne oder Gott uns gab zum Lehen.
Und mangelt mir auch viel, das alle mehren,
Mein Geist heißt mich es nicht begehren.

Das Motiv des Gedichts ist ein stoisches und könnte auch mit dem Thema des 32. Briefes Senecas überschrieben werden: „Das echte Glück ruht in dir selbst."[106] Gleichzeitig wird dem Streben nach Gunst bei Hofe abgeschworen. Die dritte und vierte Strophe:

I see that plenty surfeits oft,
    And hasty climbers soonest fall;
I see that such as are aloft
    Mishap doth threaten most of all;
These get with toil and keep with fear;
Such cares my mind can never bear.

I press to bear no haughty sway,
    I wish no more than may suffice;
I do no more than well I may;
    Look, what I want my mind supplies;
Lo thus I triumph like a king,
My mind content with anything.

Ich seh wie Fülle oft zerbirst,
    Und wer schnell aufsteigt, schneller fällt,
Ich seh, daß oben auf dem First
    Das Unheil seine Fallen stellt.
Mit Müh erreicht, in Angst bewahrt,
Es bleibe meinem Geist erspart.

Ich dränge nicht zu großer Macht,
    Es reicht mir das, was leidlich speist.
Was ich vermag, das sei vollbracht;
    Das Sinnesbrot gewährt der Geist.
Mein Geist zufrieden mit geringem Ding',
Seht wie ein König ich den Sieg erring.

Dieser Gedanke kehrt in Shakespeares Sonett 125 wieder:

Have I not seen dwellers on form and favour
Lose all, and more by paying too much rent
For compound sweet; forgoing simple savour,
Pitiful thrivers in their gazing spent?
No, let me be obsequious in thy heart,
And take thou my oblation, poor but free,
Which is not mixed with seconds, knows no art,
But mutual render, only me for thee.

Sah ich oft nicht Pächter von Manier und Gunst
Allzu hohe Rente zahlend, elend enden,
Schlichter Art entsagend für gewund'ne Kunst,
Arme Rafferseelen, die ihr Gaffen spenden.
Nein, laß' mich in deinem Herzen Diener sein,
Nimm du meine Opfergabe, arm doch frei,
Frei von Beigemischtem, ohne jeden Schein,
Reine Gabe beider, ich für du nur sei.

Die innere Zufriedenheit ist das wahre Glück. Wenn auch dieser Gedanke nicht zwangsläufig bedeutet, daß der Dichter des Liedes „My mind to me a kingdom is" und der Dichter des Sonettes 125 identisch sind, so besteht zwischen beiden doch eine bemerkenswerte Parallelität. Die innere Zufriedenheit, durch die das Individuum zum König seines Selbst wird, ist auch das Thema eines Sechszeilers Edward de Veres, „Were I a King", der 1594 von John Mundy zu einem mehrstimmigen Lied vertont wurde. Auf diesen Sechszeiler antworteten zwei anonyme Höflinge mit einem eigenen Sechszeiler. Eine der beiden Antworten legt nahe, daß der Verfasser den Dichter von „Were I a King" auch für den von „My mind to me a kingdom is" hielt. Edward de Veres Sechszeiler:

Were I a king I might command content;
Were I obscure unknown would be my cares,
And were I dead no thoughts should me torment,
Nor words, nor wrongs, nor love, nor hate, nor fears;

A doubtful choice of these things which to crave,
A kingdom or a cottage or a grave.

Wär' ich König, könnt' ich Zufriedenheit befehlen.
Wär ich ein Niemand, es hörte keiner meine Klagen.
Und wär' ich tot, Gedanken würden mich nicht quälen,
Nicht Worte, Haß noch Liebe, Schmach und andre Plagen.
Doch welche Qual die Wahl, die ich da hab':
Ein Königreich, ein Hüttchen oder Grab.

Die anonyme Antwort:

Were thou a king, yet not command content.
Where empire none thy mind could yet suffice.
Were thou obscure, still cares would thee torment,
But were thou dead all care and sorrow dies.
An easy choice of three things which to crave,
No kingdom nor a cottage, but a grave.

Wärst du ein König und nicht Zufriedenheit befehlen;
Wo nicht ein Kaiserreich, könnte dein Geist dir reichen.
Wärst du ein Niemand, Sorgen würden weiter quälen,
Und wärst du tot, die Sorgen würden weichen.
Die Wahl ist leicht, was ich zu wählen hab':
Kein Königreich, kein Hüttchen, nur das Grab.

In Shakespeares Königsdramen sind es Heinrich VI. und Richard II., die in der Stunde, da sie alles verlieren, zu sich selbst finden. Wenn Shakespeare nicht de Vere ist, so hat er doch wohl Anleihen, manchmal wortwörtlich, bei diesem gemacht.

2. Heinrich VI.

Heinrich VI. wird von Shakespeare als der schwache König dargestellt, der er historisch war, zum Regieren unfähig, ein Kind, das nie erwachsen wird, von der Harmonie des Kindseins nicht Abschied nehmen kann und es jedem recht machen möchte. Aber inmitten der blutrünstigen Barone und der blutdürstigen Königin Margareta – bei der sich Shakespeare mehrere dichterische Freiheiten wider die historische Wahrheit nimmt – ist Heinrich eine höchst menschliche Erscheinung und nimmt Züge Hamlets an. Als fünftes Rad am Wagen von Königin Margareta und Clifford vom Schlachtfeld fortgejagt, verfolgt er auf einem Maulwurfhügel das Kampfgeschehen und wie Hamlet beim Zug des Fortinbras gegen Polen fragt er nach dem Sinn, das Leben in der Schlacht zu wagen. Er träumt von einem Schäferdasein, von einer Welt, in der die stetig gestundeten Tage in Ewigkeit gleichender Wiederkehr aufeinanderfolgen bis zum Grab.

> Wär ich doch tot, wärs Gottes Wille so!
> Wer wird in dieser Welt des Jammers froh?
> Oh Gott! mich dünkt, es wär ein glücklich Leben,
> Nichts Höhers als ein schlichter Hirt zu sein [...]
> Minuten, Stunden, Tage, Monden, Jahre,
> Zu ihrem Ziel gediehen, würden so
> Das weiße Haar zum stillen Grabe bringen!...
> Ach, welch ein Leben wärs! wie süß, wie lieblich!
> Gibt nicht der Hagdorn einen süßern Schatten
> Dem Schäfer, der die fromme Herde weidet,
> Als wie ein reich gestickter Baldachin
> Dem König, der Verrat der Bürger fürchtet?

Nach der Schlacht (III.1) ist er vermummt auf der Flucht und wird von zwei Förstern gestellt. Es entspinnt sich folgender Dialog:

> SECOND KEEPER. Ay, but thou talk'st as if thou wert a king.
> KING HENRY. Why, so I am – in mind; and that's enough.
> SECOND KEEPER. But, if thou be a king, where is thy crown?
> KING HENRY. My crown is in my heart, not on my head;
>   Not deck'd with diamonds and Indian stones,
>   Not to be seen. My crown is call'd content;
>   A crown it is that seldom kings enjoy.

ZWEITER FÖRSTER: Ja, doch du sprichst, als ob du König wärst!
KÖNIG: Ich bin's auch, im Gemüt – das ist genug.
ZWEITER FÖRSTER: Bist du ein König, wo ist deine Krone?
KÖNIG: Im Herzen trag ich sie, nicht auf dem Haupt,
    Nicht mit Diamanten prangend und Gestein,
    Noch auch zu sehn: sie heißt Zufriedenheit,
    Und selten freun sich Kön'ge dieser Krone!

In *König Heinrich VI.*, zweiter Teil, IV.9, spricht er folgende Worte, die an de Veres „Were I a King" erinnern:

Was ever king that joy'd an earthly throne
And could command no more content than I?
No sooner was I crept out of my cradle
But I was made a king, at nine months old.
Was never subject long'd to be a King
As I do long and wish to be a subject.

Saß wohl ein König je auf ird'schem Thron,
Dem nicht zu Dienst mehr Freude stand wie mir?
Neun Monden alt, zum König ward ernannt.
Nie sehnt ein Untertan sich nach dem Thron,
Wie ich mich sehn, ein Untertan zu sein.

3. Richard II.

Das Motiv der Wahl zwischen Königreich, Hütte oder Grab durchzieht auch mehrere Monologe in *Richard II.* In der Resignation auf dem Weg zu sich selbst will Richard II. in III.3 durch keine Hoffnung mehr verlockt werden:
        ... Schon genug gesagt
    Verwünscht sei, Vetter, der mich abgelenkt
    Von dem bequemen Wege der Verzweiflung!...
    Was sagt Ihr nun? was haben wir für Trost?
    Bei Gott, den will ich hassen immerdar,

Der irgend Trost mich ferner hegen heißt?

In der gleichen Szene[107]:

Was muß der König tun? Sich unterwerfen?
Der König wird es tun! Muß er entthront sein?
Der König ist zufrieden. Den Namen König
Einbüßen? Nun, er geh in Gottes Namen:
Ich gebe mein Geschmeid und Bettkorallen
Den prächtigen Palast für eine Klause
Die bunte Tracht für eines Bettlers Mantel. [...]
Mein weites Reich für eine kleine Gruft,
Ganz kleine, kleine unbekannte Gruft.

In V.5[108] schließlich:

So spiel ich viel Personen ganz allein:
Zufrieden keine! Manchmal bin ich König!
Dann macht Verrat mich wünschen, ich wär Bettler;
Dann werd ichs, dann beredet Dürftigkeit
Mich drückend, daß mir besser wär als König!
Dann werd ich wieder König, aber bald
Denk ich, daß Bolingbroke mich hat entthront,
Und bin stracks wieder nichts! – Doch wer ich sei:
So mir als jedem sonst, der Mensch nur ist,
Kann nichts genügen, bis er kommt zur Ruh,
Indem er nichts wird!...

4. Hamlet

Hamlet empfindet das Königreich Dänemark als Gefängnis. Nicht der Ehrgeiz, selbst König zu werden, weckt in ihm das klamme Kerkergefühl. Wie Heinrich VI. möchte er dem nie endenden Rachezyklus entkommen und schiebt den Auftrag des Geistes endlos auf. Hamlet ist ein Künstler, ein Theaterbesessener, der sein Leben lyrisch und spielerisch leben will. Erst über das Medium des Schauspiels gewinnt er eine aktivere Beziehung, eine künstlerische, zum Auftrag des Geistes. Hamlets Ideal ist die ästhetische Selbstverwirklichung und darin ist er dem römischen Kaiser Nero verwandt. Auch Nero wollte nur Künstler sein. Hamlets Worte „Neros Seele komme nicht in meine Brust", als er sich nach der Schauspielaufführung auf den Weg zu seiner Mutter macht, hat Shakespeare nicht zufällig an diese Stelle gesetzt. Der Königin hat das Schauspiel mißfallen. Nero ließ seine Mutter Aggripina töten, weil sein Spiel ihr mißfiel.

Auch Castigliones idealer Hofmann war als ästhetische Selbstverwirklichung konzipiert. Auf allen wichtigen Gebieten sollte der ideale Hofmann Fertigkeiten erwerben: Literatur, Musik, Malerei, Bildhauerei. Sein Verhalten selbst soll jene Kunstnorm erfüllen, die in der Renaissance als die höchste galt, so sein, als bringe die Natur sich darin zur Selbstdarstellung.

Wie gesehen, stellt Castigliones Hofmann einen aristokratischen Gegenentwurf zum humanistischen Universalmenschen dar. Doch sein 1529 veröffentlichtes Buch war nicht das Lerchenlied zum anbrechenden Morgen, es war bereits ein Schwanengesang. Zwischen 1574 und 1586, in der Zeit seiner Einweisung in die Nervenanstalt, nachdem er in einem Anfall von Eifersucht die Kontrolle über sich selbst verloren hatte, zieht Torquato Tasso dieses Fazit: „Und wenn das andere Vorbild, das Castiglione malte, für seine Zeit entworfen wurde, so ist das Vorbild, das Sie entwerfen, dasjenige, das in unserer Zeit zu empfehlen ist, wo Verstellung eine der wichtigsten Tugenden ist."[109] Verstellung, Verbergen, Vorsicht lauteten nun die höchsten Verhaltensnormen des Hofmannes, nicht künstlerische Vollendung. „Vorsicht ist die Tugend, die bei Hofe alle Hindernisse überwindet... Und wenn ein Philosoph oder ein Ritter auch Hofmann ist, so soll er nicht versuchen, die anderen an Wissen oder im Waffenhandwerk zu übertreffen. Denn indem er den Schein erweckt, auf diesen Gebieten den anderen Hofleuten gleich zu sein, wird er seine überlegene Vorsicht beweisen, welche an Höfen die Haupttugend ist."[110]

Der Hofmann soll den ausgetretenen Mittelweg beschreiten, sein Licht unter den Scheffel stellen. In dieser Hinsicht heißen Hamlets

Gegenpole Rosenkranz und Güldenstern. Die beiden haben die Vorsicht so vollkommen ausgebildet, daß sie sich wie eineiige Zwillinge gleichen. Der König dankt ihnen ihre bedingungslose Dienstbereitschaft: „Dank, Rosenkranz und lieber Güldenstern." Die Königin hallt dankend nach: „Dank, Güldenstern und lieber Rosenkranz". Hamlet erkundigt sich, wie es ihnen geht. Rosenkranz antwortet: „Wie mittelmäß'gen Söhnen dieser Erde." Güldenstern, sein alter ego und Echo: „Glücklich, weil wir nicht überglücklich sind. Wir sind der Knopf nicht auf Fortunas Mütze."

Rosenkranz und Güldenstern waren Hamlets und Horatios Kommilitonen in Wittenberg. Mehrere Angehörige der dänischen Adelshäuser Rosenkrantz und Gyldenstjerne, Stützen der protestantischen absoluten Monarchie Dänemarks, studierten tatsächlich in Wittenberg. Sie sind in Shakespeares Stück nicht wie immer verfremdete Abbildung dieser realen Personen, sondern Personifikationen des höfischen Humanismus; ihnen gegenüber steht der andere Kommilitone Horatio als Personifikation des humanistischen Gelehrten, Hamlets Freund.

Der Hof gab, der Hof nahm. Am Hofe mehr als in der Stadt entwickelte sich der frühneuzeitliche Individualismus,[111] am Hofe wurde er im Keim erstickt. Das Individuum als Kunstwerk fiel dem Staat als Kunstwerk zum Opfer. „Für die Höfe, im Grunde noch viel mehr um seiner selbst willen bildet sich nun der Cortigiano aus, den Castiglione schildert. Es ist eigentlich der gesellschaftliche Idealmensch, wie ihn die Bildung jener Zeit als notwendige, höchste Blüte postuliert, und der Hof ist mehr für ihn als er für den Hof bestimmt. Alles wohl erwogen, könnte man einen solchen Menschen an keinem Hofe brauchen, weil er selbst Talent und Auftreten eines vollkommenen Fürsten hat und weil seine ruhige, unaffektierte Virtuosität in allen äußern und geistigen Dingen ein zu selbständiges Wesen voraussetzt."[112] Der Staat war als Pyramide gedacht, deren Spitze der Fürst war. Der Fürst spielte den Staat auf der Bühne der Welt. Ob Heinrich VIII. oder seine Tochter Elisabeth I., Cynthia, die Mond-Königin, oder ihre Gegnerin Maria Stuart oder der Sonnenkönig Ludwig XIV., sie alle verstanden sich, erklärtermaßen, als oberste Akteure auf einer Bühne, auf der ein neuer Staat gespielt wurde. Ein Spiel war es mit manchmal schlimmen Folgen.

Wechselte der König, wurde auch das Personal ausgewechselt. Der Höfling Rosenkranz beschreibt in *Hamlet* (III.3) die Hekatombe:

> Der Geist, an dessen Heil das Leben vieler
> Beruht und hängt. Der Majestät Verscheiden
> Stirbt nicht allein; es zieht gleich einem Strudel
> Das Nahe mit. Sie ist ein mächtig' Rad,
> Befestigt auf des höchsten Berges Gipfel,
> An dessen Riesenspeichen tausend Dinge
> Gekittet und gefugt sind; wenn es fällt,
> So teilt die kleinste Zutat und Umgebung
> Den ungeheuern Sturz.

Der Dienst an dem Fürsten bedeutete auch die Abhängigkeit von dessen Gunst in Form von Landschenkungen, Monopolen, Annuitäten. Der Wettbewerb um diese Gunst erforderte jene Tugenden, die Tasso als wesentlich für das Bestehen bei Hofe hervorhebt: Vorsicht, Verstellung, schließlich Schmeichelei. „Der Heroismus des stummen Dienstes wird zum Heroismus der Schmeichelei."[113]

Was blieb denn einem Hofmann, der sich selbst im Sinne Castigliones ästhetisch verwirklichen wollte, anders übrig als das Exil vom Hofe? Es blieb ihm nur noch die andere Bühne, nicht diese der Welt, auf dem die Monarchen sich selbst darstellten, sondern jene Bretter, die die Welt bedeuten, das Theater, die künstliche Wirklichkeit.

Dieser Hofmann hat zu Zeiten Shakespeares gelebt. Zweimal wird es bezeugt. Einmal wird er nicht namentlich genannt, das andere Mal als Mr. Will. Shake-speare vorgestellt.

VII. Ich kannte einen Mann

Der Epigrammatiker John Davies of Hereford kannte einen solchen Hofmann und er kannte Shakespeare. Letzteren nennt er Will. Shakespeare, ersteren nennt er nicht. Über den Ungenannten berichtet er in fünf achtzeiligen Strophen innerhalb eines insgesamt 388 Zeilen langen Gedichts mit dem Titel „Speculum Proditori" („Spiegel des Verräters")[114]. Das Entstehungsdatum ist nicht bekannt; möglicherweise wurde es kurz nach dem Gunpowder Plot im Jahr 1605 verfaßt, aber auch das Jahr 1614 scheint möglich. Das Thema dieses ziemlich langen Gedichts, eintönig und zweideutig, ist auch das Grundthema der Shakespeareschen Königsdramen: der Verrat am König, der in *Heinrich VI.* die Sehnsucht nach einem Schäferdasein, in *Richard II.* die Todessehnsucht hervorruft. Dieser Mann, von dem John Davies spricht, hat möglicherweise die Rollen des Heinrich VI. und Richard II. gespielt. Auf jeden Fall hat er Königsrollen gespielt. Wie Shakespeare, sagt uns John Davies in einem Shakespeare gewidmeten Epigramm. Einmal schreibt Davies, Shakespeare wäre ein Gefährte für einen König gewesen, hätte er diese Königsrollen nicht gespielt. Außerdem habe Shakespeare „Ehrlichkeit" unter den Schauspielern gesät. Daß diese „Ehrlichkeit" „verfeinerten Geschmack" bedeuten kann, wissen wir inzwischen.[115] Viele Shakespeare-Biographen, die Mehrzahl vermutlich, wissen es noch nicht.

To our English Terence, Mr. Will. Shake-speare

Some say good Will (which I, in sport, do sing)
Had'st thou not plaid some Kingly parts in sport,
Thou hadst bin a companion for a King;
And, beene a King among the meaner sort,
Some others raile; but raile as they think fit,
Thou hast no rayling, but a raigning Wit:
And honesty thou sow'st, which they do reape;
So, to increase their Stocke which they do keepe.

139

An unseren englischen Terenz, Mr. Will. Shake-speare

Es sagen einige, lieber Will, den ich im Spaß besinge,
Hättest du nicht einige Königsrollen gespielt,
Du wärst ein Gefährte für einen König gewesen,
Und selbst ein König unter den Geringeren,
Andere spotten, mögen sie spotten, wie sie wollen,
Dein Geist ist nicht spottend, sondern sprudelnd.
Und Kultiviertheit sätest du, die sie auflesen:
Und mehrtest ihren Besitzstand, den sie halten.

E.K. Chambers hat den Ausdruck „companion for a king" als
„kryptisch" bezeichnet.[116] Das ist er gewiß, wenn man ihn auf William
Shakespeare, den Malzhändler aus Stratford, beziehen muß. Bezogen auf
einen Hofmann, bietet der Satz keine Verständnisschwierigkeiten mehr.
Ein Hofmann war einer, der bei Hofe verkehrte, in der unmittelbaren
Umgebung des Königs oder der Königin, ein Gefährte des Königs. Ein
besonders ausgezeichneter Gefährte wäre er als Ritter des Hosenbandor-
dens gewesen. Vielleicht hat John Davies sogar dies gemeint. Aber
einerlei ob bloß adliger Hofmann oder auch noch Ritter des Hosen-
bandordens, für beide trifft zu, daß sie „Gefährten eines Königs" und
unter den niedrigeren Ständen selbst eine Art König waren. Und als
Hofmann hat er selbstverständlich verfeinerte Kultur in das Theater
eingebracht. Auf einen Hofmann bezogen, läßt die Aussage des John
Davies an Deutlichkeit wenig zu wünschen übrig.
  Auftritte in öffentlichen Theatern waren für römische Aristokraten
verpönt. Bei Spielen waren die Römer „wesentlich nur Zuschauer".[117]
Darin lag der ganze Unterschied zwischen dem römischen Diktator
Sulla, der sich nach Niederlegung seiner Diktatur, die in Rom eine
zeitlich befristete Institution war, der Schauspielerei hingab, jedoch nur
im privaten Kreis, und Kaiser Nero. „Das Schimpflichste, was Nero
getan, war, daß er auf öffentlichem Theater als Sänger, Zitherspieler,
Kämpfer aufgetreten ist."[118] Und wirklich hat man bei Tacitus das
Gefühl, daß er es Kaiser Nero weniger zum Vorwurf macht, seine
ehrgeizige Mutter aus dem Weg geräumt zu haben, als im öffentlichen

Theater aufgetreten zu sein. Das zu tun, habe sich seit der Einführung des Theaters aus Griechenland vor zweihundert Jahren noch kein Mitglied eines Adelshauses in Rom getraut; anfangs habe sich Nero noch etwas Zurückhaltung auferlegt, indem er sich auf Auftritte in privaten Häusern beschränkt habe, doch dann habe er alle Hemmungen abgelegt.[119] Im England der frühen Neuzeit galt der Schauspieler als eine Art Handwerker. „I grant your action though it be a kind of mechanical labour", schreibt Robert Greene in einer Schelte gegen die Überheblichkeit der Schauspieler.[120] („Ich akzeptiere eure Tätigkeit, obwohl sie eine Art handwerklicher Arbeit darstellt.") England verzeichnet keinen Nero unter seinen Königen. Doch wird Nero in Thomas Elyots *The Book of the Governor* dem neuen Typus adliger Führungselite gerade deshalb als negatives Beispiel vorgehalten. Da sich die westeuropäische Aristokratie in der Tradition der römischen verstand, wird man sich nicht darüber wundern, daß ein hier ein ähnliches Tabu galt. Auf jeden Fall ist in England von einem adligen, geschweige königlichen Schauspieler in der frühen Neuzeit nichts bekannt.

Shakespeare vielleicht? Seine Klage im Sonett 110 ließe sich jedenfalls so deuten:

Alas, 'tis true, I have gone here and there,
And made myself a motley to the view.

Leider ist es wahr, ich trieb mich hier und dort um,
Und machte mich zum Narren für die Blicke.

Aus dem Sonett 111 läßt sich dieser andere Aspekt des handwerklichen Charakters des Schauspielerberufs vernehmen:

O for my sake do you with Fortune chide,
The guilty goddess of my harmful deeds,
That did not better for my life provide,
Than public means which public manners breeds.
Thence comes it that my name receives a brand,
And almost thence my nature is subdued
To what it works in, like the dyer's hand:

141

O, mir zuliebe sei Fortunen gram,
Der schuldigen Göttin meiner üblen Schritte,
Von der nichts Besseres ich mitbekam
Als Pöbelgeld, verdient durch Pöbelsitte.
So trägt mein Nam' ein Zeichen eingebrannt,
Und fast herabgezerrt wird so mein Wesen
Zu meinem Wirken, wie des Färbers Hand.

Hierzu vermerkt Katherine Duncan-Jones, die Herausgeberin der *Sonnets* in der Arden-Reihe: „John Davies of Herefords Kommentar, Shakespeare habe seine soziale Position durch seine Karriere als Schauspieler gefährdet, könnte hier relevant sein."[122] So wird Nüchtern zu Null. Welche soziale Position Shakespeare denn gefährdet habe, spricht John Davies deutlich genug aus: die „eines Gefährten für einen König". Konkret: Shakespeare wurde vom Hof verbannt. Shakespeare selbst drückt sich in seinem Sonett nicht weniger deutlich aus. Er fristet sein Dasein durch Erwerb aus dem Theater, aus „public means". Doch welches Theater? Auf den ersten Blick müßte man annehmen, daß es sich um das handelt, was „public stage" genannt wurde, das „Volkstheater", das Theater für breite Volksschichten. Allein, auch das etwas irreführend als „private theatre" bezeichnete Schauspielhaus war ein öffentliches und dem Grundsatz nach jedem zugänglich. Nur daß sich der Grundsatz durch die höheren Eintrittspreise über die Verhältnisse des breiten Publikums gehoben hatte. Das Publikum des privaten Theaters kam aus bessergestellten Kreisen. John Davies könnte also sowohl das „öffentliche" wie das „private" Theater gemeint haben.

Die „public means", aus denen Shakespeare zumindest teilweise seinen Lebensunterhalt bestritt, können zweierlei bedeuten: Anteilseigner und Schauspieler. Auf beide Möglichkeiten spielt Hamlet nach dem Schauspiel an, das er zur Überführung von Claudius hat aufführen lassen:

HAMLET: Sollte nicht dies und ein Wald von Federbüschen (wenn meine sonstige Anwartschaft in die Pilze geht) nebst ein paar gepufften Rosen auf meinen gekerbten Schuhen mir zu einem Platz in einer

Schauspielergesellschaft verhelfen?
HORATIO: O ja, einen halben Anteil an der Einnahme.
HAMLET: Nein, einen ganzen.

Die Worte können als ironische autobiographische Anspielung gedeutet werden. Das breite Theaterpublikum hätte mit dieser Bemerkung vermutlich nicht viel anfangen können. In der ersten Ausgabe von *Hamlet* im Jahr 1603, einer Fassung, die erheblich von der Version, die 1604 erscheint, abweicht, und die mehrere Forscher als eine für das öffentliche Theater präparierte Version betrachten, fehlt diese Stelle denn auch. Der deutsche Leser wird das Wort „Anwartschaft" so verstehen wie der Übersetzer August Wilhelm Schlegel es gemeint hat, nämlich als Hamlets Anspruch auf den dänischen Thron. Das englische Original hört sich jedoch anders an und führt uns näher an Sonett 111 heran:

HAMLET: Would not this, sir, and a forest of feathers, if the rest of my fortunes turn Turk with me, with Provincial roses on my razed shoes, get me a fellowship in a cry of players?
HORATIO: Half a share.
HAMLET: A whole one, I.

Im Falle Edward de Veres bekommt der Ausdruck „Wald von Federbüschen" einen sarkastischen Beiklang, denn in den 1590er Jahren war er bemüht, seine Vermögenslage aufzubessern, weshalb er sich um die Verwaltung des Waltham-Waldes in der Grafschaft Essex bewarb. Der Wald hatte seinen Vorfahren gehört, war aber von Heinrich VIII. von der Krone in Besitz genommen (Schlegels „Anwartschaft" träfe damit auch diese Allusion). Erst im Juli 1603 wurde ihm die Bitte von Jakob I. bewilligt. Elisabeth I. hatte sie beharrlich ignoriert. Das könnte die nicht unbedingt erschöpfende autobiographische Bedeutung von „forest of feathers" und „the rest of my fortunes" sein, und dann bliebe ihm noch die „fellowship" in einem Schauspielerensemble. „Fellowship", es sei daran erinnert, bedeutet eine Teilhaberschaft an den Einnahmen des Ensembles. So daß man den Satz verstehen kann: Wenn ich diesen Wald in Essex nicht erhalte, so daß meine Fortüne, sprich: Einkommen,

Vermögen, mit mir den Bach hinuntergeht, bleibt mir ja noch ein „Wald von Federn" als Schauspieler und ein Anteil an einem kommerziellen Ensemble, und zwar kein halber Anteil (wie es einige in Shakespeares Ensemble wirklich hatten), sondern ein ganzer.

Doch weder der öffentliche Auftritt als Schauspieler noch eine Anteilseignerschaft an einem kommerziellen Ensemble war mit dem Adelsstatus vereinbar. Das eine galt als Handwerk, das andere als Handel und damit ebenfalls als „mechanic", „Handwerk". Ob ein Adliger, der in eine Notlage geraten und gezwungen war, seinen Lebensunterhalt aus Handel oder Handwerk zu bestreiten, weiter als adlig gelten könne, ist eine Frage, über die im 16. Jahrhundert, vor allem in Italien, einiges theoretisiert worden ist. Der Konsens war, daß das Beziehen von Einkommen aus Gewerbe die Verwirkung des Adelsstatus nach sich zog. Die Verwirkung des Status war jedoch anderer Art als die infolge Hochverrats. Ein Hochverräter verlor Vermögen, Ehre, Titel und in vielen Fällen auch das Leben. Sein Blut galt als „verdorben" („corrupted"). Seine Erben konnten dennoch in ihre Rechte eingesetzt werden und wurden es auch fast immer, doch bedurfte es dazu eines höchst formalen parlamentarischen Beschlusses. Den Adligen, der einem Gewerbe nachging, traf eine solche Strafe nicht; ihm wurde kein juristischer Prozeß gemacht, sondern ein gesellschaftlicher. Modern ausgedrückt: er wurde „geoutet". Solange er diesem Gewerbe nachging, galt er nicht mehr als der höfischen Elite zugehörig. Sein höherer sozialer Status ruhte. Er war ein Gemeiner zumindest auf Zeit, bis er sich von gewerblichem Einkommen wieder unabhängig gemacht oder sonst sein Verhalten wieder mit dem höfischen Verhaltenskodex in Einklang gebracht hatte. Das Tribunal war die Gesellschaft, die bekannte „gute Gesellschaft". Daß die Ausgrenzung aus der „guten Gesellschaft" ungeschriebenen Verhaltensgesetzen folgte, machte sie ja nicht weniger wirksam.

Die Zeit, in der Edward de Vere, Graf von Oxford, einen derartigen Statusverlust erlitt, läßt sich einigermaßen genau angeben. Die Stimmabgaben bei den jährlichen Wahlen zur Aufnahme in den Hosenbandorden sind ein gutes Barometer für das gesellschaftliche Ansehen.[123] Jedes Ordensmitglied konnte für einen Kandidaten mehrere Stimmen abgeben. Die Entscheidung darüber, ob die Kandidaten mit den meisten Stimmen dann auch aufgenommen wurden, blieb in letzter Instanz dem Monarchen vorbehalten. Oxford wurde nie aufgenommen, bekam jedoch regelmäßig jährlich mehrere Stimmen. Regelmäßig für ihn stimmten die Grafen von Derby, Pembroke und Nottingham (der Lord Admiral), alle im übrigen auch Schirmherren von Schauspielerensembles. Bis 1590. Nach 1590 erhält Oxford nur noch eine Stimme, die seines Schwagers Sir Thomas Cecil. Nichts deutet darauf hin, daß er sich mit seinen früheren Gönnern überworfen hätte. Die Vermutung liegt aber nahe, daß sie ihn nicht mehr als wählbar für den Hosenbandorden betrachteten. Eine Mitgliedschaft in einem Schauspielensemble wäre sicher ein solcher Grund gewesen. Denn so sehr die Schauspieler auch geschätzt wurden, als „honest", „ehrlich" galt eine solche Beschäftigung für einen Adligen nicht.

Ein anderer geläufiger Ausdruck für gesellschaftlich korrektes Verhalten war „civility". Stefano Guazzo, einer der einflußreichsten Verhaltenspräzeptoren, definiert in seinem Hauptwerk *La Civil Conversazione*: „E ,conversazione civile' non vuol dire altro che conversazione ,onesta', lodevole e virtuosa".[124] („Und ziviles Verhalten bedeutet nicht anderes als ,ehrliches', lobenswertes und tugendhaftes Verhalten.") Wieder muß gewarnt werden, das Wort „conversation" nicht in der heutigen Bedeutung von „Gespräch" zu verstehen, sondern allgemein als „Verhalten". Zum Beispiel schreibt Francis Meres über den Dichter Michael Drayton: „a man of virtuous disposition, honest conversation, and well-governed carriage." Meres sagt im Grunde dreimal dasselbe: Drayton sei ein Mann tugendhafter Veranlagung, anständigen Benehmens („honest conversation") und selbstbeherrschten Verhaltens. Und Meres fügt hinzu, Drayton sei damit fast ein Wunder unter Intellektuellen „in dieser dekadenten und verdorbenen Zeit". Im nächsten Kapitel werden wir sehen, daß im September 1592 genau das einem anderen Intellektuellen abgesprochen wurde.

Warum findet sich die zweite Aussage des John Davies of Hereford nirgends unter den möglichen zeitgenössischen Allusionen auf Shakespeare? Daß es sich um eine Anspielung auf Shakespeare handelte, vermutete Alexander B. Grosart, Herausgeber von John Davies' Gesamtwerk. Die Shakespeare betreffende Stelle, die Grosart meinte, beginnt mit dieser Strophe:

I knew a Man, unworthy as I am,
And yet too worthie for a counterfeit,
Made once a king; who though it were in game,
Yet was it there where Lords and Ladyes met;
Who honor'd him, as hee had been the same,
And no subjective dutie did forget;
    When to him-selfe he smil'd, and said, lo here
    I have for noght, what Kings doe buy so deere.

Im weitesten Sinne bedeutet das Wort „counterfeit" etwas Nachgebildetes oder Nachgeahmtes. In diesem Zusammenhang kann es nur für „Schauspieler" stehen. Möglich ist allerdings auch, daß es sich um den Lord of Misrule („Freudenkönig" oder „Bohnenkönig") während der zwölf Tage zwischen Weihnachten und dem Dreikönigsfest handelt. Doch würde nur ein solcher Auftritt keinen Statusverlust zur Folge gehabt haben; vom Grafen von Leicester ist überliefert, daß er 1561 in der Anwaltsinnung diesen Lord of Misrule gespielt hat. Das Adjektiv „subjective" ist in einem heute veralteten Sinn verwendet. Die „subjective duties" sind die Pflichten des Subjekts, des Untertans gegenüber dem König. Daher:

Ich kannte einen Mann, so wenig würdig wie ich selbst,
Und trotzdem zu würdig, um ein Schauspieler zu sein.
Einst zum König gekrönt, und obwohl nur im Spiel,
War es dort, wo Lords und Ladies sich trafen,
Die ihn so ehrten, da er ihresgleichen gewesen war.
Und sie vergaßen keine Ergebenheitspflicht.
    Wenn er vor sich hin lächelte und sagte, seht her,
    Ich habe umsonst, was Könige so teuer erkaufen.

Wie im Epigramm für Will. Shake-speare scheint von einem Mann die Rede zu sein, der Königsrollen gespielt hat und deshalb vom Hofe verbannt, aus der „guten Gesellschaft" ausgeschlossen worden war. Es ist dies impliziert in der Aussage, daß er einmal den gleichen Status genossen hatte wie die Lords und Ladies, die ihm offenbar dennoch mit Respekt begegneten. Der Ort der Begegnung wird hier ebenfalls deutlicher bezeichnet, denn im „private theatre" trafen sich die hohen Herren und Damen. Wir wissen jetzt, daß dieser Mann, über den Ähnliches gesagt wird wie im Epigramm über Shakespeare, im „private theatre" wahrscheinlich als Schauspieler aufgetreten war. Und in der zweiten Strophe wird auch der Zeitraum angegeben: während der zwölf Tage zwischen dem zweiten Weihnachtstag und dem Dreikönigsfest, „twelve gamesome days". Sein Auftritt kann sich nicht auf den Lord of Misrule beschränkt haben, denn das allein hätte nicht den von Davis angedeuteten Statusverlust nach sich gezogen. Der Mann war „nicht würdiger als John Davies" selbst und war doch einmal ihresgleichen unter Lords und Ladies gewesen. Als Schauspieler hatte er seinen guten Namen verloren. Es sei noch einmal betont: Shakespeare bestätigt es im Sonett 111: „Thence comes it that my name receives a brand", daher empfängt sein Name ein Brandmal, aus dem Erwerb aus öffentlichen Quellen, „public means".

Der Rest der vierzig Zeilen enthält keine weiteren Informationen. Es sind etwas monotone Kontrastierungen zwischen dem, der Königsrollen auf der Bühne spielt, und einem wirklichen König. Dieser müsse ständig Verrat befürchten, könne nicht abtreten, wie sehr ihn die Königsbürde auch belaste, sei durch die Etikette gebunden, usw. Jener erlebe alles nur als Spiel. Die abschließenden vier Zeilen enthalten vielleicht doch noch eine Information, denn sie erinnern an Edward de Veres Sechszeiler „Were I a King":

He could command, and have all as he would;
But their commands oft have not that effect.
Then who had better Raigns, judge of all sense,
Either a King indeed, or in pretence.

Er konnte befehlen und alles haben, wie er wollte,
Doch ihre Befehle haben oft nicht diese Wirkung.

Wessen Herrschaft war die bessere, recht besehen,
Entweder dessen, der König ist oder der den König mimt.

John Davies of Hereford kannte einen Mann, über den er ziemlich das gleiche sagt wie über Shakespeare und beschließt den Bericht mit einem Vierzeiler, der an ein Gedicht Edward de Veres erinnert, an Heinrich VI., Richard II.

VIII. Was sein muß, muß sein dürfen

In keiner orthodoxen Shakespeare-Biographie fehlen die Ereignisse vom September 1592, in deren Mittelpunkt William Shakespeare steht. Sie dürfen nicht fehlen und werden es auch in Zukunft niemals, denn sie sind das Wort am Anfang, ohne das nichts ist, das Licht, das in der Finsternis scheint, der Aufgang von Shakespeares Sonne in der Londoner Literatur- und Theaterwelt. Die Finsternis nimmt diese Sonne sechs Jahre lang nicht mehr an, dann kommt wieder Licht, danach wieder fünf Jahre Finsternis, Licht, und wieder Finsternis bis zum Ende. Deshalb sind die Ereignisse im September 1592 ein Muß.

Die dramatis personæ:
ROBERT GREENE, erfolgreicher Schriftsteller und angeblicher Verfasser einer Invektive gegen Schauspieler und eines beleidigenden Briefes gegen drei andere Schriftsteller innerhalb einer nach seinem Tod veröffentlichten Erzählung, *Greene's Groatsworth of Wit* („Greenes Groschen Weisheit").
HENRY CHETTLE, Schriftsteller und Drucker, Herausgeber jener Erzählung und von den Zeitgenossen als wirklicher Verfasser betrachtet;
DIE SCHAUSPIELER, allgemein, keine Namen werden genannt;
EIN SCHAUSPIELER, wird besonders hervorgehoben, er bleibt ungenannt, aber es wird offenbar oder angeblich auf seinen Namen angespielt;
SCHRIFTSTELLER 1, der in dem Brief als Macchiavellist und Atheist beschimpft wird, er wird nicht genannt.
SCHRIFTSTELLER 2, wird in dem Brief als etwas zu überheblicher Satiriker gerügt, er wird als „junger Juvenal" angesprochen, aber nicht genannt.
SCHRIFTSTELLER 3, wird beleidigt, bleibt ungenannt und niemand weiß so recht, worüber sich andere an seiner Stelle aufgeregt haben. Man weiß nicht, ob er sich selbst beleidigt gefühlt hat.

Kein orthodoxer Shakespeare-Biograph hat meines Wissens bisher zu erklären versucht, wieso denn dieser dritte Schriftsteller sich gekränkt gefühlt haben könnte. Bei den Erklärungen ereignet sich eine wunderbare Gestaltverwandlung: der dritte Schriftsteller, der als Shakespeare identifiziert ist, wird vor einem Schauspieler gewarnt, der auch Shakespeare ist. Shakespeare wird somit vor Shakespeare gewarnt. Wäre durchaus möglich, wenn es einen doppelten Shakespeare gäbe. Doch, so unglaublich es klingen mag, viele orthodoxe Forscher halten daran fest: Shakespeare stellte eine Gefahr für Shakespeare dar. Diese besondere Zweifaltigkeit ist zur Erhaltung des geliebten Shakespearebildes notwendig: 1592 war Shakespeare in London ein gefeierter Schauspieler und ein beneideter Bühnenautor. Diese wunderbare Vereinigung zweier Gegensätze gilt zudem als „gesicherte Tatsache", einigen gar als „absolut gesicherte Tatsache". Tatsachen sind nach Dorothy Sayers wie Kühe, schaut man sie eine Weile mit scharfem Blick an, stieben sie nach einigen muhenden Selbstbehauptungsversuchen in Panik davon. In unserem Fall haben wir es allerdings mit einer heiligen Kuh zu tun. Ist eine heilige Kuh eine Kuh wie jede andere? Oder läuft sie nicht so schnell davon, wenn man sie etwas länger anschaut?

Also. Im September 1592 stirbt Robert Greene. Angeblich soll er auf seinem Sterbebett diese Erzählung geschrieben haben. Es soll, glaubt man den Verlegern, nicht die einzige Erzählung sein, die er im Sterben geschrieben hat. Es erscheinen kurz nach seinem Tod mehrere Werke von ihm, eines sogar aus der Hölle, alles „im letzten Atemzug" geschrieben. Herausgeber von *Greene's Groatsworth of Wit* ist Henry Chettle. Die Zeitgenossen halten Henry Chettle für den Verfasser, der, vermutlich aus Greenes früheren Werken schöpfend, das Werk als das Robert Greenes ausgibt. Was, wieder einer, der sein eigenes Werk nicht geschrieben haben soll? Ja, aber diese Adverbialbestimmungen, wissen Sie! Nach Adverbialbestimmungen kehrt sich im Deutschen die Reihenfolge von Subjekt und Verb um. Inversion nennt man es. Erfinden wir für die Gelegenheit einen deutschen Schriftsteller namens Heinrich Viehweg, der als eigenes Stilmerkmal keine Inversion nach Adverbialbestimmungen zu beachten pflegt und Sätze schreibt wie: „Plötzlich ein alter Mann tauchte auf vom Waldesrand." Dieser Schriftsteller gibt nun eine Erzählung heraus unter dem Namen eines anderen Schriftstellers, Robert Grün, der vor kurzem gestorben ist, und beleidigt darin einige andere

Schriftsteller. Und die Erzählung beginnt: „Nach einem langen Spaziergang er kam nach Hause erschöpft und glücklich." Würde man diesen anderen Schriftstellern, die behaupteten, nicht Robert Grün, sondern Heinrich Viehweg sei der wirkliche Verfasser, Verschwörungswahn nachsagen wollen? Oder nicht doch ein elementares Stilempfinden bescheinigen? Henry Chettle liebte diese Inversionen auch dann noch, als sich das Englische von ihnen bereits weitgehend verabschiedet hatte. Robert Greene hingegen verwendete sie kaum. Chettle schreibt zum Beispiel „On a sudden from the forest edge issued an old man." Wie Heinrich Viehweg. Und die Erzählung *Greene's Groatsworth of Wit* enthält zahlreiche solche Konstruktionen. Eigentlich Grund genug, Chettle zu verdächtigen. Und vielleicht hatten die Zeitgenossen noch andere Gründe, kannten sie doch Chettle als geschickten Imitator, der von seinen Inversionen allerdings nicht lassen konnte. Doch dauerte es bis 1969, ehe die Bereitschaft zu wachsen begann, Chettle und nicht Greene als Verfasser zu betrachten. Der Computer und möglicherweise auch der einschüchternd lange Titel einer Studie Warren B. Austins erzwangen die Wende: „Eine computergestützte Technik zur stilistischen Unterscheidung: Die Verfasserschaft von ‚Greene's Groatsworth of Wit.'"[125] Austin zog weitere stilistische und syntaktische Kriterien heran und kam zum Schluß, daß Chettle der Verfasser sein muß.

Gegen Ende des Buches ist ein Brief abgedruckt, in dem drei Bühnenschriftsteller vor den Schauspielern allgemein und besonders vor einem unter ihnen gewarnt werden. „Nein, traue ihnen nicht, denn da ist eine aufstrebende Krähe, geschmückt mit unseren Federn, einer, der mit seinem *Tigerherzen, in Schauspielerhaut gesteckt*, glaubt genausogut einen Blankvers ausbombasten zu können wie der beste von Euch; und dieser absolute Hans Dampf in allen Gassen [Johannes fac totum] dünkt sich selbst der einzige Bühnen-Schüttler [Shake-scene] im Lande. Oh! Laßt mich Euch beschwören, Euren so seltenen Witz sinnvoller zu nutzen; und laßt doch diese Affen Eure vergangene Vorzüglichkeit nachahmen, aber laßt sie mit Euren bewunderten Schöpfungen nie mehr Bekanntschaft machen. Ich weiß, daß der sparsamste von Euch sich nie als Wucherer erweisen wird und der liebenswürdigste von ihnen nie als liebenswürdige Pflegerin. Sucht Euch denn, während Ihr noch könnt, bessere Meister. Denn es wäre ein Jammer, daß Eure seltenen geistigen Fähigkeiten den Gnaden derart roher Kammerdiener ausgeliefert wären."

Mit diesem „Bühnen-Schüttler" oder „Bühnen-Erschütterer" sei nun einwandfrei erwiesen, daß hier auf Shakespeares Namen angespielt wird, zumal das Wort vom Tigerherzen, das in einer Schauspielerhaut gesteckt ist, eindeutig auf Shakespeares *Heinrich VI., 3. Teil*, Akt I, Szene 4, verweise: „Oh, Tigerherz in Weiberhaut gesteckt". Eine solche Schauspielerschelte war nicht neu. Vier Jahre vorher, 1588, hatte Robert Greene ähnlich gewettert: „Warum, Roscius, bist du so stolz wie Äsops Krähe, die mit dem Glanz der Feder anderer prahlt? Aus dir selbst heraus kannst du nichts sagen, wenn der Flickschuster dir nicht beigebracht hätte, *Ave Cæsar* zu sagen, verschmähe deinen Lehrer nicht, weil du in einer Königskammer schwätzen kannst."[126] Nicht alles ist besonders deutlich. Wer ist dieser Flickschuster, der den Schauspielern beigebracht hat, lateinische Ausdrücke und Namen richtig auszusprechen? Wahrscheinlich ist Christopher Marlowe gemeint, Sohn eines Schusters. Wer sind die Diener in der Kammer des Königs, auf die auch in dem Brief in *Groatsworth of Wit* angespielt wird? Es sind die Schauspieler des Ensembles der Queen's Men, die 1588 angesehenste Schauspielertruppe, offiziell als Diener der Königin und „grooms of the chamber of her Majesty" geltend. Roscius ist der Name des bekanntesten Schauspielers im alten Rom. Als solcher wurde zumeist der jeweils überragende englische Schauspieler bezeichnet, 1592 bis etwa 1598 Edward Alleyn, nachher Richard Burbage. 1588 müßte dann Richard Tarleton gemeint gewesen sein, oder vielleicht auch allgemein gute Schauspieler. Und etwas weiter in Greenes Text findet sich eine andere Stelle, in dem auch „Tiger" vorkommt: „Oh, Francesco, sie verbirgt ihre Klauen, aber sie belauert ihre Beute wie der Tiger, weint mit dem Krokodil, lächelt wie die Hyäne und schmeichelt wie der Panther."[127] Nebst Ausdrücken wie „Kammerdiener" und „geschmückt mit fremden Federn" könnte sich Chettle den Ausdruck „Tigerherz" auch hier geholt haben. Oder aus einem anderen, 1580 erschienenen Werk Greenes, *Mamillia*: „Das Herz eines Tigers in einen Schafspelz gesteckt."[128] Greenes 1588er Schelte hatte einen Vorläufer in William Rankins, der 1587 seinen *Mirror of*

Monsters herausgibt, wo vor den Schauspielern gewarnt wird: „Unnatürlicher als der Tiger sind sie... Sie werden ihrem Wohltäter nichts Gutes tun."[129] Es ist vermutet worden, daß vor allem der zweite und dritte Teil von Shakespeares *Heinrich VI.* teilweise von anderen Autoren geschrieben wurde. Als einer der möglichen Mitarbeiter Shakespeares ist gerade Robert Greene vermutet worden. Der Satz könnte u.U. auch von Greene selbst stammen. Ein gedruckter Text von *Heinrich VI., dritter Teil*, existierte zudem 1592 nicht. Erst 1595 wurde es in einer Fassung, die erheblich von der in der Gesamtwerkausgabe von 1623 abweicht, unter dem Titel *The True Tragedy of Richard, Duke of York* gedruckt. Es erschien anonym. Wer der Verfasser eines Bühnenstückes war, kümmerte bis 1598 kaum jemanden, nicht einmal die Autoren selbst. Zwischen 1594 und 1598 erscheinen nahezu sämtliche Bühnenstücke ohne Angabe des Autors. Möglicherweise wußten 1595 nicht viele, wer den dritten Teil von *Heinrich VI.* geschrieben hatte. Diese verderbte Fassung von 1595, in der dieser Satz vom Tigerherzen ebenfalls vorkommt, ist nur zum Teil Shakespeares Version. Francis Meres erwähnt das Stück 1598 nicht unter Shakespeares Tragödien. Welchen Wert hat unter diesen Umständen das Zitieren eines solchen Satzes als Anspielung auf einen Verfasser, den niemand so recht kannte und den zu kennen die wenigsten interessiert haben dürfte? Doch was sein muß...

Aber mit dieser Anspielung, in dieser doppelten Konjunktion mit „Shake-scene" wird doch die Identität Shakespeares ziemlich zweifelsfrei festgestellt? Mag sein, daß wenn zu Windig und Noch-Windigerem noch ein paar Male kräftig geblasen wird, ein Stürmchen aufkommt, das an dem einen oder anderen Baum den einen oder anderen Zweig ausreißt. Denn noch kräftiger und rücksichtsloser als in Kafkas Großem Naturtheater von Oklahoma wird im Großen Naturtheater von Stratford Trompete geblasen. Doch das wird manchen nicht stören und ihm wie Karl Roßmann nur bestätigen, „daß das Theater von Stratford ein großes Unternehmen" sei. Vor der Unlogik, „Shake-scene" als Shakespeare zu identifizieren ist noch keine Trompete verstummt. Zunächst ein geringerer Einwand: wenn „Shake-scene" eine Anspielung auf einen Namen ist, den der Verfasser als Anspielung kennbar zu machen wünschte, müßte man erwarten, daß „Shake-scene" kursiv gedruckt sein würde. Namen, Zitate als Anspielungen, Anspielungen auf Namen erscheinen in der Regel in Kursivdruck. Versehen des Setzers? Kaum möglich. Der Setzer beim Drucker John Danter heißt Henry Chettle. Der weitaus schwerwiegendere Einwand gegen die Identifizierung von „Shake-scene" ist ein anderer. Wenn etwa Thomas Lodge in einer Streitschrift gegen Wucherer den Junker, der seinen Grundbesitz an den Geldverleiher verloren hat, „Sir John Lacke-lande" („Herr Johann-ohne-Land") nennt, und den Wucherer „Mr. Scrape-penny"[130] („Mr. Pfennig-kratzer"), oder wenn der oder die anonymen Verfasser der Ende der 1580er Jahre erscheinenden puritanischen Pamphlete gegen die Amts-kirche sich „Martin Marprelate" oder „Martin Mar-prelate" nennt oder nennen, wobei „Martin" ein Name für Affe ist und der Nachname soviel bedeutet wie „Hau-den-Prälaten", so steht dieser Name in einer sinnvollen Beziehung zu einer Charakteristik des So-Genannten. 1592 würde der „Bühnenerschütterer", der sich für den einzigen richtigen Schauspieler im Lande hielt, nur zu dem Mann passen, über den mehrere Zeitgenossen als den Roscius seiner Zeit schreiben: Edward Alleyn, der einige Rollen gespielt hat, die dazu angetan sind, die Bühne in Schwingung zu versetzen: Marlowes Dr. Faustus, Tamburlain, Jude von Malta, der rasende Roland, alias Orlando Furioso. Außerdem hielt sich Edward Alleyn für fähig, selbst „einen Blankvers auszubombasten", wie jeder der anderen drei Schriftsteller. Und wie Robert Greene selbst. In seinem Nachlaß, der am von ihm gegründeten Dulwich College aufbewahrt wird, befindet sich ein Manuskript seines Parts in Greenes *Orlando Furioso*, den er selbst erweitert hat. Es ist auch vermutet worden, daß er der Autor sei des zwischen 1590 und 1592 aufgeführten zweiteiligen Bühnenstückes *Tamar Can*, einer Imitation von Marlowes zweiteiligem *Tamburlain*. Marlowe ist als der erste der drei Schriftsteller identifiziert worden! Dazu kommt noch, daß er und sein Schwieger-vater, der Theatermanager Philip Henslowe, sich als Geldverleiher betätig-ten, was auch die Anspielung auf „Wucherer" erklärt, denn Geldverlei-her galten per definitionem als Wucherer.

Was kann die orthodoxe Theorie für Shakespeare gegen Edward Alleyn in die Waagschale werfen? Schauen wir nach bei E.K. Chambers' Kurzbiographien der bekannten Akteure in Shakespeares Zeit.[131]

BRYAN, GEORGE. Gehörte zu der englischen Schauspielertruppe, die 1586-7 Helsingör in Dänemark und Dresden in Deutschland besuchte. Er ist einer der drei Schauspieler in dem Handlungsgrundriß von Tarltons *The Seven Deadly Sins*, dessen Name mit „Mr." ausgezeichnet ist, wie es ca. 1590-1 von der Truppe des Lord Strange oder des Lord Admiral aufgeführt wurde, und er wird auch in der vom Kronrat ausgestellten Genehmigung für die Reise der Truppe des Lord Strange erwähnt. Er war Zahlungsempfänger für die Chamberlain's Men am 21. Dezember 1596, aber weder erscheint er 1598 in der Schauspielerliste für [Ben Jonsons] *Every Man in His Humour*, noch findet sich von ihm später die geringste Spur bei den Chamberlain's Men. Wahrscheinlich gab er die Schauspielerei auf, um den Dienst als ordentlicher Kammerdiener im königlichen Haushalt anzutreten, da er eine solche Stelle 1603 bei der Beerdigung der Königin und immer noch von 1611 bis 1613 hält (*Chamber Accounts*). Sein Sohn George wurde am 17. Februar 1600 in St. Andrew's Wardrobe getauft. Sein Name erscheint in der Schauspielerliste zur Gesamtbühnenwerkausgabe Shakespeares.[132]

Nur zwei sind noch kürzer:

DUKE, JOHN. Strange's (?), 1590-1; Chamberlain's, 1598; Worcester's-Anne's, 1602-9. Vier Kinder wurden in St. Leonard getauft, wo er in Holywell Street lebte, von Juli 1604 bis Januar 1609.

Doch von John Duke ist weiter bekannt, daß er in London wohnte und nach 1604 mehrmals Zahlungsempfänger für sein Ensemble war. Von Shakespeare ist keine Londoner Anschrift bekannt, er fungiert 1595 einmal als Zahlungsempfänger und ist nach 1604 nirgends mehr als Schauspieler verzeichnet. Sein Eintrag ist der kürzeste.

SHAKESPEARE, WILLIAM. Strange's, 1592; Pembroke's (?) 1593; Sussex's (?)(1594); Chamberlain's-King's (1594-1616); und Dramatiker.

Es fehlt hier außerdem ein Fragezeichen hinter dem ersten Ensemble: man weiß überhaupt nicht, ob er je Mitglied des Ensembles Ferdinando Stanleys, Lord Strange und danach Graf von Derby, war. Das heißt: niemand weiß, zu welchem Ensemble der Schauspieler William Shakespeare vor 1594 gehörte: das Ensemble von Lord Strange? vom Grafen von Pembroke? vom Grafen von Sussex? Andrew Gurr faßt zusammen: „Sein Name erscheint bei keinem der Ensembles vor den Chamberlain's Men eine gewisse Zeit nach 1594."[134] Die Sachlage fordert den Sarkasmus heraus. Wo oder wie hat Shake-scene die Bühne geschüttelt oder erschüttert? Als Betätiger der Erdbebenmaschine? Oder durch zu lautes Vorsprechen im Souffleurkasten? Gurr fügt unmittelbar hinzu: „aber seine Stücke sind da." Welche Stücke?

Es wird ein etwas langweiliger Diskurs werden. Zur Belebung der Geister kann man nach jedem der folgenden Absätze die Gegenstimme der Orthodoxie in Chor singen lassen, passend zur Situation: aus einer Oper über ein Gespensterschiff, das am Kap der Guten Hoffung umherirrt, nach der Melodie des Matrosenchors aus Richard Wagners *Fliegendem Holländer*:

> Shakespeare, oh, wo bleibst du?
> Shakespeare, oh, was treibst du?
> Oh-oh-oh-oh, olderiddle, old riddle do.
> Wir wissen doch genau, du bist da, du bist da.
> Drum wollen wir jetzt auch lustig sein,
> Und aus voller Kehl' zum Himmel schrein,
> Ob du da bist oder nicht ist einerlei,
> Wir reden kräftig dich herbei.
> Da muß es hin, das ergibt Sinn.
> Welch ein Genuß, im Redefluß
> Sehen, was man sehen muß,
> Welch ein Genuß, welch ein Genuß.
> Machen wir Schluß, machen wir Schluß.

Für 1590 bis 1594 existiert nur eine ausgiebige Quelle, das Tagebuch des Theatermanagers Philip Henslowe. Er vermietet seine Theater an mehrere Ensembles: Lord Strange's Men, das den Großteil des späteren Ensembles der Lord Chamberlain's Men stellen wird, Shakespeares Ensemble also. Henslowe trägt nur die Titel der Stücke ein und die Summen, die sie eingespielt haben. Im März 1591 wird *Heinrich VI.* aufgeführt. Anfang 1594 stirbt Lord Strange, inzwischen zum 5. Graf von Derby geworden. Seit Ende 1593 sind Henslowes Eintragungen für das Ensemble des Grafen von Sussex. Es hat den Anschein, als habe der Graf von Sussex die Truppe von Lord Strange übernommen. Zwar sind keine Schauspieler dieser Truppe namentlich bekannt, aber es ist dieses Ensemble, das einige Shakespeare-Stücke aufführt: im Januar 1594 *Titus Andronicus*, im April 1594 *King Lear*, oh, ein Stück, das Shakespeare nach der orthodoxen Chronologie erst 12 Jahre später schreibt. Auch das Ensemble des Grafen von Sussex verschwindet aus Henslowes Journal. An seiner Stelle tritt nun das Ensemble der Lord Chamberlain's Men. Es wird ein Shakespeare-Stück aufgeführt, eines, das Shakespeare nach der orthodoxen Chronologie erst 7 Jahre später schreiben wird, *Hamlet*. Im Sommer 1594 bezieht Shakespeares Ensemble ein eigenes Theater, und aus Henslowes Journal fließen keine Informationen mehr über Shakespeare-Stücke. Fazit: es sind vier Shakespearestücke da, zwei bereits geschriebene, zwei noch zu schreibende.

Im Frühjahr 1593 werden die Londoner Theater wegen der Pestepidemie geschlossen. Verschiedene Schauspieler erhalten am 6. Mai 1593 die Genehmigung des Kronrates, durch die Provinz zu touren. Ihre Namen: Edward Alleyn, der als Mitglied des Ensembles vom Lord Admiral ausgewiesen ist, und William Kempe, Thomas Pope, John Hemmingss und George Brian, alle Lord Strange's Men. Shakespeare ist nicht dabei.

MATROSENCHOR (wie oben).

Im März 1592 führen die Lord Strange's Men das Stück *Seven Deadly Sins* auf. Von diesem Stück ist im Nachlaß Edward Alleyns ein „plot" bewahrt, ein Plan der Schauspielerauftritte. Die Namen sind vermerkt: Richard Burbage, Richard Cowley, William Sly, Augustine Phillips, Thomas Pope und George Brian, alle spätere Mitglieder von Shakespeares Ensemble. Shakespeare ist nicht da.

MATROSENCHOR (wie oben).

Aber Shakespeare ist Shake-scene und hält sich nichtsdestotrotz für den einzigen richtigen Schauspieler im Land! Ein Narr, wem da Zweifel kommen!

Zu den drei Schriftstellern:

Schriftsteller 1 wird Machiavellismus vorgeworfen, was in elisabethanischer Zeit gleichbedeutend mit Atheismus ist. Niccolò Machiavelli gehört eigentlich zwei verschiedenen Sphären an, der Sphäre des Geistes und der des Ungeistes. Einerseits war er ein vielgelesener und geschätzter politischer Autor, andererseits wurde sein Vorname als „old Nick" zum Synonym für den Teufel selbst. Diesen Vorwurf an Marlowe hatte Robert Greene bereits 1588 in seinem Vorwort zu der Erzählung *Perimedes, the Blacksmith* geäußert: „wobei jedes Wort den Mund füllte wie das Getöne von Bo-Bell [Baal], der mit dem Atheisten Tamburlaine Gott aus dem Himmel herausforderte oder lästerte wie der verrückte Sonnenpriester."[135] Mit dem verrückten Sonnenpriester ist wahrscheinlich der römische Kaiser Heliogabal gemeint. Ein solches Stück hat es gegeben, es ist jedoch verschollen. Auch Schriftsteller 2, der „junge Juvenal", ist ziemlich einfach identifizierbar. Es ist der junge Satiriker Thomas Nashe.

Doch wer war Schriftsteller 3, der wie die beiden anderen vor „Shake-scene" gewarnt wurde? Hat man einmal angenommen, „Shake-scene" sei Shakespeare, und dies gilt der Orthodoxie als unumstößlich, kann man ausschließen, der dritte Schriftsteller könnte Shakespeare sein.

MATROSENCHOR (wie oben).

Aber bedenkt man weiter, so muß es doch sehr dringend „müssen", wenn man den dritten Schriftsteller als Shakespeare identifizieren muß. Deklinieren wir durch. Shakespeare warnt Shakespeare vor Shakespeare, denn Shakespeare bilde sich ein, einen Blankvers genauso gut hinschmeißen zu können wie Shakespeare. Shakespeare, der Schauspieler, dieser Shake-scene, wird Shakespeare, den Schriftsteller, kaltherzig fallenlassen, wenn Shakespeare glaubt, Shakespeare nicht mehr zu brauchen. Das war lange Zeit höchst sakrosankte Orthodoxie!

John Dover Wilson war zwischen 1920 und 1960 ein führender Shakespeare-Experte. 1951 forderte er eine Revision der inzwischen gängigen Interpretation der Ereignisse um *Greene's Groatsworth of Wit* ein.[136] Edmund Malone (1741-1812), der Pionier der empirischen Shakespeareforschung, hatte, gestützt auf den gleichen Vorwurf, eine „stehlende Krähe" zu sein, der gegen Pierre Corneille erhoben wurde, weil er den Stoff für sein Stück *Le Cid* vom spanischen Dichter Guillén de Castro geborgt hatte, die „Krähe" ebenfalls als Plagiatanschuldigung aufgefaßt. Wilson wollte diese Deutung wieder in ihr Recht einsetzen. Wieso, fragt Wilson, könne man erklären, daß „verschiedene ehrenwerte Personen, was man aus guten Gründen als „verschiedene Adlige" verstehen darf, daran interessiert waren, den verleumdeten Dichter zu verteidigen?" Und, so fährt Wilson fort: „Warum sollten Leute von Rang in jenem Zeitalter rigider Klassengrenzen in dieser Weise die Klassengrenzen überschreiten und bei einem kleinen Drucker [Henry Chettle] zugunsten eines Schauspieler-Dichters vorsprechen. Solche Dinge geschehen nicht ohne guten Grund und ohne daß dabei ein klares Ziel vor Augen stünde, wobei Chettles eigene Worte im übrigen den Schluß nahelegen, daß dieses Ziel darin bestand, von Chettle eine vollständige und öffentliche Entschuldigung zu fordern, ja ihm diese womöglich ohne jedes Wenn und Aber aufzuerlegen. Aber weshalb diese auffällige Bezugnahme auf ‚Ehrlichkeit' und ‚aufrechten Wandel'. Es bestätigt doch einer nicht öffentlich, ein Freund sei kein Dieb, wenn nicht ein anderer vorher öffentlich genau das Gegenteil behauptet hätte... Aber wenn... ‚eine aufstrebende Krähe, geschmückt mit unseren Federn' nur bedeuten sollte, daß Shakespeare ein Schauspieler war, der so unverschämt gewesen wäre, selbst Stücke zu schreiben, dann ist diese Beteuerung der Ehrlichkeit völlig irrelevant, um nicht zu sagen unbeholfen."[137]

Eigentlich erkannte Wilson das Problem sehr genau: Warum intervenierten Adlige zugunsten Shakespeares? Und warum bescheinigten diese hohen Herren Shakespeare „Ehrlichkeit"? Es gehört zu den Eigentümlichkeiten John Dover Wilsons, daß ihn sein Elan oft auf das falsche Gelände hinausträgt; bald ein Rennpferd, das den Pflug in Windeseile über den Acker zieht, ohne viel Furchen zu hinterlassen, bald ein Ackergaul, der auf dem Springreitparcours kein einziges Hindernis überspringt, aber sie kraftvoll aus dem Wege tritt. Zur „Krähe": Robert Greenes vorhin zitierte Schelte gegen die Schauspieler in *Francesco's Fortunes* zeigt, daß „Krähe" und „fremde Federn" nichts mit Plagiat zu tun haben, sondern nur bedeuten, sie brüsteten sich auf der Bühne mit den Worten des Schriftstellers, als wären es ihre eigenen. Es ist nicht die stehlende Krähe gemeint, sondern die nachsprechende. Weiter wird dieser Vorwurf natürlich „Shake-scene" gemacht, nicht ... ja wem: Shakespeare oder einem anderen?

Es ist nicht so einfach begreiflich, wie sich diese Interpretation so lange hat behaupten können, diese Absurdität des doppelten Shakespeare, des bösen Schauspielers und des guten Schriftstellers, der vor „Shake-scene" gewarnt wird. Zumal sie auch frontal mit einer beliebten Vorstellung zusammenstößt: Shakespeare, der Mann ohne Universitätsbildung, der Akademiker aussticht und dadurch ihren Neid erweckt, Greene sozusagen grün ausschlagen läßt. Der Brief in *Groatsworth of Wit* richtet sich jedoch an Akademiker. Und in seiner Entschuldigung bestätigt dies Henry Chettle noch einmal: „Wie ich die ganze Zeit meiner Tätigkeit als Drucker böse Worte gegen Akademiker [‚scholars'] verhindert habe, ist sehr wohl bekannt; und wie ich mich in dieser Hinsicht verhalten habe, ist zur Genüge bewiesen." Mit anderen Worten, Chettle fragt, warum denn ausgerechnet er, der sich immer so respektvoll gegenüber Akademikern verhalten hat, dieser Attacke gegen Akademiker verdächtigt wird. Zwar wird als dritter Schriftsteller auch immer George Peele genannt, doch sobald Chettles Entschuldigung im Vorwort zu seiner 1592 erschienenen Erzählung *Kindheart's Dream* zur Sprache kommt, verwandelt sich George Peele meist auf wundersame Weise in William Shakespeare. Sobald die Shakespeare-Verehrung die Bühne betritt, stottert die Logik, verstummt und tritt gedemütigt ab. Die ehrenwerten Herren hatten sich nämlich besonders lobend über den Stil des dritten Schriftstellers geäußert. Ein weiterer Grund ist möglicherweise, daß sie Shakespeare „honesty" bescheinigten, was nicht nur von Edmund Malone und John Dover Wilson völlig falsch verstanden worden ist. Versteht man „ehrlich" im engeren heutigen Sinn, dann läßt sich die Versicherung der ehrenwerten Herren zunächst sinnvoll nur auf den Vorwurf an Shake-scene beziehen, weshalb John Dover Wilson glaubte, er hätte mit seinem Schlag ins Wasser den Nagel auf den Kopf getroffen. Da, wie gesehen, das Wort „honesty" eine viel umfassenderes Bedeutungsfeld als heute abdeckte, von „verfeinerter Ausdrucksweise" bis zu „Zügelung der Leidenschaften", wird recht schnell erkennbar, daß dem dritten Schriftsteller wirklich „Unehrlichkeit" vorgeworfen wurde: „Und Du, nicht weniger verdienstvoll als die beiden anderen, in einigen Dingen seltener, in nichts geringer, der Du, wie ich, zu extremen Ausbrüchen neigst, etwas habe ich auch Dir zu sagen; und wäre es nicht ein abgöttischer Eid, ich könnte beim Heiligen Georg schwören, daß Du kein besseres Los verdientest, als Dein Dasein auf solch minderwertige Weise fristen zu müssen." Letzteres entspricht nun ziemlich Shakespeares Klage im Sonett 111. Hier wird wiederholt, daß der dritte Schriftsteller eine Tätigkeit ausübt, die seinem Stand nicht angemessen ist. Und weiter, daß er, anders als Francis Meres an Michael Drayton lobte, nicht „of honest conversation" war, sich nicht mit Anstand benahm, anders als Drayton, seine Leidenschaften nicht immer beherrschte.

Und so entschuldigt sich Chettle, indem er diesen Vorwurf der „Unehrlichkeit" zurücknimmt, nur daß er dafür den äquivalenten Ausdruck der „civility" benutzt: „...denn ich selbst habe gesehen, daß sein Verhalten nicht weniger zivil war als er ausgezeichnet in der Eigenschaft, in der er tätig ist [„the quality he professes"]. Was ist diese „quality he professes"? Es bedeutet dasselbe wie John Davies of Herefords „counterfeit": Schauspieler. Davies selbst benutzt den Ausdruck in einem Gedicht an die Schauspieler: „Players, I love you and your quality". Der Satz bedeutet nicht, daß Davies die Schauspieler und die Qualität ihrer Kunst liebte. Die „Qualität" bezeichnet den Beruf selbst. „The quality he professes" war ein recht geläufiger Ausdruck für „Schauspieler". In seinem 1611 erschienenen Plädoyer für die Schauspieler, *An Apology for Actors*, benutzt Thomas Heywood den Ausdruck wiederholt zur Bezeichnung des Schauspielerberufes. Diese Bedeutung wird auch im OED angegeben, allerdings ohne etymologische Erklärung. Meine eigene Vermutung ist, daß der Ausdruck mit der schwierigen sozialen Einordnung des Schauspielers zu tun haben muß. Sie galten zwar als Handwerker, „eine Art handwerklicher Arbeit", so hatte es Robert Greene bezeichnet, und somit nicht zu den „liberal arts", den geistigen Tätigkeiten zählend. Aber eigentlich gehörte die Schauspielkunst doch eher zu den intellektuellen Tätigkeiten denn zu den handwerklichen und erhielt ein gewisses soziales Prestige, als ein Stand, der zwischen „mechanisch" und „liberal" angesiedelt war. Im Französischen wurde „homme de qualité" ebenfalls verwendet, um einen unbestimmten höheren gesellschaftlichen Status zu bezeichnen.[138] Wie immer, wichtiger scheint mir, daß Chettle im September 1592 ähnlich von einem Mann redet, wie John Davies of Hereford von dem Mann, den er kannte und von dem er in der gleichen Weise spricht wie von Mr. Will. Shake-speare. John Davies of Hereford hatte berichtet, daß der Mann zwar auf einen geringeren Status zurückgestuft war, aber immer noch zu würdig, um Schauspieler zu sein. Der Vorwurf in dem Brief in *Greene's Groatsworth of Wit* lautet ähnlich. Laut Chettle hätten die hohen Herren („divers of worship") unterstrichen, daß der dritte Schriftsteller „ehrlich" sei: „reported his uprightness of dealing, which argues his honesty, and his facetious grace in writing, that approves his art." Sie betonen also „seinen aufrechten Wandel, der seine Ehrenhaftigkeit beweist, und den heiteren Anmut seiner Schriften, die seine Kunst bestätigt." Als 1587 die Leitung der Universität Cambridge Christopher Marlowe den Titel eines „Master of Arts" verweigern wollte, erhielt sie einen Brief, in dem sie angewiesen wurde, Marlowe wegen seines „faithful dealing", „aufrichtigen Verhaltens", den Titel zu verleihen. Unterzeichner des Briefes waren die Großen der Zeit: John Whitgift, Erzbischof von Canterbury, Lord Burghley, langjähriger und einflußreichster Minister Elisabeths, und weitere Mitglieder des Kronrats, des „Privy Council".[139] Es bestehen gute Gründe für die Annahme, daß es sich bei den ehrenwerten Herren, die Chettle aufsuchten, nicht nur bloß um Adlige handelte, wie John Dover Wilson meint, sondern ebenfalls um Mitglieder des Kronrats.

Vielleicht war Chettle im September 1592 der Ansicht, der dritte Schriftsteller sei sozial so tief gefallen, daß er ihm im Namen Greenes Vorhaltungen machen könnte, darunter die der „dishonesty", eines sozial geächteten Verhaltens, was darauf hinauslief, ihm die Zugehörigkeit zur höfischen Aristokratie abzusprechen. So wie sich ein anderer, der Rhetoriker Gabriel Harvey, verrechnete, als er 1580 ein Spottgedicht über Edward de Vere, Graf von Oxford, veröffentlichte. Zwölf Jahre später, im gleichen September 1592, wird Harvey in seiner unter dem Titel *Four Letters* veröffentlichten Schmähschrift gegen den gerade verstorbenen Greene Näheres darüber berichten. Dieses Spottgedicht und eine Kaskade abfälliger Äußerungen über Dr. Perne, den Vizekanzler der Universität Cambridge, brachte Ärger. Genannt hatte Harvey keinen. Den Vizekanzler hatte er als „seinen alten Controller" bezeichnet, was Sir James Croft, der bereits sehr alte Controller des Königlichen Haushalts, auf sich bezog und ebenfalls eine Erklärung forderte. Harvey hatte zwei hochrangige Personen beleidigt, ein dritter fühlte sich beleidigt. Harvey berichtet, daß 1580 seine Publikation vom Kronrat gelesen worden war. Wie Chettle erhielt auch Harvey daraufhin den Besuch ehrenwerter Herren. „I was advised by certain honourable and diverse worshipful persons, to interpret my intention in more express terms."[140] Er wurde von bestimmten sehr ehrenwerten – was auf Mitglieder des Hochadels, auf Lords hinweist – und verschiedenen ehrenwerten Personen – womit hochrangige Mitglieder des niederen Adels, „Knights", gemeint sein dürften – aufgefordert, klarer und genauer darzulegen, wie seine Äußerungen zu verstehen seien. Doch weder der Earl of Oxford, noch der Vizekanzler, noch Croft verlangten persönlich eine Ehrenerklärung von Harvey. Harvey selbst schreibt, daß der noble Graf nicht geneigt gewesen sei, sein joviales Gemüt durch solche satirischen Lappalien trüben zu lassen und seiner „magnifizenten" Persönlichkeit treu geblieben sei.[141] „Noblesse oblige": eine andere Wahl hatte der noble Graf ohnehin nicht. Harveys Beleidigung erfüllte einen seit einem „Statute"[142] des Jahres 1275 genau umschriebenen Straftatbestand, das „Scandalum Magnatum", die Verleumdung von Magnaten. Durch Gesetz aus dem Jahr 1388 wurde der Begriff des Magnaten erweitert; er umfaßte seitdem: Mitglieder des Hochadels („peers"), Prälaten, Richter und weitere hochrangige Beamte. „Der strafrechtliche Aspekt dieses Verstoßes gehörte, wie das Statut des Jahres 1388 klar und deutlich bestimmt, zu dem Kompetenzbereich des Kronrats, und es ist unwahrscheinlich, daß den Friedensrichtern großer Raum zur Ausübung ihrer gesetzlichen Befugnisse gemäß dem Gesetz des Jahres 1559 gewährt würde. Elisabeths Thron war zu sehr bedroht und die politische Lage zu gefährlich, als daß der Kronrat die Rechtsprechung über politische Verstöße den Friedensrichtern in den Grafschaften überlassen hätte.

Deshalb übernahm der Kronrat und insbesondere die Sternenkammer[143] selbst die Gerichtsbarkeit für die Verleumdung von Mitgliedern des Hochadels und aufrührerische Äußerungen in Wort und Schrift."[144]

Nochmals: 1580 erschienen weder Oxford, noch der Vizekanzler noch Sir James Croft persönlich beim Verleumder Gabriel Harvey. In allen Fällen betraf es Verleumdungen hochrangiger Personen, und diese zu ahnden sah der Kronrat als eigene Aufgabe an. Solche Verleumdungen waren keine reinen persönlichen, sondern ordnungspolitische Angelegenheiten. Im September 1592 fordert Christopher Marlowe persönlich eine Ehrenerklärung von Chettle. Für Shakespeare fordern dies „divers of worship". Bloße „ehrenwerte Personen" konnten den Widerruf nicht erzwingen, wenn sie nicht im Namen des Kronrats handelten, der für solche Fälle zuständig war. Es gehörte nicht zur Zuständigkeit des Kronrats, die Ehre von Gemeinen wie Christopher Marlowe oder George Peele zu schützen, auch nicht von William Shakespeare aus Stratford. Insofern muß John Dover Wilson eine richtige Ahnung zugestanden werden, wenn er bemerkt, daß es in „diesem Zeitalter rigider Klassengrenzen" („Standesgrenzen" ist der genauere Ausdruck) bei Chettles Vergehen nicht um eine Kleinigkeit gegangen sein könne. Verleumdung eines Mitgliedes des Hochadels rührte an den Grundfesten der höfisch-aristokratischen Ordnung. Und einem Mitglied des Hochadels die „Ehrlichkeit", die „honesty" oder „civility" abzusprechen, war kein geringer Vorwurf, denn es hieß, ihm die Zugehörigkeit zur Elite abzusprechen, weil er sich nicht dem aristokratischen Verhaltenskodex gemäß verhielt. Selbst wenn dieser „peer" einen Statusverlust erlitten hatte, waren die Regierenden nicht bereit, einem, um Wilsons Wort zu benutzen, „einfachen Drucker" zu erlauben, darüber zu befinden. Es handelt sich eben nicht um die Ehrlichkeit, die John Dover Wilson meint, und auch nicht um den Shakespeare, den er meint.

IX. Anonymität

Wir kennen den Brief aus *Greene's Groatsworth of Wit*. Wir kennen Chettles Entschuldigung im Vorwort zu seiner Erzählung *Kindheart's Dream*. Darüber hinaus besitzen wir nur noch eine einzige schriftliche Stellungnahme zu dem Fall, die von Thomas Nashe im Vorwort zu seinem ebenfalls im September 1592 erscheinenden Roman *Pierce Penniless*: „Eine andere Nachricht, von der ich erfahren habe, ist, daß ich der Verfasser sein soll eines ausgekocht lügenhaften Pamphlets namens *Greene's Groatsworth of Wit*. Nicht nur sorge Gott sich nicht länger um meine Seele, sondern lasse mich gnadenlos im Stich, wenn auch nur eine Silbe dieser Schrift aus meiner Feder stammt oder wenn ich irgendwas über deren Niederschrift oder Druck gewußt habe."[145] Einige scheinen Nashe somit für den wahren Verfasser gehalten zu haben, was höchst merkwürdig anmutet, ist doch Nashe selbst einer der gewarnten Schriftsteller. Wer dieses Gerücht in Umlauf gebracht hat, wissen wir nicht. Wir können es bestenfalls ahnen. In seinen *Four Letters*, seinem Pamphlet, in dem er sich in Haßtiraden gegen Robert Greene und teils, wenn auch etwas milder, gegen Nashe ergeht, streut Gabriel Harvey einige Andeutungen aus, die als Hinweise auf Nashes Verfasserschaft ausgelegt werden könnten. In Anspielungen! In keinem der drei Zeugnisse, Chettles Brief und Entschuldigung sowie Nashes Zurückweisung werden Namen genannt. Doch wußten offensichtlich alle drei betroffenen Schriftsteller, wußten auch die ehrenwerten Herren, wußten andere, wer gemeint war. Es herrschte also eine schriftliche Anonymität, aber es herrschte keine mündliche Anonymität.

1602 erscheint der Gedichtband *The Poetical Rhapsody*, herausgegeben von Francis Davison. Die Mehrzahl der Verfasser unterzeichnet mit Namen wie „Anomos", „Anonymus", „Anon", Varianten von „anonym" wie auch „Ignoto", „Incognitus", „Immeritus", usw. Unter den abgedruckten Gedichten ragen einige heraus. Der Verfasser zeichnet mit seinen Initialen A.W. Wer ist A.W. Andrew Williams? Aaron Whitehead? Wenn es denn einen Dichter dieses Namens gegeben haben soll. Es wurden Initialen auch umgekehrt geschrieben. War es William

Andrews? Walter Asquith? Von denen hat man als Dichter auch nichts gehört. Wahrscheinlich, sehr wahrscheinlich ist A.W. nur eine weitere Variante von „Anonymus", nämlich A(nonymous) W(riter). Bis heute wissen wir nicht, wer eines der besten und modernsten Bühnenstücke der Zeit, *Arden of Feversham*, geschrieben hat. Es werden gewisse Leute ganz bestimmt gewußt haben, wer der Autor war. Sie haben geschwiegen, zumindest in ihren schriftlichen Zeugnissen.

1579 veröffentlicht Edmund Spenser *The Shepherds's Calendar* unter dem Pseudonym Immerito. Das Werk wird von den Zeitgenossen als Meisterwerk gefeiert, als ein Glanzstück englischer Dichtung. Die Werke über Poesie, die in den Jahren danach erscheinen, heben es alle hervor. Sidney und Spenser waren enge Freunde, ja, das Werk war Sidney gewidmet. Aber Sidney erwähnt Spensers Namen nicht[146]. Er schreibt: „Der *Shepherd's Calendar* besitzt in seinen Eklogen große Poesie, wahrhaftig lesenswert." Mehr nicht. Um dieselbe Zeit, die frühen 1580er Jahre, sitzt ein anonymer Autor an einem Werk, *The Arte of English Poesie*, das als das beste literaturtheoretische Werk der Zeit betrachtet wird. Erst 1589 erscheint es in Druck, anonym. Als Autor gilt heute George Puttenham. Doch diese Zuweisung beruht auf einer beiläufigen Bemerkung in einem privaten Brief. Öffentlich hat niemand je Puttenham als Verfasser genannt. Der Autor hat sich selbst nie namentlich zu dem Werk bekannt. Auch in diesem Werk wird Spensers *The Shepherd's Calendar* lobend erwähnt, Spenser aber nicht genannt, weder mit bürgerlichem Namen noch mit Pseudonym: „und dieser andere Gentleman, der neulich *The Shepherd's Calendar* geschrieben hat."[147] Der Satz soll so verstanden weden: da Spenser unter dem Pseudonym Immerito geschrieben hat, verhält er sich als Gentleman und deshalb respektiere ich die Anonymität.

1586 veröffentlicht William Webbe seinen *Discourse of English Poetry*. Auch er erwähnt Spensers Werk zweimal. „Ich zögere nicht, zu ihnen ebenso unseren neuen ausgezeichneten Dichter zu zählen, der den *Shepherd's Calendar* geschrieben hat.[148] Selbstverständlich wußte Webbe genau, daß der Autor Edmund Spenser war. Dreizehn Seiten weiter schreibt er: „Diesen Abschnitt habe ich bewußt einem vorbehalten, der, wenn nicht als einziger, so meines Erachtens doch vor allen anderen, den Titel des begabtesten englischen Dichters verdient,... d.h. der Autor des *Shepherd's Calendar...* ob er nun Meister Sp. ist oder sonst ein brillianter Kopf in Pembroke Hall [in Cambridge], denn weder er selbst noch seine Freunde wollen es verraten aus Gründen, die ich nicht kenne...“[149] Webbe schreibt dies, obwohl spätestens seit 1580 bekannt sein mußte, wer Immerito ist. Der geltungssüchtige und geschwätzige Gabriel Harvey hatte, um sich selbst in des Dichters Ruhm zu sonnen, zwei Briefe drucken lassen, einen von ihm an Spenser, den anderen von Spenser an ihn. Spensers Brief war überschrieben: „Von Spenser (Immerito) an Harvey“. Aber selbst dann noch respektierten alle anderen in ihren Schriften Spensers Anonymität.

Mehr Zurückhaltung übte Harvey zwölf Jahre später gegenüber adligen Dichtern. Nachdem er eine Reihe lebender Autoren wie Spenser, Daniel, usw. gelobt hat, fährt er fort: „Denn ich wage es nicht, die ehrbareren und nobleren Söhne und Töchter der feinsten und göttlichsten Musen zu nennen, die je in englischer oder anderer Sprache gesungen haben, aus Angst, dessen verdächtigt zu werden, was ich verabscheue.“[150] Was er so sehr verabscheute, daß er dessen nicht verdächtigt werden wollte, erklärt Harvey nicht. Aber Adlige ließen zu Lebzeiten keine Literatur unter eigenem Namen drucken, es sei denn Werke, die als allgemeines Bildungsgut galten, zum Beispiel Übersetzungen antiker oder ausländischer Autoren, wie im Falle der Gräfin von Pembroke die Übersetzung von Robert Garniers *Antoine* aus dem Französischen. Es wäre seitens eines Gemeinen eine schroffe Indiskretion gewesen, diese dichtenden Adligen in einer Reihe mit professionellen Literaten zu nennen. Nach eigenen Zeugnissen wünschte auch Harvey selbst nicht, in Druck zu erscheinen, in Wahrheit wünschte er nichts sehnlicher. Und das hat er auch seinem *Letter-Book* anvertraut, das allerdings erst 1884 in Druck erschien. In einem anderen an Spenser adressierten Brief, der allerdings wohl nie an Spenser abgeschickt wurde und einen Vorfall betraf, den Harvey sich ausgemalt hatte, macht er Spenser schwere Vorhaltungen. Dieses *Letter-Book* ist eine Mischung aus Tagebuch und Briefen, in denen Harvey seinen Größenwahn auslebt, davon tagträumt, zugleich „gentleman“ zu sein und öffentlich den Dichterruhm zu genießen, wie ein Petrarch mit dem Lorbeer ausgezeichnet zu werden und auch eine „Laura" zu haben, die er als seine „gentlewoman" bezeichnet, sein eigenes Geschöpf, das ihn zwischen den Klippen der platonischen Muse und der sinnlichen Lorelei wie ein Schubkarren auf Geröll holpern läßt. Eine kleine Kostprobe darf nicht fehlen. Es ist ein „Gedicht" mit dem Titel „Die Liebe des Gelehrten oder die Versöhnung der Gegensätze". Das Gedicht beginnt nicht sofort nach dem Titel. Erst kommen einige einleitenden Kommentare. Wir finden Molières Oronte in Großformat wieder: „Ein Tag Korrektur würde zur Verfeinerung ausreichen. Das Maß muß regelmäßiger werden und der englische Vortrag eleganter. Fein und flüssig wie in höchster Eile hingeworfen (Es wurde zuerst gekritzelt im Sturmwind des Einfalls)." Der Sturmwind des Einfalls ist eher ein Feuerwerkskörper im Wolkenbruch:

Her leg, her tigh! Alas, I sigh!
Till I come nearer, a little higher
Her waste so laste! her fingers such wringers.
Her tender hart, the gentlest part of makers art.[151]

Ihr Bein, Ihr Schenkel! Ach, ein Geplänkel
Bis ich näher komme, etwas höher.
Ihre Hüfte geschnürt; ihre Finger Wringer,
Ihr Herz so zart, der liebste Teil im ganzen Part.

Und so weiter in Eposlänge. Harvey schuf sich in seinem *Letter-Book* eine Wirklichkeit für seine beiden Träume, den Traum, der Gentleman zu sein, der er nicht war, und als Dichter, der er noch weniger war, öffentlichen Ruhm zu ernten. Es ist unvorstellbar, daß ein Dichter wie Spenser einen Freund durch die Veröffentlichung solcher Gedichte dem Gelächter ausgesetzt hätte. Doch das ist es, was Harvey ihm in einem 1579 geschriebenen Brief in einer autosuggestiven Maskerade vorwirft: „Keine Schande könnte größer und übler sein für einen, der an der Universität ein solches Ansehen und außerhalb derselben einen solchen Ruf genießt, als auf der Liste der englischen Reimer zu erscheinen, zumal bei einem solch niederen Objekt und über ein derart winziges und belangloses Thema."[152] Harveys Imagination gehörte indes wirklich zum Bild des „gentleman", dem Gedichte nur als „Belanglosigkeiten", als „trifles" zu gelten hatten.

Anonymität, Pseudonyme, Verschleierungstaktiken wurden respektiert, zumindest in Schriften. Hinter vorgehaltener Hand mag anders gemunkelt worden sein. Ließ einer seine Werke anonym drucken, blieb er in der Öffentlichkeit anonym. Ließ einer seine Werke unter dem Namen William Shakespeare drucken, wurde auf den Autor ebenso verwiesen wie auf Edmund Spenser: als Immerito oder ohne Namensnennung auf diesen, auf William Shakespeare oder ohne Nennung eines Namens auf jenen. Hinweise sind allenfalls in Anspielungen zu finden.

Einer Shakespeare-Verschwörung bedurfte es nicht.

X. Der Strohmann

William Shakespeares Schreibunkundigkeit bietet eine einleuchtende Erklärung für das Fehlen jeglichen Hinweises auf ihn als Dichter in Stratford und Umgebung. Der Dichter Michael Drayton, in der Nähe von Stratford geboren, schweigt sich 1616 bei Shakespeares Tod völlig aus. Ebenso Draytons Freund Thomas Greene aus Stratford, der selbst eine bescheidene literarische Produktion vorzuweisen hat; unter anderem schreibt er ein Gedicht aus Anlaß der Thronbesteigung Jakobs I. und ein Lobgedicht auf Drayton. Auf William Shakespeare hat Thomas Greene, der Shakespeares Vetter war, eine Weile in seinem Haus wohnte, kein Lobgedicht geschrieben. Er erwähnt Shakespeare lediglich im Zusammenhang mit Geschäften. Richard Field, Drucker in London, in Stratford geboren, ein oder zwei Jahre vor Shakespeare, Drucker der beiden Epyllien *Venus und Adonis* und *Lucrezias Schändung* hat sich zu Shakespeares Tod nicht geäußert und anscheinend seinen Stratforder Verwandten nie etwas über einen Dichter mitgeteilt, der aus Stratford stammte und dessen beide Erstveröffentlichungen er die Ehre hatte zu drucken.

Als Robert Greene im September 1592 in London stirbt, gedenken Schriftsteller wie Verleger seiner. Über Shakespeares Tod ist 1616 in London nichts zu hören, obwohl die drei in seinem Testament beschenkten Schauspieler von seinem Tod wußten. War denn in England sowas wie ein biographisches Interesse für einen Schriftsteller nicht vorhanden? Vorhanden war es in Ansätzen. Kurz nach Robert Greenes Tod wird ein weiteres Werk veröffentlicht, *The Repentance of Robert Greene*. Ob es wirklich von ihm stammt, ist fraglich. Aber es enthält eine knappe Biographie. Robert Greene lebte in London – darin liegt der Unterschied. Im unmittelbaren Lebenskreis eines Dichters bestand durchaus ein biographisches Interesse. Ein solches Interesse dürfte in London für einen in Stratford weilenden William Shakespeare gering gewesen sein, geringer als in Stratford selbst. Unter diesem Gesichtspunkt war die Wahl eines schreibunkundigen Mannes keine unkluge Wahl. Wer würde in Stratford auf den Gedanken kommen, sich für einen Shakespeare, der nicht schreiben konnte, als Dichter zu interessieren? In Stratford war er eben dadurch gegen Neugier und Entlarvung sicher. In London hätte er durch einen ständigen Aufenthalt den Gedanken durchkreuzen können, daß er der Verfasser von Shakespeares Werken sei. Wenn in London zum ersten Mal der Name William Shakespeare öffentlich mit den Bühnenstücken verknüpft wird und die Stücke unter seinem Namen zu erscheinen beginnen, wird es ratsam, seinen literarischen Antikörper aus London zu entfernen. Öffentlich mit den Stücken verbunden wird der Name zuerst 1598 in Francis Meres' *Palladis Tamia*. 1598 verbindet sich auch zum ersten Mal der Name James Roberts mit einem Shakespearestück. Als Shakespeare sich im Herbst 1598 und von 1603-4 doch für längere Zeit in London aufhält, hat er dort keinen festen Wohnsitz. Während dieser längeren Aufenthalte muß er sich etwas im Schatten der literarischen und theatralischen Gesellschaft aufhalten. Als Schreibunkundiger darf er nicht zu oft auffallen. Bemerkt worden ist seine Schreibunkundigkeit dennoch. Um 1680 sammelt John Aubrey Materialien für diverse Kurzbiographien. Man verweist ihn für Shakespeare auf den Schauspieler William Beeston. Dieser kann Shakespeare nicht persönlich gekannt haben, sein Vater Christopher hat ihn gewiß gekannt. Christopher Beeston ist im Herbst 1598 gemeinsam mit William Shakespeare in einem Stück Ben Jonsons aufgetreten, *Every Man in His Humour*. Wir wissen es, weil Ben Jonson in der 1616er Folioausgabe seiner Bühnenstücke Listen der Mitwirkenden (ohne Angabe der Rollenverteilung) in der Uraufführung seiner Stücke abdrucken läßt. Es ist dies die erste bekannte Rolle Shakespeares, gleichzeitig ist es die vorletzte, vielleicht sogar die letzte, denn ob er der Mitwirkende in dem Stück *Sejanus* ist, dessen Name der auf faktische Genauigkeit achtende Ben Jonson als „Will. Shake-Speare" schreibt, ist nicht sicher. Da die Erstaufführung am zweiten Weihnachtstag bei Hofe stattfand, könnte dort auch ein Aristokrat aufgetreten sein. Beeston teilt Aubrey einiges über Shakespeare mit. Aubrey notiert es, verwendet es aber nicht für seine Kurzbiographie. Es wird später unter seinen unveröffentlichten Notizen entdeckt. Was Beeston mitteilt, taugt nicht für die Biographie eines Schriftstellers: „Umso mehr zu bewundern, als er keiner war, der sich lange in Gesellschaften aufhielt, lebte in Shoreditch, sei nicht liederlich gewesen, und wenn aufgefordert zu schreiben, geriet er in Verlegenheit."

Aber warum war er denn überhaupt in London? Einmal nach Stratford zurückgekehrt, wäre es doch besser gewesen, sich in London möglichst selten blicken zu lassen. Warum hat er sich 1598 und 1604 überhaupt länger in London aufgehalten? Und warum brauchte ein adliger Hofmann denn einen Strohmann? Doch nicht, um die Identität des Dichters von *Venus und Adonis* und *Lucrezias Schändung* zu verbergen! Diese Identität wäre genauso gut hinter der Anonymität oder einem Pseudonym verborgen geblieben. Wie gesehen, A.W. ist ein ausgezeichneter Dichter, aber wir wissen nicht, wer er ist. Ignoto ist auch ein guter und äußerst produktiver Dichter. Er hat einige Gedichte geschrieben, die andere für Shakespeares Gedichte gehalten haben. Wir kennen Ignoto nicht. Wir kennen den Verfasser des Stückes *Arden of Feversham* nicht, ein so ausgezeichnetes Stück, daß nicht wenige es für ein Stück Shakespeares halten. Warum reichte das Pseudonym William Shakespeare nicht? Warum mußte zusätzlich zum Pseudonym auch noch ein leibhaftiger Pseudanthropos kommen? Wagen wir eine Hypothese, die zumindest eine Antwort auf die letztere Frage bieten kann. Wenn das Pseudonym William Shakespeare existierte, weil es ein sinniges Pseudonym für einen dichtenden Adligen war, bevor der Strohmann William Shakespeare ins Spiel kam, dann mußte aus irgendeinem Grund der Strohmann auch ein William Shakespeare sein, einer der Shaxsper, Shacksper, Shaskpeer oder so ähnlich hieß, so daß sich sein Name leicht als Shakespeare schreiben ließ, was bei der damaligen erratischen Schreibung einfach genug war (von Rechtschreibung kann man nicht reden, da es sie nicht gab). Von dem Sinn des Namens in jener Zeit wird im nächsten Kapitel zu sprechen sein.

Allein, für einen Schriftsteller, der seine Identität nicht öffentlich preisgeben wollte, war auf jeden Fall nur der Name William Shakespeare notwendig, kein William Shakespeare aus Fleisch und Blut. Aber von Henry Chettle und John Davies of Hereford wissen wir, daß unser Hofmann William Shakespeare auch als Schauspieler aufgetreten war. Wiederum von Chettle und direkt durch Robert Greenes Schäferroman *Menaphon* wissen wir von einem Adligen, der bereits 1589 unter den

„Schäfern", den Dichtern verweilte. Und unter den Schauspielern vor September 1592. Doch dies bleibt: als Tarnung für die Schriftstellerei brauchte unser Hofmann Shakespeare keinen leibhaftigen Strohmann und als Schauspieler war ein solcher unbrauchbar. Die Situation ändert sich jedoch grundlegend, wenn dieser Hofmann als Schauspieler und Stückeschreiber für die öffentliche Bühne in einer Person auch öffentlich in Erscheinung getreten war. Aus Chettles Entschuldigung im Herbst 1592 wissen wir, daß er es in der Tat war. Wie gesehen, bestätigt Henry Chettle, daß der dritte angesprochene Mann für beides bekannt ist: für Auftritte als Schauspieler und für das Schreiben von Bühnenstükken fürs öffentliche Theater. Und bekannt genug war, daß hohe Herren es für nötig befanden, Chettle zu einer öffentlichen Entschuldigung zu zwingen. Eine öffentliche Entschuldigung zu erzwingen wäre wenig sinnvoll und gar kontraproduktiv, wenn dieser dritte Schriftsteller einer breiteren Öffentlichkeit nicht als Schauspieler und Schriftsteller bekannt gewesen wäre. Öffentliche Auftritte im Theater waren unvereinbar mit dem höfischen Verhaltenskodex. Für einen Aristokraten bedeutete es eine Herabwürdigung. Darauf war in dem Brief in *Greene's Groatsworth of Wit* auch angespielt worden: „so mean a stay", einen so niedrigen Status. Das sagt uns auch John Davies of Hereford in seinem Epigramm über Shake-speare.

Wie erwähnt, waren Neros größte Schandtaten seine öffentlichen Auftritte als Schauspieler, Sänger, Wagenlenker. Wenn Hamlet auf dem Weg zu seiner Mutter nach der Theateraufführung beschwört: „Neros Seele dränge sich nicht in diese Brust", dann meint er natürlich zuallererst die Seele des Muttermörders Nero, doch wie bei Hamlet ist die andere Seele Neros, die Schauspielerseele, eng mit dem Mord an Aggripina verschwistert. Er ließ sie auch deshalb umbringen, weil sie, getreu der römischen aristokratischen Tradition, sein Schau- und Singspiel mißbilligte. In Shakespeares Stück kommen Hamlet ähnliche Mordgelüste, nachdem seine Mutter ihn zu sich zitieren läßt, um ihr Mißfallen über das Theaterstück zu bekunden.

1588 stirbt Anne Cecil, Edward de Veres erste Gattin. Ende 1591 heiratet er Elizabeth Trentham. 1593 wird sein erster und einziger ehelicher Sohn geboren. In den Briefen Edward de Veres ist in den

1590er Jahren ein Wandel festzustellen. Er kümmert sich wieder um sein Vermögen, der Ton gegenüber seinem Schwiegervater Lord Burghley wirkt milder gestimmt. Offenbar entschlossen, das verwirkte Vermögen, um das er sich vorher wenig gekümmert hat, wieder herzustellen, ist er nicht nur auf seine Frau, sondern auch auf die Fürsprache seines Schwiegervaters und seines Schwagers Robert Cecil angewiesen, der nach seinem Vater selbst zum mächtigsten Minister aufsteigen wird. Daß er von da an noch öffentlich als Schauspieler aufgetreten wäre, ist höchst unwahrscheinlich. Es hätte die angestrebte Rückkehr zum früheren gesellschaftlichen Status restlos verbaut. Der Schauspieler Edward de Vere muß aus der öffentlichen Wahrnehmung verschwinden. Mit ihm verbunden ist jedoch der Autor, der weiter Stücke schreibt. Er braucht jemanden, der diese Rolle als Schauspieler und Autor nach außen hin für ihn spielt. Er braucht eine Maske. Diese Maske ist William Shakespeare, von dem man unter Verweis auf die kargen Informationen gelegentlich hört, er sei eine Maske gewesen.[153]

William Shakespeare aus Stratford ist nicht der „maskierte Mann", er ist der „maskierende Mann". Das Maskenspiel war nicht nur das beliebte Gesellschaftsspiel bei Hofe, die Maske war auch ein wichtiges Rollenspiel der höfischen Gesellschaft. Hinter der Maske verschwindet man nicht ganz, sie bedeckt vielleicht nur die Augen. Man könnte den Begriff „Maske" auch als „äußerliche Distanzierung" bezeichnen. Mehr verlangte der höfische Verhaltenskodex nicht, es kam nicht so sehr auf die innerliche Gesinnung als auf das äußerliche Verhalten an. In Max Webers Kategorien: die höfisch-aristokratische Gesellschaft war verhaltensethisch, nicht gesinnungsethisch.

Wenn Edward de Vere die „Maske" William Shakespeare zwischen sich und seine Vergangenheit stellte, so gab er damit zu erkennen, sich nunmehr an die Verhaltensregeln der höfischen Gesellschaft halten zu wollen. Worauf es ankam, war eben die äußerliche Distanzierung, die von den Eingeweihten, weit davon entfernt, sie als Lüge oder Versteckspiel zu denunzieren, akzeptiert und respektiert wurde, denn solche äußerlichen Distanzierungen praktizierten alle.

Wir können annehmen, daß William Shaxsper irgendwann zwischen 1592 und 1594 nach London kommt und zu William Shakespeare wird.

Wahrscheinlicher ist, daß dies erst Mitte 1594 bei der Bildung des neuen Ensembles der Lord Chamberlain's Men geschieht, wo er aus dem Nichts auftaucht. Wie gesehen, fehlt von ihm noch jede Spur im Mai 1593 in der Genehmigung des Geheimrats zur Bereisung der Provinz. Also kommt er wahrscheinlich nach London nach der Veröffentlichung von *Venus und Adonis*, das im April 1594 zum Druck angemeldet wird. 1598 hat er einen festen Wohnsitz in Stratford, aber nicht mehr in London. Richard Quiney hätte seinem Brief nicht die Bitte hinzufügen müssen, diesen Brief seinem Landsmann William Shackespere zu übergeben, wenn Shakespeare dort seine feste Anschrift gehabt hätte. 1598 kann seine dauerhafte Präsenz in London auch nicht mehr erwünscht sein. Im Oktober 1598 wird der Name von Francis Meres in seiner Zitatesammlung unter großer Lobpreisung zum erstenmal öffentlich mit den Stükken in Verbindung gebracht. Solche Zitatesammlungen fanden eine breite Leserschaft, der Theaterautor Shakespeare genießt jetzt in London Berühmtheit. Da des Schreibens unkundig, birgt seine Anwesenheit ein Risiko.

Warum kommt er denn überhaupt 1598 und 1604 für längere Zeit nach London?

Wenn unser Hofmann Shakespeare auch Anteilseigner an einem kommerziellen Schauspielensemble war, dann werden Situationen denkbar, in denen Shaxpers Anwesenheit gleichwohl erforderlich wurde. Ein solcher Anteil bedeutete Einkommen aus Gewerbe. Wollte der Hofmann Shakespeare, Edward de Vere, den früheren Status zurückerlangen, konnte er nicht öffentlich als Teilhaber in einem kommerziellen Schauspielensemble auftreten. Er braucht einen Strohmann, nicht eine Verschwörung. Mindestens zwei weitere solche Strohmänner sind bekannt. Ein gewisser Thomas Evans ist Anteilseigner am Blackfriars-Theater. Thomas Evans ist völlig unbekannt. Sehr wahrscheinlich tritt er als Strohmann für einen Verwandten namens Henry Evans auf, einen Theaterunternehmer, der damit einer Klage auf Herausgabe von Theateranteilen vorbeugt. 1610 werden die sechs Anteilseigner, darunter Thomas Evans und William Shakespeare, von Robert Keysar verklagt. Namentlich genannt werden in Keysars Klageschrift nur vier von ihnen, zwei sind unter „und andere" angegeben. Entweder maß Keysar ihnen keine große Bedeutung bei oder er kannte sie nicht. Die „anderen" waren der unbekannte Strohmann Thomas Evans und William Shakespeare. Keysar kannte sich in der Welt des Theaters aus. Er war selbst Theaterunternehmer und, da er das Vorwort zu einem von seinem Ensemble 1607 aufgeführten Stück von Francis Beaumont und John Fletcher schrieb, muß man ihm wohl ein gewisses literarisches Interesse unterstellen. Aber Keysar scheint 1610 den „Kaiser der Literatur" nicht gekannt und auch nicht gewußt zu haben, daß er der führende Anteilseigner des Ensembles war. Obwohl finanziell an seinem Ensemble beteiligt, wird Keysar selbst in keinem Dokument als ein solcher erwähnt. Wohl findet sich der Name Tarbock, von dem außerhalb der Dokumente überhaupt nichts bekannt ist. Tarbock muß Keysars Strohmann gewesen sein. Wie Thomas Evans für den Theaterunternehmer Henry Evans. Jener völlig unbekannte Thomas Evans, der zusammen mit William Shakespeare namenlos unter „anderen" rangiert.

Vermutlich sind mehrere solche Situationen eingetreten, doch nur zwei sind nachweisbar. Herbst 1598. Es wird über die Pachtung des Globe-Theaters verhandelt. Die Verhandlungen ziehen sich etwas in die Länge. Am 21. Februar 1599 kommen sie zum Abschluß. Eine Übereignungsurkunde wird erstellt. Parteien sind einerseits Nicholas Brend, andererseits die Anteilseigner an Shakespeares Ensemble, darunter natürlich William Shakespeare. Im Herbst 1598 wird Ben Jonsons Stück *Every Man in His Humour* uraufgeführt. Shakespeare spielt darin mit.

Mai 1603 – März 1604: am 19. Mai 1603 erhalten die Schauspieler von Shakespeares Ensemble ihre Lizenz vom neuen Herrscher, Jakob VI. von Schottland, jetzt auch Jakob I. von England. Fortan gelten sie als Diener des Königs, „The King's Men", nicht mehr als „Chamberlain's Men", Diener des Lordkämmerers. Im März 1604 geht Shakespaere als Diener des Königs in der Krönungsprozession zur Sankt-Paul-Kathedrale mit. Diese Prozession ist wegen der Pest um fast ein Jahr verschoben worden. Aus dem Prozeß zwischen dem Perückenmacher Mountjoy und seinem Schwiegersohn Stephen Bellott wissen wir, daß Shakespeare 1604 dort einquartiert ist. Mountjoys Haus liegt übrigens nicht weit von der Sankt-Pauls-Kathedrale, weiter liegt es vom Globe-Theater. Ben Jonson nennt Shakespeare zum zweiten und letzten Mal als Darsteller in einem seiner Stücke, diesmal *Sejanus*, schreibt aber den Namen mit Bindestrich: William Shake-speare.

Von sonstigen Aufenthalten Shakespeares in London ist nichts bekannt. Von 1605 bis 1611 erwähnt ihn Jonson nicht mehr in den drei Stücken, die in dieser Zeit aufgeführt werden. Alle anderen Anteilseigner sind erwähnt.

Wenn unser Hofmann Edward de Vere, 17. Graf von Oxford, ist, dann ist Shakespeare aus Stratford vielleicht der „stumme Mann", den die Gräfin von Oxford im November 1612 in ihrem Testament erwähnt:

„Für Thomas, meinen Schneider, der bei mir wohnt, fünf Mark [3 1/3 Pfund]. Für Thomas, meinen Kutscher, fünf Mark. Für John Bill, meinen ehemaligen Diener, fünf Pfund. Auch gebe ich meinem stummen Mann jährlich bis zu zu seinem Lebensende ... [Leerraum] Pfund, die ihm von meinem Testamentvollstrecker an den üblichen Feiertagen vierteljährlich in gleichen Raten zu zahlen sind."

Wozu diese vierteljährlichen Zahlungen an einen „stummen Mann"? Dazu noch ihm bis zu seinem Lebensende von den Testamentvollstreckern zu leisten, und ein Betrag, der offen bleibt. Stumm zu bleiben, das war ja die Aufgabe, die der Strohmann zu leisten hatte. Der „stumme Mann" würde perfekt zum Strohmann passen. Auch die Annuität Edward de Veres wurde vierteljährlich gezahlt. Erhielt William Shaxsper vierteljährlich einen Prozentsatz dieser Annuität? Aber warum war ein Strohmann nach Oxfords Tod 1604 noch nötig? Sicher nicht als Schauspieler-Strohmann? Auf jeden Fall aber als Strohmann für den Anteilseigner, nach Oxfords Tod seine Gattin. Immerhin dürften die Anteile jährlich einen Gewinn zwischen 200 und 300 Pfund eingebracht haben, mindestens soviel wie die 200 Pfund Annuität, die Oxfords Sohn nach 1604 vom König erhielt.

XI. Interview mit Molière zum Pseudonym William Shakespeare

INTERVIEWER: Monsieur Poquelin, wie sind Sie auf das Pseudonym Molière gekommen?

MOLIÈRE: *Zu* ihm gekommen. Durch Scaramouche.

I: Wer ist Scaramouche, wenn ich fragen darf?

M: Tiberio Fiurelli, ein Italiener.

I: Hat der Name Scaramouche irgend etwas zu bedeuten oder ist er nur rein zufällig gewählt?

M: Merken Sie sich dies: Pseudonyme sind in meiner Zeit so gut wie nie zufällig. Sie stehen immer in irgendeinem bestimmten Zusammenhang zu ihrem Träger. Scaramouche ist die französische Form des Italienischen „Scaramuccia", und dies bedeutet Scharmützel.

I: Ein Kriegername, eine Art „miles gloriosus", ein aufschneidender Capitano?

M: Hier ganz und gar ein ironisches Pseudonym. Scaramouche ist ein Typ, der vor Furcht zittert, wenn er in die Nähe eines Küchenmessers kommt, aber das Schwert umso tapferer im Munde führt.

I: Und ihm verdanken Sie den Namen Molière?

M: Das Schauspielen habe ich bei ihm erlernt. Scaramouche ist ein Prachtexemplar von Feigling und Angeber, der, um sich selbst zu beweisen, ein Gegenüber braucht, das er als feiges, leichtes, weiches Weibsbild beschimpfen kann. Ich habe dieses Gegenüber einige Male gespielt. Ich habe Gefallen dran gefunden. Scaramouche kann so überzeugend schimpfen, daß ich mich wirklich als Weib gefühlt habe. Es ist für einen männlichen Schauspieler immer das Höchste, Frauenrollen zu spielen, in jeder Hinsicht das Höchste, vor allen Dingen beim Singen, wenn Mann die höchsten Noten erreichen muß und in Nöte kommt. Eine äußerst schwierige Aufgabe, an der Karrieren zerbrochen sind, die Kastrationswünsche weckt. Scaramouche hat dabei das Wort „Weib" in allen bestehenden und erfundenen Sprachen ausgestoßen. Selbstverständlich auch im Lateinischen: „mulier". Da aber der Italiener der allerungeeignetste Menschenschlag ist, ein „u" auszusprechen – versuchen Sie mal „O solo mio" statt mit einem „o" mit einem „u" zu singen und die Musikalität verwandelt sich im Nu in Hummelbrummen oder das Glucksen einer verstopften Rohrleitung – da hat er zu mir gesagt: „molier".

I: Molière und Scaramouche, ein Paar, Weibsbild und Scharmützel.

M: Ironisches Paar, ironische Namen.

I: Meine Aufgabe ist es, mit Ihnen, Molière, herauszufinden, ob ein Pseudonym William Shakespeare ein sinniges Pseudonym für einen dichtenden Edelmann sein könnte.

M: Natürlich, Molière und Scaramouche in einem.

I: Wie das denn?

M: Sie wissen, daß „armes et lettres", „Waffen und Buchstaben"... was heißt im Deutschen „lettres"?

I: Literatur, meinen Sie?

M: Mehr als nur Literatur, Geisteswissenschaften gehören auch darunter, ah, „Wissenschaften" hat man damals als übergreifende Kategorie für „Bildung" benutzt, ob Waffen oder Wissenschaft der Vorrang gebühre, ob dem Schwert oder der Toga.

I: Gehört diese Streitfrage zum Thema?

M: Es sind über diese Streitfrage damals unzählige Bücher erschienen, zumal in Italien. Italien war Europas Lehrmeister in allen Kulturbereichen: von der Dichtkunst bis zur Fechtkunst. Ich streite mich nicht darüber, ob die Frage an sich so wichtig ist, Fragen werden wichtig, wenn sie in der Öffentlichkeit dafür gehalten werden, und das wurde diese Streitfrage damals.

I: Heute stehen ganz andere Fragen im Brennpunkt.

M: Selbstverständlich, ich rede aber über meine Zeit. Ist denn die Kulturgeschichte meiner Zeit völlig aus den Lehrplänen verschwunden?

I: Natürlich nicht. Das meine ich ja gerade, daß heute in der Kulturgeschichte Ihrer Zeit ganz andere Fragen im Zentrum stehen.

M: Aber in meiner Zeit beherrschte diese Frage die öffentlichen Debatten: Was ist wichtiger und tugendhafter, Waffenhandwerk oder Wissenschaft? Sie haben sicher den *Don Quixote* gelesen?

I: Natürlich.

M: Don Quixote hält ja einen Vortrag zu dem Thema.

I: Ich kann mich nicht daran erinnern.

M: Dann haben Sie den *Don Quixote* nicht gelesen, wahrscheinlich nur so'n bißchen drin rumgeblättert.

I: Keineswegs. Ich habe das Buch verschlungen. Köstlich diese Geschichte von Prinzessin Mikomikona und Cardenio. Ich lasse sie mir immer wieder auf der Zunge zergehen.

M: Aber genau da hält Don Quixote doch diesen Vortrag!

I: Ich halte diesen Vortrag nicht für wesentlich zu der Erzählung gehörend.

M: Liebe Zeit! Da ist doch das ganze Argument der Aristokratie zusammengefaßt. Cervantes spricht über seine Zeit, in diesem achtunddreißigsten Kapitel: „Die Verteidiger der Waffen sagen: ohne sie könnten keine Gesetze bestehen; denn die Waffen müssen Republiken und Könige aufrecht erhalten und behüten, Städte verteidigen, Heerstraßen sicher machen und die Meere von Seeräubern reinigen..."

I: Cervantes scherzte doch nur.

M: Ach, die Zeiten, die Zeiten, sie ändern sich nicht,
Was unverstanden wird, halten wir schlicht
Für nicht ernst gemeint, allzu undicht,
Und wenn auch alles, wie es war, dagegen spricht.

I: Was spricht denn alles dagegen?

M: „La ciencia no emboda el fierro de la lanza nin face floxa el espada en la mano del caballero." Dieser Spruch des spanischen Marquis de Santillana im 15. Jahrhundert war in der einen oder anderen Variante fast so geläufig wie die zehn Gebote. „Weder stumpfen die Wissenschaften das Eisen der Lanze ab, noch lassen sie das Schwert erschlaffen in den Händen des Ritters." Und Sie beschäftigen sich mit dieser Zeit und mit Shakespeare, der in dieser Zeit lebte?

I: Recht lange schon.

M: Und Sie haben noch nie etwas über diese Streitfrage gehört? In **meiner** Zeit?

I: Schon, eher vage, ziemlich vage, so gut wie nichts.

M: Was wird denn in Euren Schulen und Akademien über diese Zeit gelehrt?

I: In der Literatur- und Kulturgeschichte Ihrer Zeit werden heute andere Prioritäten gesetzt.

M: Ich kann mir schon denken. Es wird wahrscheinlich die Weltformel des Selbstvermarktungsgesetzes der Frühen Neuzeit gesucht.

I: Nein, das nicht.

M: Oder ob das Leder der Zunge der Schuhe, die damals beim Tennisspiel getragen wurden, eine längere Lebensdauer als heute hatte.

I: Heute sind diese Zungen aus Schaumstoff.

M: Wenn in einer Kultur- und Literaturgeschichte meiner Zeit die Frage des Vorranges zwischen „lettere e armi", „lettere", hören Sie, das hört sich wie „Literatur" an, oder? Wenn diese Frage nicht zur Sprache kommt, dann sind die Zungen Eurer Lehrer und Professoren wohl auch aus Schaumstoff, oder irre ich mich?

I: Wie ich sage, heute stehen andere Fragen im Zentrum.

M: Und diese in meiner Zeit zentrale Frage, wo steht die?

I: Heute wird aus einem größeren Objektbereich ein kleiner Unterbereich ausgeschnitten, der dann intensiv besprochen wird.

M: Besprochen. Auch bedacht?

I: So ist nun mal die Tendenz.

M: Und jeder tänzt sein eigenes Kompetänzchen?

I: So geht es nun einmal zu.

M: Dann geht es zu wie in einer Komödie des Plautus. Der Sklave oder der Parasit lenkt die Handlung. Denn wenn ich eine andere Zeit als die meine verstehen will, richte ich mein Augenmerk doch auf die Fragen, die diese Zeit bewegten. Sonst *un*verstehe ich sie. Und wenn ich mich bedingungslos in den Dienst der neuesten Mode der Haute Culture stelle, bin ich ein Sklave oder ein Parasit, der möglichst viel aus den Töpfen des nicht sehr schmeichelfesten Herrn abbekommen will. Warum lassen Sie dauernd dieses Lächeln intellektueller Überlegenheit über die Lippen irrlichtern?

I: Ich lächle überhaupt nicht intellektuell überlegen.

M: Dann sind Sie ein hochgradiger Idiot.

I: Herr Molière, Sie werden vulgär.

M: Diese Art zu lächeln findet man entweder bei Leuten, die sich selbst so hallelujahimmalajahoch überlegen wähnen, daß sie nichts mehr berührt, oder bei Idioten, die so gründlich allen Verstand verloren haben, daß sie nichts mehr berührt. Wie alle Extreme berühren sich auch diese. Man kann auf den ersten Blick selten erkennen, mit welcher der beiden Arten man es zu tun hat. Sie sagen selbst, Sie gehörten nicht zur ersteren Art.

I: Ihr Poltern bringt nicht weiter.

M: Worum geht es denn?

I: Ob der Name William Shakespeare ein sinniges Pseudonym für einen dichtenden Edelmann sein könnte?

M: Ein Edelmann sollte vorgeblich doch nur in seiner Freizeit dichten dürfen. Vorrang für ihn sollten die Waffen haben. Don Quixotes wehmütiger Schwanengesang auf das Ritterideal. Denn der Hofmann wurde im Dienst der Fürsten immer mehr vom Schwertträger oder Speerschwinger zum Togaträger. Der Vorrang der Waffen war kaum noch mehr als eine schöne Feder an einem alten Hut. Die Feder war immer noch nützlich genug, die Besonderheit des Adels gegenüber den anderen Ständen zu begründen, die ebenfalls gebildet waren und aus deren Rängen der Hof Konkurrenten rekrutieren konnte. Für Lebenslügen ist man eher bereit, das Leben zu geben, als für Wahrheiten. Als der Marquis de Santillana diesen Satz niederschrieb, lagen die Dinge immer noch etwas anders. Innerhalb des Adels gab es traditionelle Widerstände gegen Bildung. Das änderte sich gründlich spätestens ab dem Anfang des 16. Jahrhunderts. Die Metaphern blieben aber immer die gleichen. Für Wissenschaften: die Feder. Für Waffen: Schwert, Lanze, Speer. Was hat ein Dichter-Edelmann Shakespeare wohl mehr in der Hand gehalten. Speer oder Feder?

I: Die Feder.

M: Doch eigentlich hätte es die Lanze, der Speer, das Schwert sein müssen.

I: Der Ideologie nach, ja.

M: So dichtete der spanische Ritter-Dichter Garcilaso de la Vega um 1530: „Bald greife ich zum Schwert, bald zur Feder." Und so ähnlich hat es vierzig Jahre später der englische Ritter-Dichter George Gascoigne geschrieben: „Dichter sein mit dem Speer, mit der Feder kämpfen, mit dem Schwert schreiben." Wie lautet das im Englischen?

I: „Poet with a spear... a spear".

M: Und 1584 läßt John Lyly in seiner Komödie *Campaspe*, in der

Alexander der Große sich in die schöne Sklavin Campaspe verliebt und alles Kriegerische vergißt, den General Hephaistos Alexander den Großen ermahnen: „Willst du wie Herakles am Webstuhl spinnen, wo du mit Achilles den Speer schütteln solltest?" Wie lautet das auf Englisch?

I: „Will you handle the spindle with Hercules, when you should shake the spear with Achilles? Is the warlike sound of drum and trump turned to the soft noise of lire and lute?"

M: „Ist der kriegerische Schall von Trommel und Trompete umgewandelt in die sanften Klänge von Leier und Laute?" Wir haben hier den Gegensatz zwischen dem Speer schüttelnden Achilles und dem in ein webendes und singendes Weib sich verwandelnden Herakles. Wie sinnig der Name „Shake-speare" für einen Edelmann, geachtet, erst Speer und Schwert zu schütteln, aber, um Gascoignes Wort zu verwenden, in erster Linie ein Achilles mit der Feder.

I: Wiederum ironisch.

M: Und lobt Ben Jonson Shakespeare nicht deswegen?
„In jedem schwingst Du einen Speer zum Streit
In's Antlitz prahlender Unwissenheit."

I: „In each of which, he seems to shake a lance
As brandish't at the eyes of Ignorance."
Wie hat man darüber hinwegsehen können?

M: Deshalb sollen wir noch etwas verweilen. Ben Jonson lobt doch, daß er die Wissenschaft, die Kunst als Waffe schwang, mit der Feder als Speer, Lanze, Schwert kämpfte.

I: Unerhört, daß ich das noch nie gehört habe!

M: Der Klang der Laute und der Leier,
Gedämmt vom Schau- und Schaumstoffmeier.

I: Ja, das ist es, was Ben Jonson sagt, daß er zwar nicht den Speer geschüttelt habe, wie es sich für einen Hofmann geziemt hätte, aber dafür die Feder als Speer gegen die Unwissenheit geschwungen habe.

M: Ein wenig ist Shakespeare Scaramouche, Scharmützel.

I: Zumal der Name manchmal mit Bindestrich geschrieben wurde, Shake-speare.

M: Der Bindestrich, so winzig er ist, ist wichtig. Er setzt die einzelnen

Namensbestandteile wieder in ihren je eigenen Sinn ein. Wenn einer Haßdenteufel heißt und ist ein anständiger Handwerker, zum Beispiel ein Klempner, werde ich den Namen doch nicht durch Bindestrich trennen. Ist er aber ein unanständiger frommer Prediger, würde ich schwer der Neigung widerstehen, Haß-den-Teufel oder Hol-der-Teufel zu schreiben.

I: Aber wieso William?

M: William ist Shakespeares Vorname, so wie Molière der Vorname von Scaramouche hätte sein können. Wenn ein Reimer nicht empfangen kann, wird er nie Dichter, bleibt nur Mann. Der Dichter muß Doppelschlange sein, um Schöpfer sein zu können, so wie der griechische Mythos es uns lehrt. Ein Dichter braucht den Schlangenbiß. Wer hat das gesagt?

I: Nietzsche, glaube ich.

M: Alle Seher der griechischen Mythologie sind von einer Schlange gebissen, sind Zwitter. Seher waren die Dichter. Das gilt immer noch. Moderner ausgedrückt: Ein Dichter ist ein Mann, der nur das Weib heiratet, das er selbst ist, ohne Gütertrennung versteht sich. Alles andere geht schief. Ich weiß, wovon ich rede. Ich war immer in Madeleine Béjart wie in eine Mutter verliebt, heiratete aber die jüngere Schwester Armande. Es lief schief.

I: War Armande nicht Madeleines Tochter? Es ist behauptet worden...

M: daß Armande das Kind aus der Beziehung zwischen Madeleine und mir war. Inzest. Ja, es war Inzest. Es war platonischer Inzest, in der Welt des Geistes die einzig mögliche Weise der Fortpflanzung. Dort ist Begattung und Befruchtung nur unter Geistesverwandten möglich.

I: Wo ist die Analogie zwischen einerseits „Weib", „mulier", „molière" und „Will" oder „William"?

M: Ich erinnere mich an ein Lied, das die englischen Emigranten am französischen Hof gerne sangen. Der Dichter ist unbekannt. Er könnte Will Shakespeare gewesen sein.

„All my wits hath will enwrapped
All my sense desire entrapped
All my faith to fancy fixed

All my joys to love amixed
   All my love I offer thee
   Once for all yet look on me."
„All mein Verstand von Will' erstickt
All meine Sinne wunschgestrickt
All mein Glaube traumgelenkt
All meine Freuden lieb'vermengt
   All meine Liebe biete ich dir
   Einmal nur doch schau zu mir."

I: Das Lied erinnert an Shakespeares Sonett 136:
    „Make but my name thy love, and love that still,
    And then thou lov'st me for my name is Will."

M: Nur meinen Namen lieb, und lieb ihn still
    Dann liebst du mich, ist doch mein Name Will.

I: In dem Lied finden wir eine Reihe: „wits", „sense", „faith"; und die
    Reihe der Gegensätze: „will", „desire", „fancy". Vernunft – Sinne –
    Glaube gegen Wille – Begehren – Phantasie. Eine rationale und eine
    irrationale Reihe.

M: Nicht auch in Shakespeares Sonnet 143:

I: „My reason, the physician to my love,
    Angry that his prescriptions are not kept,
    Hath left me, and I, desperate, now approve,
    Desire is death, which physic did except."
    „Vernunft, der Arzt für solches Liebesweh,
    Verärgert sah, wie jeder Rat zu Dunst
    Verflog, und ging, und ich, verzweifelt seh',
    Verlangens sterben spottet Ärztekunst."

M: Vernunft ist machtlos gegen Gefühle, „reason" gegen „desire", „wit"
    gegen „will". Scaramouche ist Shake-speare. Will ist Molière, Will-I-
    am.

I: Molière, Ich danke Ihnen für dieses Gespräch.

XII. Mister X.

Nach 1600 kommen kaum noch Shakespeare-Stücke mit guten Texten heraus. 1604 wird noch *Hamlet* veröffentlicht, ein guter Text. Danach herrscht Windstille. Für immer – mit Ausnahme der Periode 1608-9 und 1622, als noch das Quarto von *Othello* gedruckt wird, kurz vor dem Erscheinen der Gesamtwerkausgabe. Während ein schlechter Text ein sicheres Indiz für einen Raubdruck ist, gilt das Umgekehrte nicht. Das 1608 veröffentlichte Stück *King Lear* gilt als verderbter Text und Raubdruck. Aber die Texte der *Sonette* und des Stückes *Troilus und Cressida*, die beide 1609 erscheinen, sind keine schlechten Texte, dennoch mit Sicherheit unautorisierte Publikationen.

Bei der Veröffentlichung hatte vermutlich Mister X. wieder seine Finger im Spiel. James Roberts, der es im Februar 1603 zum Druck anmeldete, hat es nie veröffentlicht. Er hatte sich 1608 aus dem Druckgeschäft zurückgezogen. Am 28. Januar 1609 wird *Troilus und Cressida* erneut zum Druck angemeldet, diesmal von zwei Neulingen im Verlagsgeschäft, Richard Bonion und Henry Walleys. Eine erste Ausgabe vermerkt auf der Titelseite, daß das Stück von William Shakespeare geschrieben und von seinem Ensemble, The King's Men, im Globe aufgeführt worden ist. Diese erste Ausgabe wird bald zurückgezogen und im gleichen Jahr erscheint eine zweite. Die Titelseite vermerkt diesmal wieder, daß es von Shakespeare geschrieben worden ist, aber nicht mehr, daß sein Ensemble es im Globe aufgeführt hat. Man muß annehmen, daß es dieser Vermerk war, der Anstoß erregte. Denn er verschwindet nicht nur von der Titelseite, sondern wird in einem vorangestellten Brief an die Leser auch ausdrücklich widerrufen. „Never clapper-clawd with palms of the vulgar", „not being sullied with the smoky breath of the multitude" – „Nie beklatscht von vulgären Handflächen", „nie verschmutzt mit dem rauchigen Atem der Masse". Was bedeutet: das Stück ist überhaupt nicht vor dem breiten Publikum aufgeführt worden. Was nur zu glaubwürdig klingt, denn was sollte das breite Publikum mit diesem Stück in der Form, in der wir es kennen, auch anfangen können. Also ist es entweder nur in einem „private theatre" oder in einer der *Inns of Court* aufgeführt worden ist. Das Stück war offensichtlich in dem Besitz von Adligen, denn der Brief erwähnt, daß wenn es nach dem Willen der „grand possessors" gegangen wäre, die Öffentlichkeit hätte flehen müssen, das Stück lesen zu dürfen. In diesem Zusammenhang kann das Adjektiv „grand" nur heißen: Mitglieder des Hochadels, „grandees", wie Peers auch bezeichnet wurden. Ob diese „grand possessors" interveniert haben, ist fraglich. Es kann sich um eine allgemeine Formel handeln, wie sie sich auch in der 1591 unautorisierten Veröffentlichung von Sidneys *Astrophel and Stella* befindet.Dort schreibt Thomas Nashe ein Vorwort, das eine austauschbare Formulierung enthält: „imprisoned in Ladyes caskes ..., yet at length it breakes foorth in spight of his keepers." „Gefangen in den Schmuckkästchen großer Damen... aber endlich ist es zum Tageslicht vorgedrungen, trotz seiner Wächter." Es ist merkwürdig, daß zwei der drei existierenden Vorworte zu Werken Shakespeares eine solche Ähnlichkeit mit Vorworten zu Werken Sir Philip Sidneys aufweisen. Im einen Fall, Shakespeares *Venus und Adonis* sowie Sidneys *Arcadia*, stammt das Vorwort vom Autor selbst. Im anderen Fall, *Troilus und Cressida* sowie *Astrophel und Stella*, von einem anderen. Es ist natürlich eine Auffälligkeit, die der Orthodoxie nie aufgefallen ist: warum kann der Autor 1609 für sein Stück kein Vorwort schreiben?

Doch jemand hat interveniert, vielleicht auf Anordnung der „grand possessors". Es besteht Grund zu der Annahme, daß es Mister X. war, Ben Jonson. Und daß er auch den Brief an die Leser schrieb. Ben Jonson stand um diese Zeit in Verbindung mit den beiden Verlegern. Diese hatten in dem gleichen Zeitraum (am 22. Februar) auch eines seiner Stücke zum Druck angemeldet und veröffentlicht. Es ist ein Stück, das Ben Jonson nicht für würdig befand, 1616 in der Gesamtausgabe seiner Bühnenstücke Platz zu finden. Der Text erscheint in einer verderbten Fassung. Jonson hat sich um die Edition offensichtlich nicht gekümmert. Doch im gleichen Jahr beauftragt er Bonion und Walleys mit der Veröffentlichung seines Maskenspiels *The Mask of the Queen Celebrated*, das sorgfältig ediert ist. Ben Jonson ist deshalb der bisher wahrscheinlichste Kandidat für die Verfasserschaft des Briefes an die Leser in der zweiten Ausgabe von *Troilus und Cressida*.

Ben Jonson, gemeinsam mit einem anderen Dichter, Michael Drayton, war auch in Stratford-on-Avon, als Shakespeare am 25. März 1616 sein Testament vom Januar 1616 umschreiben ließ. Es steht zu vermuten, daß dieses Testament der Anlaß für den Besuch in Stratford war. Wie konnte Jonson davon erfahren haben? Eine Möglichkeit ist, daß er von Shakespeare selbst Bescheid erhalten hatte. Die andere, die mir wahrscheinlicher erscheint, ist, daß Drayton davon erfahren hatte. Michael Drayton war in Clifford Chambers, unweit von Stratford, geboren und hielt sich dort auch regelmäßig auf. Er war zudem Patient beim Arzt John Hall, Shakespeares Schwiegervater. Hall hat ein „casebook" geführt, eine Art Tagebuch über die von ihm behandelten Patienten und deren Behandlung. Fall Nr. 22 ist Michael Drayton. Hall vermerkt: „Mr. Drayton, ein ausgezeichneter Dichter, an Tertianfieber erkrankt, wurde folgendermaßen geheilt: eine Brechmittelinfusion, 1 Löffel Veilchensirup, mischen. Verabreicht, wirkte es gut, sowohl nach oben wie nach unten."[154] Da Hall seine Eintragungen nicht datiert, wissen wir nicht, wann Drayton dort war. Es kann irgendwann zwischen 1607 and 1635 gewesen sein. Aber Drayton war auch befreundet mit Thomas Greene, dem in Stratford lebenden Vetter Shakespeares. Somit ist Drayton eine plausible Informationsquelle.

Um 1663 notiert John Ward, Vikar in Stratford, in seinem Tagebuch: „Shakespeare, Drayton und Ben Jonson hatten ein feuchtfröhliches Treffen, und es scheint dabei viel zuviel getrunken worden zu sein, denn Shakespeare starb an einem Fieber, das er sich dabei holte..."[155]

Chambers kommentiert diesen letzten Satz: „Es gibt keinen Grund, diesen Bericht anzuzweifeln."[156] Dennoch ordnet er den ganzen Bericht unter „Shakespeare Mythos" ein. Der Grund ist nicht schwer zu erraten. Es sind die 1000 Pfund, die Shakespeare jährlich dafür erhalten haben soll, jedes Jahr zwei Stücke zu schreiben. Außer den Präsidenten des Kronrats für Wales und die nördlichen Regionen hatte nur einer eine solche Annuität erhalten: im Juni 1586 Edward de Vere, Graf von Oxford.

Ben Jonson muß auf Shakespeares Testament gewartet haben. Die Verbindung zwischen Shakespeare aus Stratford und Edward de Vere ist nicht ohne einen gewissen makabren Beigeschmack. Edward de Vere war erstens ein Stückeschreiber, zweitens Teilhaber im Ensemble, drittens ein Hofmann. Die Gesamtausgabe der Bühnenstücke eines Hofmannes hatte nach dem Verhaltenskodex der Zeit postum zu erscheinen. Das Double William Shakespeare mußte der Nachwelt mindestens einen Schein von Glaubwürdigkeit dafür hinterlassen, er sei dieser Verfasser und Anteilseigner. Die drei Mindestbedingungen waren demnach: erstens mußte er beweisen, daß er schreiben konnte; zweitens mußte er als Anteilseigner erscheinen; drittens mußte er gestorben sein, ehe die Gesamtwerkausgabe erscheinen konnte.

Keine dieser Bedingungen war im Januar 1616 erfüllt. Im Gegenteil. Durch sein Testament hatte Shakespeare schroff verneint, daß er schreiben konnte. Irgendeine Verbindung zum Theater war aus dem Testament nicht ersichtlich. Und er war auch noch bei recht guter Gesundheit.

Man kann sich für den Verlauf des Gelages, von dem Vikar John Ward aus Stratford berichtet, verschiedene Szenarien ausmalen. Das perfideste: Ben Jonson trinkt auf Shakespeares kommende Berühmtheit und bestellt Umtrunk um Umtrunk ad libidum, halb hoffnungsvoll und halb neidisch darauf wartend, daß Shakespeare zusammenbricht, damit er endlich das Projekt der Gesamtwerkausgabe in Angriff nehmen kann. Diese Absicht wird man Ben Jonson nicht unterstellen mögen.

Aber so kam es dann doch. Ungewollt wahrscheinlich. Gewollt war dann die Erfüllung der beiden anderen Bedingungen, für die Ben Jonson, dessen Regie die Herausgabe der ersten Folioausgabe anvertraut war, zu sorgen hatte. Die Änderung von „seal" in „hand", um das Zeugnis der Schreibunkundigkeit auszuradieren. Jonson hätte es, wie im ersten Kapitel gesehen, geschickter anstellen können. Vielleicht wollte er nicht. Dann die Einfügung über die Schenkung an die „fellows". Auch nicht ganz so geschickt, denn die Angabe über den Anteilbesitz fehlt. Aber hier ist Ben Jonson über jede Kritik erhaben. Wenn keine vorhanden waren, war dies wirklich alles, was er tun konnte.

ENDE

Literaturverzeichnis

(Alberti) Alberti, Leon Battista, *Vom Hauswesen (Della Famiglia)*, übersetzt von Walther Kraus, München: DTV, 1986.

(Allen I) Allen, Don Cameron (ed.), Francis Meres's Treatise "Poetry", Urbana, Ill., 1933.

(Allen II) Ders., „The classical scholarship of Francis Meres" in *PMLA*, Vol. XLVIII, 1933.

Anglo, S. „An Early Tudor Programme for Plays and other Demonstrations against the Pope", *Journal of the Warburg and Courtauld Institutes*, XX, 1957.

(Arber) Arber, *A Transcript of the Registers of the Company of Stationers, 1554-1640 A.D.*, London: 1876.

(Ascham) Ascham, Roger, *The Scholemaster*, Menston (Yorkshire): Scolar Press, 1967, Faksimileausgabe des Originals von 1570.

Austin, Warren B. *A Computer-Aided Technique for Stylistic Discrimination: The Authorship of "Greene's Groatsworth of Wit"*, U.S. Dept. of Health, Education, and Welfare Office, Office of Education, Washington, D.C., 1969.

(Bacon) Bacon, Francis, *The Essays and Counsels, Civill and Morall*, hsg. von Michael Kiernan, Oxford: Clarendon Press, 1985.

(Baldwin) Baldwin, J.F., *The King's Council in England during the Middle Ages*, Oxford: At The Clarendon Press, 1969 (zweite Auflage; 1. Auflage 1913).

(Bentley) Bentley, G.E., „John Cotgrave's English Treasury of Wit and Language and the Elizabethan Drama" in *Studies in Philology*, Vol. XL, 1943.

Best, George, *The Three Voyages of Martin Frobisher in search of a passage to Cathai and India by the North-West, A.D. 1576-1578*, New York: Franklin, 1963. (Neudruck der Erstausgabe der Hakluyt Society von 1867, hsg. von Richard Collinson).

(Blayney) Blayney, Peter W., "The Publication of Playbooks" in Cox, John D. and Kastan, Davis Scott (Hsg.), *A New History of Early English Drama*, New York: Columbia University Press, 1997.

(Browne) Browne, C. Elliot, "On Shakespeare's Pastoral Name" in *Notes and Queries* 4th S. XII, Dec. 27, 1873, S. 509-10.

(Burckhardt) Burckhardt, Jakob von, *Die Kultur der Renaissance in Italien. Ein Versuch*, Berlin 1930.

(Burke I) Burke, Peter, *The Fortunes of* The Courtier, Cambridge: Polity Press, 1995.

(Burke II) Burke, Peter, *Ludwig XIV. – Die Inszenierung des Sonnenkönigs*, aus dem Englischen von Matthias Fienbork, Frankfurt am Main: Fischer, 1995 (*The Fabrication of Louis XIV*, New Haven: Yale University Press, 1992).

(Carroll) Carroll, D. Allen (Hsg.), *Greene's Groatsworth of Wit*, Bighamton, New York: Medieval & Renaissance Texts & Studies, 1994.

(Castiglione) Castiglione, Baldesar, *Das Buch vom Hofmann*, übersetzt von Fritz Baumgart, mit einem Nachwort von Roger Willemsen, München: DTV, 1986

(Cervantes) Cervantes, Miguel de, *Don Quixote*. Frankfurt/Main, Insel-Verlag, 1975.

(Chambers 1923) Chambers, E.K., *The Elizabethan Stage*, Vol. III, Oxford : Clarendon Press, 1923.

(Chambers 1930) Chambers, E.K., *William Shakespeare – A Study of Facts and Problems*, Oxford: At the Clarendon Press, Vol. I und II, 1930.

(Chettle I) Chettle, Henry, „England's Mourning Garment" in Ingleby, C.M. (Hsg.), *Shakspere Allusion Books*, London 1874.

(Chettle II) Chettle, Henry, "Kindheart's Dream" in Ingleby, C.M. (Hsg.), *Shakspere Allusion Books*, London 1874.

(Cicero) Cicero, *De Natura Deorum – Über das Wesen der Götter*, Lateinisch-Deutsche Reclam-Ausgabe. Übersetzt von Ursula Blank Sangmeister, Stuttgart, 1995.

(Court Book B) Court Book B. Greg, W.W. & Boswell, E. (eds.), *Records of the Court of the Stationers' Company, 1576-1602*, London 1930.

(Court Book C) Court Book C, William Jackson (ed.), *Records of the Court of the Stationers' Company*, 1602-1649, London 1957.

(Cox) Cox, Jane, „Shakespeare's Will and Signatures" in Thomas, David, *Shakespeare in the Public Records* , London: Her Majesty's Stationery Office, 1985.

(Davies) Davies of Hereford, John, *The Complete Works*, ed. by Alexander B. Grosart, 2 Bände, New York: AMS Press, 1967 (Erstauflage, London 1875-1878).

(Detobel 1998) Detobel, Robert, „Über Shakespeares Authentizität und Tod", in *Neues Shake-speare Journal*, Band 3, 1998, S. 26-40.

(Detobel 1999) Detobel, R., „Eine Widmung" in *Neues Shake-speare Journal*, Band 4, 1999, S. 72-116.

(Dose) Dose, Gerd, *Adel und Gemeinwesen – Studien zur Beurteilung des Adels in spätmittelalterlicher und humanistischer englischer Literatur*, Frankfurt am Main: Peter Lang, 1977.

(Duncan-Jones) *Shakespeare's Sonnets*, edited by Katherine Duncan-Jones. The Arden Shakespeare, 1997

(Elias) Elias Norbert, *Die höfische Gesellschaft*, Frankfurt am Main: Suhrkamp, 1992.

(Ewald) Ewald, W., *Siegelkunde*, Darmstadt: Wiss. Buchges., 1978 (4. unveränderte Auflage der Erstauflage 1914).

(Gracián I) Gracián, Baltasar, *Der kluge Weltmann (Il Discreto)*, übersetzt von Sebastian Neumeister, Frankfurt am Main: Verlag Neue Kritik, 1996.

(Gracián II) Gracián, Baltasar, *Hand-Orakel und Kunst der Weltklugheit*, übertragen von Arthur Schopenhauer, Frankfurt am Main: Insel Verlag, 1996.

(Greenblatt) Greenblatt, Stephen. *Will in der Welt – Wie Shakespeare zu Shakespeare wurde*. Berlin: Berlin Verlag, 2004

(Greene) Greene, Robert, *The Life and Complete Works*, ed. Alexander B. Grosart, 15 Bände, London: Hazell, Watson & Viney, 1881-86.

(Greg) Greg, Walter W., *Some Aspects and Problems of London Publishing Between 1550 and 1650*, Oxford: At the Clarendon Press, 1956.

(Gurr) Gurr, Andrew, *The Shakespeare Playing Companies*, Oxford: Clarendon Press, 1996

(Harvey I) Harvey, Gabriel, *Works*, ed. by Alexander B. Grosart, 3 Bände, New York: AMS Press, 1966 (Erstausgabe London: 1884-5).

(Harvey II) Harvey, Gabriel, *Letter-book, A.D. 1573-1580*, ed. by Edward John Long Scott, London: Camden Society, 1884.

(Hector) Hector, L.C., *The Handwriting of English Documents*, London: Arnold, 1958.

(Hegel I) Hegel, Georg Friedrich, *Phänomenologie des Geistes*, Frankfurt/M. : Ullstein, 1970.

(Hegel II) Hegel, Georg Friedrich, *Vorlesungen über die Philosophie der Geschichte*. Werke, Frankfurt/M.: Suhrkamp, 1970.

Hentzner, Paul, *Paul Hentzner's Travels in England, during the reign of Queen Elizabeth*, London: Jeffery, 1797.

(Hexter) Hexter, J.H., „The education of the aristocracy in the Renaissance", *The Journal of Modern History*, Vol. XXII, März 1950.

(Hieatt) Hieatt, Kent A., *Short Time's Endless Monument*, Columbia: Columbia University Press, 1960.

Holdsworth, William S., *A History of English Law*, Vol. III, London: Methuen, 1942 , (erste Auflage 1908).

(Honigmann/Brock) Honigmann, E.A.J./Brock, Susan, *Playhouse wills 1558-1642*, Manchester : Manchester University Press, 1993.

(Hotson) Hotson, Leslie, *Shakespeare's Sonnets dated and other essays*, London: Hart-Davis, 1949.

(Huppert) Huppert, George, *Les Bourgeois-Gentilshommes*, Chicago: Chicago University Press, 1977.

Ingleby, Clement M., *Shakspere Allusion-Books*, Parts I-III, London: N. Trübner & Co., 1874.

James, Mervyn, *Society, politics, and culture*, Cambridge: Cambridge University Press, 1986.

(Kirschbaum) Kirschbaum, Leo, *Shakespeare and the Stationers*, Columbus: The Ohio State University Press, 1955.

(Lakatos) Lakatos, I, „Falsifikation und die Methodologie wissenschaftlicher Forschungsprogramme", in: Lakatos I./Musgrave, A. (Hrsg.), *Kritik und Erkenntnisfortschritt*, Braunschweig: Vieweg, 1974.

(Lane) Lane, Joan (Hsg.), *John Hall and his Patients*, Stratford: The Shakespeare Birthplace Trust, 1996.

(Lodge) Lodge, Thomas, „An Alarum against Usurers" in *The Complete Works of Thomas Lodge*, Edmund W. Gosse (Hsg.), New York: Russel & Russel Inc., 1963.

(Magendie) Magendie, Maurice, *La Politesse Mondaine*, Genf: Slatkine Reprints, 1970.

(Mariscal) Mariscal, George, *Contradictory subjects: Quevedo, Cervantes, and seventeenth-century Spanish culture*, Ithaca: Cornell University Press, 1999.

(May) May, Steven W., „The Authorship of 'My mind to me a kingdom is'" in *RES*, New Series, Vol. XXVI, 1975.

(McMillin/MacLean) McMillin, Scott und MacLean, Sally-Beth, *The Queen's Men and their Plays*, Cambridge: Cambridge University Press, 1998.

(Moore) Moore, Peter R., „Oxford and the Order of the Garter" in *Shakespeare Oxford Newsletter*, 1996.

Nashe, Thomas, *The Complete Works*, ed. R.B. McKerrow and F.P. Wilson, 5 volumes, Oxford: Basil Blackwell, 1958.

Nicholl, Charles. *The Reckoning – The murder of Christopher Marlowe*, London: Picador, 1993.

(Pedraza) Pedraza, Felipe B. und Rodríguez, Milagros, *Manuel de literatura española*, II. Renacimiento, Navarra: CÉNLIS, Edíciones, S.L., 1980, S. 534.

Pelorson, Jean-Marc, *Les Letrados – juristes castillans sous Philippe III. Recherches sur leur place dans la société, le culture et l'état.* Poitiers, 1980, S. 208.

(Plucknett) Plucknett, T.F.T., *A Concise History of the Common Law*, London: Butterworth & Co. Ltd. 1929.

(Pollard 1900) Pollard, A.W., „Bibliographical Note" in *The Essays Colours of Good and Evil & Advancement of Learning of Francis Bacon*, Library of English Classics, London 1900.

(Pollard 1917) Pollard, A.W., in *Shakespeare's Fight with the Pirates and the Problems of the Transmission of his Text*, Cambridge 1967, Erstauflage 1917.

(Pollard 1922) Pollard, A.W., „Council, Star Chamber, and Privy Council under the Tudors" in *EHR*, Vol. XXXVII, 1922.

(Pollard 1923) Pollard, A.W., Einleitung zu Greg, W.W. (Hsg.) *Shakespeare's Hand in The Play of Sir Thomas More*, Cambridge University Press, 1923.

Prosperi, Adriano (Hsg.), *La Corte e il "Cortegiano„, II. Un modello europeo*, Rom: Bulzoni, 1980

(Quondam) Quondam, Amedeo, „La «forma del vivere», Schede per l'analisi del discorso cortigiano" in Prosperi, Adriano, Bd. II, 1980.

Rabb, Theodore K., *ENTERPRISE & EMPIRE, Merchant and Gentry Investment in the Expansion of England, 1575-1630*, Cambridge, MA: Harvard University Press, 1967.

(Reichardt/Schmitt) *Handbuch politisch-sozialer Grundbegriffe in Frankreich 1680-1820*, Herausgegeben von Rolf Reichardt und Eberhard Schmitt in Verbindung mit Gerd van den Heuvel und Anette Höfer, Heft 7, „Honnête homme, Honnêteté, Honnêtes gens", München: Oldenbourg, 1986.

(Sams) Sams, Eric, *The Real Shakespeare*, New Haven : Yale University Press, 1998.

(Schoenbaum) Schoenbaum, S., *William Shakespeare: A Documentary Life*, Oxford: Clarendon Press, 1975.

(Schultz) Schultz, Uwe (Hrsg.), *Das Duell*, Frankfurt/M.: Insel Verlag, 1996.

(Seneca) Seneca, L. Annaeus, *Epistulae morales ad Lucilium, Liber IV – Briefe an Lucilius über Ethik, 4. Buch*, Lateinisch-Deutsche Reclam-Ausgabe, übersetzt und herausgegeben von Franz Loretto, Stuttgart, 1987,

(Shakespaere-Handbuch) *Shakespeare-Handbuch*, unter Mitarbeit zahlreicher Fachwissenschaftler herausgegeben von Ina Schabert, Stuttgart: Alfred Kröner, 1992, S. 202.

(Sisson) Sisson, Charles, „The Laws of Elizabethan Copyright : the Stationers' View" in *The Library*, 5th series, Vol. XV, 1960.

(Smith) Smith, Gregory, *Elizabethan Critical Essays*, 2 Bände, Oxford: Oxford University Press, 1904.

(Stanton) Stanton, Domna C., *The Aristocrat as Art. A Study of the "Honnête Homme" and the "Dandy" in 17. and 19.-century French literature*, New York: Columbia University Press, 1980.

(Stone) Stone, Lawrence, *The Crisis of the Aristocracy, 1558-1641*, Oxford: At the Clarendon Press, 1965

Strong, Roy, *The Cult of Elizabeth*, London: Thames and Hudson, 1977.

(Tacitus) Tacitus, *Annalen*, Buch XIV, 35-37, Sammlung Tusculum, München und Zürich, 1982.

(Tasso) Tasso, Torquato, Il Malpiglio: *A Dialogue on the Court*, English Translation and Introduction, Notes, and Bibliography by Dain A. Trafton, English Literary Renaissance Supplements, Number two, published by Dartmouth College, 1973.

(Tannenbaum) Tannenbaum, Samuel A., *Problems in Shakspere's Penmanship*, New York: Modern Language Assoc., 1927. Repr. : New York, 1966.

(Taylor) Taylor, Gary, *Reinventing Shakespeare*, London: The Hogarth Press, 1990.

(Thompson) Thompson, Sir Edward Maunde, *Shakespeare's Handwriting: A Study*, Oxford: At the Clarendon Press, 1916.

Turenne, Vicomte de, *Mémoires du Vicomte de Turenne, depuis Duc de Bouillon, 1565-1586*, publiés pour la Société de l'Histoire de France par le Comte Baguenault du Puchesse, Paris 1801.

(Warnke) Warnke, Martin, *Hofkünstler : zur Vorgeschichte des modernen Künstlers*, 2. überarb. Aufl., Köln : DuMont, 1996

(Weber) Weber, Max, *Wirtschaft und Gesellschaft*, Tübingen: J.C.B. Mohr (Paul Sibeck), 1972.

Ders., *Soziologie – Universalgeschichtliche Analysen – Politik*, Johannes Winckelmann (Hsg.), Stuttgart: Alfred Kröner, 1973

(White) White, Martin (Hsg.), *The Tragedy of Arden of Faversham*, London: Ernest Benn, 1982.

(Willcock/Walker) Willcock, G.D. and Walker Alice (Hsg.), *The Arte of English Poesie by George Puttenham*, Cambridge: At the University Press, 1936.

(Wilson) Wilson, John Dover, „Malone and the Upstart Crow" in *Shakespeare Survey*, 4 (1951).

(Yale) Yale, D.E.C., „The Delivery of a Deed", in *Cambridge Law Journal*, 28, April 1970, S. 52-74.

Anmerkungen

[1] Greenblatt, S. 460.
[2] Sidney, Philip, „An Apology for Poetry", in: Smith I, S.202.
[3] Detobel 1999, S. 72-116.
[4] Lakatos, S. 89-189.
[5] Hotson, S. 130ff.
[6] Ewald, S. 176.
[7] Hector, S. 33-34.
[8] Chambers 1930, Bd. I, S. 505.
[9] Schoenbaum.
[10] Thompson, S. 6.
[11] Tannenbaum, S. 30-65.
[12] Sams, S. 39-43.
[13] Chambers 1930, Bd. II, S. 175.
[14] Honigmann/Brock.
[15] Yale.
[16] Chambers 1930, Bd. II, S. 107-9.
[17] Honigmann/Brock, S. 113-114.
[18] Cox, S. 24-34.
[19] Shakespeare-Handbuch, S. 202.
[20] Thompson
[21] Pollard 1923.
[22] Magendie, S. 60.
[23] dazu Schultz, S. 44.
[24] Weber, S. 537.
[25] Pedraza, S. 534.
[26] Mariscal, S.101.
[27] Achatz von Müller, „Schauspiele der Gewalt", in: Schultz, S. 27.
[28] Chambers 1923, S. 198.
[29] Weber, S. 633.
[30] Hexter, S. 2.
[31] Alberti, S. 85.
[32] Ascham
[33] Ascham, S. 14.
[34] Ascham, S. 27.
[35] Ascham, S. 22. In *Henry V*, V.2.287, läßt Shakespeare Aschams Worte,

„maker of manners" von König Heinrich – ein wenig anachronistisch – wiederholen. „We are the makers of manners, Kate." In der deutschen Schlegel/Tieck-Übersetzung: „Wir sind die Urheber der Gebräuche."

[36] Siehe Huppert, S. 89.

[37] Elias, S. 98.

[38] Zitiert nach Stanton, S. 131.

[39] Stanton, S. 165.

[40] Castiglione, S. 34.

[41] Castiglione, S. 40.

[42] Castiglione, S. 53.

[43] Castiglione, S. 58.

[44] Castiglione, S. 54.

[45] Das Ostentative und reziprok die Notwendigkeit öffentlicher Repräsentation dieser Herrschaft sichernden Verhaltensweisen des Adels läßt sich am Beispiel von Elisabeths I. Schatzkanzler Lord Burghley, alles andere als eine Spielernatur, ablesen, der sich beim Glücksspiel um hohe Summen malen ließ, um sich als Mann von Welt vorzugeben, siehe Stone, S. 568. Für ein anderes Beispiel siehe Elias, S. 103-4 oder Castiglione, S. 196.

[46] dazu Dose.

[47] Burke I, S. 31.

[48] Castiglione, Buch IV, S. 333-5.

[49] Gracián I, S. 68.

[50] Gracián I, S. 179.

[51] Gracián I, S. 81.

[52] Gracián II, S. 12.

[53] Gracián II, S. 49.

[54] Gracián II, S. 13.

[55] Schlegel/Tieck:

Othello: Wirklich! ja, wirklich! – Findest du was darin?
  Ist er nicht ehrlich?
Jago: Ehrlich, gnäd'ger Herr?
Othello: Ehrlich, ja ehrlich!
Jago: Soviel ich weiß, General!
Othello: Was denkst du, Jago? ...
Jago: Ihr wißt, ich lieb Euch, Herr!
Othello: Das, denke ich, tust du;
  Und weil ich weiß, du bist mein Freund, und redlich [full of honesty],
  Und wägst das Wort, eh du ihm Atem leihst:

So ängstet mich dies Stocken um so mehr!
Denn derlei ist bei falsch treulosen Buben
Alltäglich Spiel; doch bei dem Biedermann
Heimlicher Wink, der aus dem Herzen dringt
Im Zorn des Edelmuts
[that passion cannot rule – „das nicht von Leidenschaft beherrscht"]
Jago: Nun, Michael Cassio –
Ich darf wohl schwören, ehrlich halte ich ihn!
Othello: Ich auch.
Jago: Man sollte sein das, was man scheint;
Und die es nicht sind, solltens auch nicht scheinen.
Othello: Ganz recht, man sollte sein das, was man scheint.

[56] Burke I, S. 40.

[57] Castiglione, S. 58.

[58] Burke I, S. 31-32.

59 Wie eine Reihe anderer Fälle beweist dies, daß es Autoren keineswegs unmöglich war, gegen unautorisierte Veröffentlichungen wirksam vorzugehen.

[60] Kirschbaum, S. 141-142.

[61] Im Mittelalter wie in der frühen Neuzeit ist „Court" immer beides: ein Rat und ein Gericht. Zwischen „court" (Hof) und „council" (Rat) wurde nicht streng unterschieden. Die hauptsächliche Funktion des „Court of Assistants" in Zünften war die eines Verwaltungsrats; gleichzeitig besaß er auch gewisse Rechtsprechungskompetenzen für alle zunftinternen Fragen. Siehe Baldwin, S. 5 und Pollard 1922, S. 337-360.

[62] Pollard 1900, S. vi. Nach Kirschbaum, S. 128 und S. 349.

[63] Bacon, S. 316.

[64] Chambers 1930, Vol. I, S. 509.

[65] Chambers 1930, Bd. II, S. 264-269.

[66] Ebenda, S. 268.

[67] Ebenda, S. 249.

[68] Ebenda, S. 107-109.

[69] Ebenda, S. 87-90.

[70] Ebenda, S. 102.

[71] White, S. xiv-xv.

[72] Arber

[73] Ebenda, Band V.

[74] Pollard 1917, S. 26-52.

[75] Siehe Sisson, S. 19-20; Blayney, S. 384-422. Blayney bezeichnet Pollards Theorie rundweg als schieren Wirrwarr.

[76] Greg, S. 120-1.

[77] Ebenda. S. 115.

[78] Arber II.43. Die Verordnung trägt kein Datum. Das Jahr ist jedoch eindeutig durch den Namen des amtierenden Gildemeisters, John Judson, definiert, der dieses Amt nur einmal, vom Jul 1587 bis Juli 1588 bekleidete. Der Zeitraum ist weiter durch eine vorbereitende Maßnahme im Dezember 1587 eingegrenzt. Die Verordnung muß zwischen Januar und Juli 1588 erlassen worden sein.

[79] Arber III.334

[80] Court Book C, S. 191.

[81] Detobel 1998, S. 26-40.

[82] Shakespeare-Handbuch, S. 174.

[83] Taylor, S. 380.

[84] Allen I, S. vii.

[85] Bentley, S. 186.

[86] Allen II, S. 419.

[87] Cervantes, S. 41-2.

[88] Allen I, S. 424.

[89] Allen I, S. 425.

[90] Arber, III.125.

[91] Arber, III.116.

[92] Arber, III.126

[93] Arber, V. 154ff.

[94] Hieatt, S. 6.

[95] Cicero, Buch I.22, S. 57.

[96] Greene, Vol. 6, S. 82.

[97] Willcock/Walker, S. 61.

[98] Browne, S. 509-10.

[99] Chettle I, S. 87.

[100] McMillin/MacLean, S. 165.

[101] Chambers 1923, Vol. II, S. 104.

[102] Gurr, S. 196ff.

[103] CSP, Dom. Series, Vol. XXC, Document 47.

[104] BL Lansdowne Manuscript 50, ff. 49-50.

[105] May, S. 385-394.

[106] Seneca, Brief 32, S. 21-23.

[107] In der Schlegel-Tieck-Ausgabe Szene 4 statt 3.

[108] In der Schlegel-Tieck-Ausgabe Szene 4.

[109] Tasso, S. 37.

[110] Ebenda, S. 35.

[111] siehe Warnke, 1996.

[112] Burckhardt, Abschnitt: Die Geselligkeit und die Feste, Teilabschnitt: Der vollkommene Gesellschaftsmensch.

[113] Hegel I, Kapitel: Der sich entfremdete Geist, S. 288.

[114] Davies.

[115] siehe dazu Reichardt/Schmitt, Heft 7, S. 17: „Dieses ambivalente Leitbild des *honnête homme* läßt sich interpretieren als... ‚ideologischer Abschirmungsversuch des Adels gegenüber dem Bürgertum' durch die Pflege einer gesellschaftlichen Geschmackskultur."

[116] Chambers 1930, Band II, S. 214.

[117] Hegel II, S. 357.

[118] Ebenda.

[119] Tacitus, Buch XIV.

[120] Greene, Band 8, S. 132.

[121] Übersetzung von Ludwig Fulda (1913).

[122] Duncan-Jones.

[123] Moore

[124] zitiert nach Quondam, S. 59.

[125] Austin, Warren B., 1969.

[126] Greene, Bd. 8, S. 132.

[127] Ebenda, S. 138.

[128] Greene, Bd. 2, S.187-188.

[129] Zitiert nach Carroll, S. 84, Fußnote 5.

[130] Lodge, Bd. I, S. 23 und S. 34.

[131] Chambers 1923, Bd. III. S. 295-350.

[132] Ebenda, S. 304.

[133] Ebenda, S. 338.

[134] Gurr, S. 270.

[135] Greene, Bd. 7, S. 7-8.

[136] Wilson, S.56-58.

[137] Ebenda, S. 61-62.

[138] Huppert, S. 6 ff.

[139] Nicholl, S. 91-101.

[140] Harvey I, Bd. I, S. 180.

[141] Ebenda, S. 184.

[142] Ein vom Parlament verabschiedetes Gesetz.

[143] Die „Star Chamber", Sternenkammer, war der Name eines Gerichts, das weitgehend identisch mit dem Kronrat war. Auch der Kronrat hatte gerichtliche Gewalt. Der einzige Unterschied zwischen dem Kronrat als Gericht und der „Star Chamber" war, daß der Kronrat, wenn er in der Sternenkammer tagte, um weitere Richter ergänzt wurde.

[144] Plucknett, S. 487.

[145] Nashe, Bd. I, S. 154.

[146] Smith, Bd. I., S. 196.

[147] Willcock/Walker, S. 63.

[148] Smith, S. 232.

[149] Ebenda, S. 245.

[150] Harvey I, Bd. I, S. 219.

[151] Harvey II, S. 102-129.

[152] Ebenda, S. 60

[153] „The Masked Man" ist der Titel der Rezension Jonathan Bates in *The Boston Sunday Globe* vom 10.10.2004.

[154] Lane, S. 40

[155] Chambers 1930, Bd. II, S. 249-250

[156] Chambers 1930, Bd. I, S. 89

Inhalt